MICHAEL COLLINS

## DU MÊME AUTEUR

### Publications

*Histoire de l'Irlande*, Éditions Plon, Paris, 1973 (ouvrage couronné par l'Académie française).

*L'Irlande que j'aime*, Éditions Sun, Paris, 1978 (préface de Michel Déon).

*L'Irlande*, Larousse, collection « Mondes et Voyages », Paris, 1981.

*Le Rêve irlandais. Thèmes et Figures du nationalisme irlandais*, Éditions Artus, 1988.

*L'Hiver du Connétable. Charles de Gaulle et l'Irlande*, Éditions Artus, 1991.

### Ouvrages collectifs composés et dirigés par Pierre Joannon

*France-Ireland, Literary Relations*, Éditions universitaires, Paris, 1974.

*Ireland at the Crossroads*, Publications de l'université de Lille I, Lille, 1979.

*Études irlandaises : James Joyce, Centenary Issue*, Université de Lille III, Lille 1982.

*L'Irlande ou Les Musiques de l'Âme*, Éditions Artus, 1989, et rééditions Ouest-France, 1995.

*De Gaulle and Ireland*, Institute of Public Administration, Dublin, 1991.

*Dublin 1904-1924*, Éditions Autrement, Paris, 1991.

*Religions et Guerres* (ouvrage publié sous l'égide de l'Institut du Droit de la Paix et du Développement, avec la collaboration de l'Unesco), Mame/Éditions Universitaires, Paris, 1992.

*Irlande*, Guide Gallimard, Paris, 1994.

PIERRE JOANNON

# MICHAEL COLLINS

Préface de Michel Déon
*de l'Académie française*

LA TABLE RONDE
7, rue Corneille, Paris 6e

ISBN 2-7103-0761-8.

# PRÉFACE

*« L'opposition fait toujours la gloire d'un pays. En un sens, les plus grands hommes d'une nation sont ceux qu'elle met à mort. »*

*Ces mots de Renan, Pierre Joannon aurait pu les placer en exergue de son livre. Ils résument l'action et la fin de Michael Collins. Déjà, de l'opposition, Balzac disait qu'elle était la vie. La vie et la gloire, Michael Collins a pu s'enorgueillir de les avoir rendues à l'Irlande, premier pays à secouer le joug de la Couronne. S'il ne fut pas le seul artisan de cette libération, il en fut certainement le général sans la volonté implacable duquel les combattants de l'ombre auraient peut-être abandonné la lutte.*

*Il faut qu'on le sache :* tout *ce que Pierre Joannon, éminent spécialiste de l'Histoire irlandaise, rapporte de la répression anglaise est vrai. Ces exactions furent commises au lendemain de la Première Guerre mondiale déclenchée pour que les peuples eussent le droit de disposer d'eux-mêmes. C'est dans ce climat euphorique orchestré par un Woodrow Wilson sombrant dans la plus sénile des mégalomanies, que Londres décida qu'il n'y aurait pas d'Irlande libre. De grands noms surgissent au cours de cette histoire. Lloyd George, Winston Churchill. Leur ignorance de la situation, leur mépris pour les Irlandais, la manière dont ils couvrirent d'un voile pudique ou cynique les réactions insensées des* Black and Tans *et des* Auxiliaires, *ternit à jamais leur mémoire.*

*Comment, dans ces circonstances, une poignée de soldats, l'embryon de l'*Irish Republican Army *a-t-elle réussi à faire plier le genou au plus grand empire du monde ? Mais rien ne s'explique sans le « tout ou rien » propre au caractère irlandais. Là où d'autres militants auraient renoncé, les échecs, la torture, l'assassinat galvani-*

*saient ces quelques hommes dont l'action ferait basculer l'opinion, car, il faut le dire, la révolution irlandaise n'est pas née d'une facile unanimité. Contre elle, l'I.R.A. avait la nonchalance aussi naturelle au pays que son énergie et sa bravoure, la lassitude générale après tant d'échecs et la neutralité pas toujours bienveillante du clergé. Le soulèvement de 1916 auquel Michael Collins participa restait surtout dans la mémoire des habitants des taudis dublinois comme l'occasion inespérée d'un fantastique pillage. Ceux qui rêvaient, envers et contre tous les échecs, d'une Irlande libre en furent amèrement et cruellement déçus. Ils purent se demander si la nation irlandaise existait encore, si elle avait survécu à des siècles d'oppression, à la grande famine de 1845-1849, si leur sacrifice avait un sens. Il fallait d'abord retrouver cette nation irlandaise, la réveiller et peut-être même la violer. Le moyen employé, à tâtons, sans réelles directives, sans une vraie doctrine, est le premier exemple pratique de ce qu'on a appelé trente ans plus tard dans le monde : la guerre révolutionnaire. Mao Tsé-toung n'en est pas l'initiateur. L'initiateur en est Michael Collins, le fils d'un petit fermier du Comté de Cork.*

*Dans le panier de crabes des révolutions, il faut, pour survivre aux événements, aux luttes intestines, aux haines inévitables, des tempéraments de fer, un mépris total de la mort et, peut-être, une sorte d'intuition quasi magique du destin. Moins subtil qu'un Childers, moins politicien qu'un Brugha, moins sinueux qu'un de Valera, Michael Collins possédait quelque chose de plus : la force intérieure que rien ne peut entamer. Il avait aussi la baraka et son aventure est à peine croyable, en liberté dans un Dublin où abondaient les indicateurs, il traversait les barrages sur sa vieille bicyclette, gouailleur et sûr de soi. Il aurait dû être arrêté, abattu, pendu ou fusillé cent fois sans une chance qui fait aujourd'hui paraître bien pâles les héros de bandes dessinées. Cette chance a été un des éléments de sa certitude. Il avait toutes les raisons de se croire l'homme du destin qu'une main invisible protégeait. Michael Collins est un caractère entier, mais aussi un caractère joyeux. Ce n'était pas un saint. Il aimait boire, il aimait les femmes et rien ne lui plaisait plus que de tomber la veste pour un amical combat de boxe. Une révolution n'atteint pas ses objectifs sans un homme de cette trempe. Mais en dehors de ce goût frénétique de la vie, on verra, dans la première biographie qui lui est consacrée par un Français, quelle fut son intelligence tactique. C'est un vrai général qui sait où frapper et quand il le faut, masquer la faiblesse de ses troupes et de son armement par des coups d'audace, et, mieux encore, engager ses combattants dans un processus irréversible.*

*Qui croira que l'attaque aux environs de Cork d'une section d'Auxiliaires anglais ait eu pour seul but de liquider quelques tortionnaires ? En vérité l'embuscade déclenchait les événements en chaîne : rage, vengeance, répression aveugle. Du pillage et de l'incendie de Cork est née l'unanimité du peuple irlandais. C'est là le génie de Michael Collins, génie cruel, cynique, mais nécessaire si l'on veut la victoire à tout prix. Homme d'action il se doublait aussi d'un homme politique, ce que les professionnels lui pardonnèrent mal. Le jour venu, il sut composer. Le pays avait assez souffert. Le reste viendrait fatalement. Il en avait la certitude et il avait raison.*

*Y a-t-il une justice immanente ? Ou est-il permis de croire qu'en s'offrant aux coups comme il le fit, Michael Collins entendait payer le sang versé sur son ordre ? L'apprenti sorcier avait déclenché un mécanisme qui, avec tout ce qu'a d'explosif le tempérament irlandais, devait se retourner contre lui. Ses hommes avaient trop pris goût à la mort. Bravement, comme un héros, il monta à son tour en ligne et ce furent ses compatriotes qui l'assassinèrent pour justifier le mot de Renan. Le héros s'écroula. On le croyait invincible. Ce n'était qu'un homme. Il avait fini par l'oublier.*

MICHEL DÉON
de l'Académie française.

# I

## *L'AUBE ÉCARLATE*

Allongé sur son lit d'hôtel, Collins cherche désespérément le sommeil. Il donnerait cher pour s'immerger dans le vide de la nuit, oublier ses fatigues et l'espèce d'engourdissement frileux qui le gagne malgré la douceur parfumée de cette nuit d'avril 1916.

Les vagues insistantes du souvenir le tiennent éveillé malgré lui. Il revoit son père, paysan du West Cork rugueux et taciturne... Il n'avait pas son pareil pour couper l'osier, tresser les paniers de fourrage, engraisser son champ avec les lourds goémons et le sable de la côte.... Le vieux lui avait appris tout ce qu'il savait. Il lui avait inculqué cet amour charnel de la terre volée et de la patrie bafouée que les Irlandais se transmettent de génération en génération. Il avait hérité de son prénom, Michael, de sa force tranquille et surtout de son invincible espérance.

Distincts ou fugitifs, les visages se poussent l'un l'autre sans qu'il les ait appelés... Sa mère affairée et inquiète qui redoutait qu'il tournât mal en restant au pays... L'oncle Dan à la profonde voix de basse qui connaissait toutes les ballades du temps passé... La grand-mère Johanna qui avait vécu les horreurs de la Grande Famine... Et les autres... Lyons, l'instituteur nationaliste de Lisavaird qui lui enseignait le nom des rebelles et des hors-la-loi. ... Santry dont le père avait forgé les piques des insurgés de 1848 et de 1867...

Par la fenêtre ouverte, il lui semble humer l'odeur tiède de l'herbe mouillée. Le West Cork lui remonte à la gorge avec ses vallons herbeux qui bornent l'horizon et favorisent le repliement sur soi, ses sentes de bruyères fleuries, de fuchsias sauvages, ses petites fermes avec leur toit de chaume et leurs murs blanchis à la chaux, ses minuscules champs arrosés par la sueur des hommes d'Irlande.

Il se souvient.

Le dimanche, toute la famille se dirigeait vers Roscarbery, et de là, par la route côtière, jusqu'aux falaises qui surplombent la mer. Du haut du roc de Cliodhna qui porte le nom d'une reine légendaire du Munster, il apprenait avec ses frères à distinguer les oiseaux de mer : courlis, goélands, macareux, guillemots, cormorans, mouettes et pétrels, chacun poussant son cri particulier et construisant son nid dans les rochers selon son espèce. Il rêvait de naufrages et de trésors engloutis en regardant les vagues tonner, se briser contre la falaise abrupte et lancer de hautes gerbes d'écume.

Changement de décor. Il se revoit, jeune émigrant sans le sou, jeté dans le tohu-bohu de Londres. Dix ans d'une existence nerveuse, désordonnée, inquiète. Il avait fait un peu de tout : guichetier à la Post Office de West Kensington, fonctionnaire au Board of Trade, commis d'agent de change dans la City, gratte-papier à la succursale londonienne de la Guaranty Trust de New York.

Il revit la froide nuit de novembre 1909 au cours de laquelle le vieux Sam Maguire l'avait introduit dans la secrète et glorieuse Irish Republican Brotherhood. Comme son père avant lui, il avait pris sa place au cœur de la conspiration irlandaise. Fenian de dix-huit ans, il était devenu lui aussi un soldat de l'ombre et de la nuit.

Ensuite, tout naturellement, il avait rejoint les rangs de la 1re Compagnie de « Volontaires Irlandais ». Ses paumes gardent encore le souvenir du contact glacé des vieux Martini-Henrys à canons sciés avec lesquels il s'initiait au maniement des armes dans l'ombre propice du gymnase allemand de King's Cross.

Eté 1914. Tandis qu'il mimait la Révolution, Londres se vêtait de kaki pour donner une correction au Kaiser.

Derrière ses paupières closes, le maréchal Kitchener l'interpelle, regard autoritaire durci par la moustache drue et tombante. « Le Roi et la patrie ont besoin de toi. » Son rêve avait volé en éclats. La rage au cœur, il avait pensé gagner l'Amérique. Repartir à zéro. Chasser définitivement de son esprit cette damnée politique irlandaise, tourbière putride qui menaçait d'engloutir sa jeunesse. Quelque chose d'obscur et de puissant l'avait retenu de partir.

Bien lui en avait pris. La guerre fraîche et joyeuse s'était enlisée. Autour de lui, les Irlandais renâclaient de plus en plus. C'est alors qu'il en avait eu la certitude. Le moment était proche.

Le 15 janvier 1916, veille de l'entrée en application de la loi de conscription, il s'était embarqué pour Dublin.

Destination, la Révolution.

Une aube humide et silencieuse filtre entre les rideaux. Collins étend la main vers la table et allume la lampe de chevet. Les reproductions de Bartlett sur le papier rayé, la grande armoire à glace en bois verni et l'uniforme soigneusement plié sur la chaise lui procurent une inexplicable sensation de réconfort.

Pour chasser les miasmes de la nuit, il ramasse le *Sunday Independent* qui a glissé sur la descente de lit. Le journal dominical se perd en conjectures sur les événements du vendredi saint. Qui peut bien être l'étranger interpellé par la police d'Ardfert sur la plage de Banna, à quelques mètres seulement d'un canot pneumatique abandonné ? L'information transmise par le correspondant du journal à Queenstown est encore plus sensationnelle. Vers une heure de l'après-midi le croiseur anglais *Bluebell* a pris en chasse un cargo battant pavillon norvégien. Sous la menace de ses canons, il lui a intimé l'ordre de rallier le port. Alors que les deux bâtiments s'engageaient dans le chenal, une épaisse fumée noire s'était élevée à bâbord arrière du cargo, les pavillons de guerre allemands avaient filé au grand mât, et l'équipage en uniforme de la marine impériale avait sauté dans les canots de sauvetage. Une déflagration formidable avait secoué le cargo qui avait sombré en quelques minutes. Que contenait-il ? L'Amirauté observait le mutisme le plus complet.

Promu aide de camp de Joseph Plunkett, Collins sait parfaitement à quoi s'en tenir. L'homme arrêté sur la plage de Banna n'est autre que sir Roger Casement, ancien diplomate britannique converti à la cause du nationalisme irlandais. Il était à Berlin pour recruter des volontaires dans les camps des prisonniers et obtenir l'appui militaire du grand quartier général allemand. Quant au faux cargo norvégien, il acheminait vingt mille fusils Mauser aux révolutionnaires encadrés par l'I.R.B.

L'affaire est plutôt mal engagée, songe Collins. Le Château est certainement sur ses gardes, l'armée sur le pied de guerre. Pas étonnant que le chef des Volontaires ait essayé d'arrêter le mouvement. Les yeux du jeune homme déchiffrent pour la dixième fois le communiqué reproduit par le *Sunday Independent* : « Par suite de la situation critique tous les ordres donnés aux Volontaires Irlandais pour demain dimanche de Pâques sont annulés par les présentes, et il n'y aura ni rassemblements, ni marches, ni manœuvres des Volontaires Irlandais. Chaque Volontaire obéira strictement à cet ordre à tous égards. »

Heureusement le Comité Militaire secret de l'I.R.B. avait repris l'initiative et confirmé les ordres de mobilisation pour le lundi de Pâques, 24 avril 1916 à dix heures.

En Irlande, même les révolutions commencent tard.

Michael Collins se lève aux premières lueurs du jour. Il se rase avec soin, s'ébroue dans l'eau glacée, puis, laissant de côté ses vêtements civils, enfile son uniforme de capitaine des Volontaires Irlandais : veste et pantalon gris-vert, leggings, baudrier et Sam Browne, boutons timbrés de la Harpe d'Erin.

Un dernier coup d'œil dans la glace. D'un geste familier il rejette en arrière la mèche sombre qui lui barre le front, coiffe la casquette plate et se retrouve sur le palier.

Il frappe à la porte de la chambre voisine, occupée par Joseph Plunkett, et entre sans attendre la réponse.

— Bonjour, Commandant, comment vous sentez-vous ce matin ?

— Comme quelqu'un qui va se battre et qui attend ce moment depuis pas mal d'années, s'exclame Plunkett d'une voix assourdie.

Il ressemble à un gamin maladif avec son visage convulsé, ses grosses lunettes d'écolier, son regard fiévreux et absent et sa démarche hésitante de grand tuberculeux. Condamné par les médecins, il promène une langueur inguérissable qui l'apparente à ces esthètes « fin de siècle » dont il partage la ferveur littéraire et le goût du théâtre. Un catholicisme ardent qui s'alimente aux plus hautes flammes du mysticisme espagnol lui fait accepter ses souffrances d'un cœur serein. Mais une autre flamme consume cet aristocrate rêveur et dolent, l'amour de l'Irlande. Joseph Plunkett a embrassé la cause nationaliste avec la détermination farouche de celui qui se sait perdu et veut brusquer l'Histoire avant de rendre l'âme. Il sait Clausewitz par cœur, pratique le Kriegspiel et se lance tête baissée dans toutes sortes d'intrigues ténébreuses destinées à précipiter la confrontation avec l'Angleterre.

Le vendredi saint, Michael Collins est allé extraire Plunkett d'une clinique des environs de Dublin, où il venait tout juste de subir une nouvelle opération à la gorge. Ils se sont installés à l'Hôtel Métropole, à l'angle de Prince's Street et d'O'Connel Street. La veille, ils ont assisté ensemble à la session tumultueuse du Comité Militaire secret de l'I.R.B. qui a arrêté les derniers détails de l'insurrection.

— Collins, murmure Plunkett d'une voix exténuée, je vous présente l'adjudant Brennan Whitmore. Je n'aurai pas trop de vous deux comme aides de camp.

Collins et Brennan Whitmore échangent une vigoureuse poignée de main. Le nouveau venu est en uniforme des Volontaires. Il a un visage ovale et fin, des petites moustaches, des cheveux lisses soigneusement partagés par une raie médiane.

— Messieurs, prenez la clé qui est sur ce bureau et ouvrez la cantine qui est dans le coin. Vous y trouverez trois automatiques. Nous aurons peut-être à nous en servir. J'ai été suivi par un type au teint olivâtre, de petite taille. Un espion anglais probablement. Il doit rôder dans l'hôtel. S'il tente de nous arrêter, je vous donne ordre de l'abattre sur place.

Les trois hommes sortent de la chambre et commencent à descendre. Ils repèrent immédiatement l'individu qui semble les attendre au pied de l'escalier. Main dans la poche, Collins et Brennan Whitmore font sauter le cran de sécurité de leurs pistolets.

Fausse alerte, l'homme se contente de leur adresser un salut faussement enjoué.

— Good day to you, gentlemen.

L'hôtel est animé. Ce lundi de Pâques est jour férié. Taxis et cabs chargent des femmes en capelines et robes de taffetas, des hommes en habits, des officiers en grands uniformes. Tout ce beau monde se hâte vers Fairyhouse, où doit avoir lieu le Grand Prix National d'Irlande.

En sortant, les trois Irlandais croisent deux officiers britanniques. Ils se toisent sans aménité. L'un des officiers s'exclame à voix haute :

— Qu'attend le Château pour faire cesser cette mascarade ? C'est une insulte à nos camarades du front.

Son compagnon lui répond avec un flegme plein de mépris :

— Inutile, le ridicule les tuera plus sûrement que la prison, Sir Matthew Nathan a raison de ne pas les prendre au sérieux. L'Irlande est une tourbière où toutes les volontés se désagrègent. A Dublin c'est pire que partout ailleurs. Plus on parle de révolution, et moins elle est à craindre.

D'un cab, un Highlander hèle les deux officiers.

— Dépêchez-vous, nous allons rater la première course. Laissez tomber ces guignols.

Plunkett et ses compagnons traversent O'Connell Street d'un pas pressé. Ils enfilent Abbey Street, ignorant les affiches de recrutement à moitié déchirées. Au bout de la rue, ils bifurquent sur la droite. Beresford Place est coupée en deux par la voie ferrée qui relie la gare de Westland Row au terminus d'Amiens Street. Derrière la voie ferrée, le bâtiment des Douanes reflète son architecture harmonieuse dans les eaux calmes de la Liffey. Empilés les uns sur les autres et recouverts d'une bâche, les tonneaux de Guinness attendent d'être embarqués sur les bateaux à quais.

Les trois hommes s'engouffrent dans la sombre bâtisse d'angle que barre une énorme banderole proclamant : « Nous ne servons ni le Roi ni le Kaiser mais l'Irlande. » Un docker armé d'un énorme revolver Smith et Wesson les conduit au premier étage.

Les membres du Comité Militaire secret de l'I.R.B. sont tous là, en uniforme.

Collins dévisage longuement ces hommes de tout âge et de toutes conditions qu'un amour dévorant a mobilisés pour accomplir une tâche violente et décisive.

Entre tous, celui qui exerce sur lui la plus sombre fascination, c'est Padraic Pearse. Il a l'air grave et exalté de l'homme qui a choisi son destin. Poète, il vit dans un songe peuplé de fantômes, de fées et de guerriers. La civilisation celtique est son univers. Un univers qui contraste douloureusement avec le matérialisme ambiant de l'Irlande anglicisée. Pour restaurer les valeurs héroïques de l'Irlande gaèle, Pearse a créé une école. En ouvrant les yeux des jeunes garçons d'Erin sur les richesses de l'héritage celtique, il veut faire d'eux les nouveaux guerriers de la Branche Rouge, dont le bras armé détruira pour jamais la puissance usurpée du sassenach [1]. Lui-même aspire au sacrifice sanglant qui doit régénérer la patrie tombée. Dans *Le Chanteur,* son chef-d'œuvre, il fait dire à Mac Dara, son héros, son double : « Un seul homme peut racheter un peuple comme un seul Homme racheta le Monde. Je sortirai les mains nues. Je ferai face aux Anglais et seul, je serai suspendu à l'arbre comme l'Homme fut exposé nu devant les hommes. » Qu'importe l'échec du soulèvement, il faut qu'il ait lieu pour témoigner de l'indestructible foi gaèle. Aux yeux de Michael Collins, Pearse apparaît comme l'Archange de cette révolution désespérée.

Thomas Mac Donagh est un poète, lui aussi, et un homme plein de séduction à la conversation rapide et brillante, doté de cet esprit pétillant qui fait le sel de Dublin. C'est un homme comblé, marié à une femme charmante, père d'un enfant. Au milieu des boutefeux, il fait presque figure de modéré. Il ne croit guère au succès de l'insurrection, maintenant que les fusils allemands sont au fond de l'eau. Mais il tait ses doutes par bravade, et se range à l'avis de son ami Padraic Pearse.

Eamonn Ceannt est lui aussi, à sa manière, un artiste. Féru de musique traditionnelle, il a eu le privilège de jouer de la cornemuse irlandaise devant le pape. Comme Pearse, il brûle de restaurer les valeurs héroïques de l'Irlande gaèle, et de jeter le sassenach à la mer. Même si l'espoir de vaincre est mince, il faut forcer la chance, déclencher au plus vite l'insurrection de l'Irlande irlandaise.

Pearse, Mac Donagh, Plunkett, Ceannt, quatre artistes, quatre poètes. Singulier pays que celui où les poètes fomentent des révolutions pour sauver l'âme d'une race déchue.

Les trois derniers membres du Conseil militaire secret sont d'une autre étoffe. Réaliste à l'esprit froid, Michael Collins a davantage d'affinités avec eux qu'avec les visionnaires d'une Irlande baignant dans le crépuscule celtique.

James Connolly est un plébéien violent et généreux. Obligé de gagner sa vie à onze ans, il s'est fait lui-même, dévorant tous les livres qui passaient à sa portée. Marqué par Marx et par Mitchel, il est l'homme de l'agitation sociale et du combat nationaliste. L'affranchissement d'Erin et l'émancipation des travailleurs irlan-

1. Sassenach : l'étranger.

dais sont pour lui deux étapes d'un même processus. Lorsque « Big Jim » Larkin a quitté l'Irlande en 1914, James Connolly lui a succédé à la tête de l'Irish Transport and General Workers'Union et de la jeune Citizen Army, embryon d'Armée Rouge créée pour protéger les grévistes et les locaux des syndicats. Connolly brûle de déclencher la révolution nationale et sociale Ses articles sont des brûlots vengeurs. Liberty Hall, son quartier général, est un véritable arsenal, gardé jour et nuit militairement. Les membres du Comité Militaire secret l'ont coopté pour canaliser sa fougue et éviter qu'il ne déclenche prématurément une insurrection désespérée avec ses deux cents dockers déguisés en soldats du peuple.

Tom Clarke et Sean Mac Diarmada sont les artisans consciencieux et discrets de la Révolution Irlandaise. C'est Tom Clarke, petit vieillard, d'apparence chétive, qui a reconstitué l'Irish Republican Brotherhood en élaguant impitoyablement les branches mortes. Trait d'union entre le fenianisme du XIXe siècle et la jeune génération galvanisée par la renaissance gaélique, Clarke n'a pas hésité à mettre au rancart les nostalgiques qui encombraient le mouvement révolutionnaire. Il a placé des jeunes à tous les postes. Sean Mac Diarmada est le type même de ces nouveaux venus dont aime à s'entourer le vieux conspirateur. Actif, dynamique, employé à plein temps pour noyauter les organisations nationales, il est le véritable commis voyageur de la Révolution.

A neuf heures précises, les membres du Comité Militaire secret se distribuent les premiers rôles. Padraic Pearse est nommé président du Gouvernement Provisoire et généralissime des Forces de la République. James Connolly est élu vice-président et commandant en chef des forces de Dublin. Tom Clarke, Thomas Mac Donagh, Joseph Plunkett, Sean Mac Diarmada et Eamonn Ceannt se répartissent les postes de commandement et les portefeuilles symboliques du Gouvernement Provisoire de la République d'Irlande.

— Dès le premier coup de feu, s'écrie James Connolly, il n'y aura plus de Citizen Army, plus de Volontaires Irlandais, rien que l'Armée Républicaine Irlandaise.

L'I.R.A. est née, ce lundi 24 avril 1916, sur les marches du Bâtiment des Syndicats.

En cette fin de matinée, une grande agitation règne dans Beresford Place. Des centaines de bicyclettes sont appuyées contre les grilles du Liberty Hall. Des Volontaires chargent une charrette de piques, de pioches, de grenades. Par la porte grande ouverte du Butt Bar à l'angle d'Eden Quay, des hommes sortent avec des canettes de Guinness. On entend dans le fond un chœur de voix reprendre le refrain de la *Chanson du Soldat*. Dans les couloirs du Liberty Hall, c'est une course effrénée. Les jeunes filles du Cumann na mBan s'affairent de tous côtés, les scouts du Fianna Eireann brandissent des messages, les hommes de la Citizen Army chargent sur leurs épaules les sacs et le matériel entreposés dans les caves.

Sur la place, une cohue d'apparence vaguement militaire bat la semelle en attendant l'ordre de marche. Il peut y avoir deux cent cinquante à trois cents hommes. Une centaine d'hommes à peine porte l'uniforme vert sombre de la Citizen Army de Connolly, ou celui, gris-vert, des Volontaires Irlandais. Le reste de la troupe est accoutré de vêtements civils auxquels leggings, molletières, baudriers et ceinturons viennent donner une allure faussement martiale. Des petits bourgeois en costume du dimanche sont alignés au coude à coude avec des ouvriers en tenue de travail. Certains ne portent en signe de reconnaissance qu'un simple brassard jaune noué au bras gauche. Les couvre-chefs, tout aussi disparates, vont du feutre à bord rabattu des soldats boers au chapeau de tweed cabossé, en passant par la casquette et le melon.

L'armement est hétéroclite. Beaucoup de Volontaires brandissent des piques d'un autre âge qui confèrent à ce rassemblement une allure d'arrière-ban moyenâgeux. Les autres sont équipés de fusils de toutes sortes : pétoires à un coup, quelques Lee-Enfields volés ou achetés aux Tommies, des Martinis italiens importés en contrebande au milieu des blocs de marbre de Carrare, des Lee-Metfords datant de Mathusalem. Mais l'arme la plus courante est le fusil Mauser allemand, datant de la guerre de 1870. Au cours de l'été 1914, les nationalistes ont acheté quinze cents Mausers et quarante-neuf mille cartouches à Hambourg. Erskine Childers en a convoyé une partie sur son yacht, l'*Asgard,* jusqu'à Howth, au nord de Dublin. Le reste a été livré aux Volontaires à Kilcoole, dans le comté de Wicklow.

James Connolly apparaît sur les marches du Liberty Hall. Petit, massif, le visage énergique barré par une grosse moustache, le leader ouvrier a revêtu l'uniforme de commandant général. Il contemple la troupe bigarrée avec un large sourire et, se tournant vers son second, William O'Brien, il murmure d'un ton dégagé :

— Bill, nous allons nous faire massacrer.

O'Brien ne se fait aucune illusion, mais il ne peut s'empêcher de demander :

— N'y a-t-il pas un faible espoir ?

— Absolument aucun, rétorque Connolly, l'air enjoué.

Il respire à pleins poumons. L'air charrie des effluves printaniers. Les rayons du soleil illuminent le dôme élégant du bâtiment des douanes. Une nuée de mouettes tourbillonne en piaillant à la surface des eaux tranquilles de la Liffey. Le ciel est d'un bleu vif, traversé par quelques nuages rapides fuyant en direction de Howth. Après quinze jours de pluie pratiquement ininterrompue, le printemps donne à la capitale irlandaise un air radieux.

D'une bourrade amicale, James Connolly prend congé de William O'Brien et descend les quelques marches du Liberty Hall. Il s'avance vers Constance Markievicz. La « Comtesse rouge » a revêtu l'uniforme de la Citizen Army sur une longue jupe vert sombre. Elle est coiffée d'un invraisemblable chapeau de velours à plumes qui prêterait à rire si ses traits fins et passionnés et surtout l'énorme pistolet Mauser prolongé par la crosse de visée qui lui bat la cuisse n'étaient là pour inspirer le respect. Connolly prend ses mains dans les siennes et lui parle à mi-voix. Il se tourne ensuite vers les officiers et leur désigne leurs objectifs. Par petits détachements, les Volontaires et les soldats de la Citizen Army s'égaillent dans toutes les directions.

Il reste environ cent cinquante hommes sur la place.

A onze heures cinquante-cinq, Pearse et Plunkett font leur apparition. Toujours flanqué de Michael Collins et de Brennan Whitmore, Plunkett est pâle comme un linge. Son cou est emprisonné dans une bande et il semble respirer à grand-peine. Il porte un bracelet au poignet et deux énormes bagues antiques, cadeau de sa fiancée. Avec sa pâleur et ses ornements sauvages d'un passé défunt, Plunkett semble l'image même d'une race à l'agonie.

Pearse est comme transfiguré. Son rêve est devenu réalité. Il contemple les hommes assemblés sur la place, sans voir le ridicule de leur accoutrement et la pauvreté de leurs armes.

Une Ford verte fait soudain irruption sur la place au milieu des vivats de la petite troupe. C'est The O'Rahilly, le trésorier des

Volontaires Irlandais. Chef d'un clan du Kerry, d'où le titre « The » précédant son nom, O'Rahilly s'est affilié très tôt au mouvement républicain. C'est lui qui a eu l'idée de mettre sur pied les corps de Volontaires Irlandais, pendant de l'Ulster Volunteer Force orangiste. Il a englouti sa fortune pour les armer. Mais la perspective de se lancer dans une aventure désespérée répugne à son esprit réaliste. Il aime la vie et ne voit pas l'intérêt de la gaspiller en pure perte. Marcher à la mort et provoquer une répression impitoyable contre les Volontaires à seule fin de témoigner que l'esprit rebelle est toujours vivant lui paraît une attitude insensée. Par tous les moyens, il a essayé d'éviter l'irréparable. A présent que le soulèvement est décidé, il vient prendre sa place, sans illusion, par bravade, pour qu'on ne puisse pas dire que le chef du Clan des O'Rahilly est resté sourd à l'appel des guerriers de sa race.

Il saute à bas de la Ford, dans laquelle les Volontaires commencent à entasser armes et munitions, bondit sur les marches du Liberty Hall, et étreint les mains de Pearse et de Plunkett.

— Eh bien, puisque j'ai aidé à remonter la pendule, autant que je sois là pour l'entendre sonner.

Se tournant vers Pearse, il ajoute, sourire aux lèvres :

— Pearse, vous commettez une folie, mais c'est une folie magnifique, et je veux être dans le coup.

A midi moins deux, Pearse, Connolly et Plunkett descendent du perron et se placent à la tête de la colonne.

— A gauche, en avant... Marche, ordonne Connolly.

Les cent cinquante hommes se mettent en marche, suivis par un cab fermé, un camion et la Ford verte de The O'Rahilly, flanquée par deux motocyclistes. La petite troupe traverse Abbey Street et débouche dans O'Connell Street.

O'Connell Street est la rue la plus animée de Dublin. Elle mesure plus de quarante mètres de large et s'étend des quais de la Liffey jusqu'à Rutland Square. Officiellement baptisée Sackville Street, personne ne l'appelle autrement qu'O'Connell Street, à cause de la colossale statue en bronze du « Libérateur » qui trône face au pont qui enjambe la Liffey. A l'extrémité nord, un monument à la mémoire de Parnell rappelle par une inscription en lettres d'or que rien au monde ne peut arrêter la marche en avant d'une nation. A mi-distance, un mélancolique Nelson se perd dans les nuées au sommet d'une immense colonne dorique en pierre. En face de ce symbole de la puissance britannique, entre Henry Street et Prince's Street, s'élève l'Hôtel central des Postes, fastueux édifice de ce style corinthien dont raffolent les Anglais. Le fronton, timbré aux armes de la monarchie, est soutenu par huit colonnes ioniques, et surmonté de trois statues allégoriques représentant l'Hibernie, Mercure et la Fidélité. La construction est majestueuse et anachronique, îlot classique enserré entre les belles et hautes maisons qui abritent les hôtels, les magasins et les bureaux des plus grandes affaires de Dublin.

Ce lundi de Pâques 1916 est « Bank Holiday ». La grande artère est bondée de Dublinois endimanchés et de provinciaux qui ont profité du long week-end pour venir à Dublin. Les trams passent dans un vacarme épouvantable et déversent les banlieusards au pied de la colonne Nelson. Des femmes en châles noirs et tabliers blancs offrent aux arrivants des fleurs et des fruits sur des petites charrettes. Des gamins nu-pieds fendent la foule en hurlant les gros titres du *Freeman's Journal* et de l'*Irish Times*. Des mendiants en haillons tendent la main d'un air absent. Quelques soldats convalescents en uniformes bleus jettent une note claire dans cette cohue mélangée. Presque pas de cabs, ils sont tous partis au champ de courses de Fairyhouse. Les badauds admirent les boutiques et s'apostrophent joyeusement dans l'ivresse de cette première journée de printemps. On entend fuser les plaisanteries des paysans du Connemara ou du comté de Meath.

— Regardez-moi cette troupe de fiers-à-bras; ça joue à la révolution comme si nos gars jouaient à la guerre dans les tranchées de France. Tous ces Sinn Feiners me dégoûtent. Pouah...

Une mégère renchérit en tirant sur son fichu.

— Ces salauds sont payés par les Allemands.

— Pensez-vous, ce sont tout bonnement des lâches qui s'abritent derrière leurs grands principes pour ne pas partir au front. Quelle misère de voir cela en plein Dublin !

— Je me demande ce qu'on attend pour tous les foutre en tôle. Je connais pas mal de gars des Dublin Fusiliers qui ne seraient pas mécontents de leur ficher une bonne raclée à ces conspirateurs d'opérette.

Sans prêter attention aux lazzis de la foule, la petite colonne de Volontaires remonte O'Connell Street en bon ordre, l'œil rivé sur la ligne d'horizon pour ne pas croiser le regard méprisant des passants.

Une nuée de gosses loqueteux tourbillonne autour des hommes lourdement chargés.

— Quel bâtiment allez-vous prendre aujourd'hui, Général ? piaille un gamin en s'esclaffant.

— Vous êtes sûrs que vous savez tenir un fusil ? demande un autre. Faites attention au policeman, il va tous vous arrêter.

— Taisez-vous, garnements, rétorque un vieillard édenté, ces hommes sont les dignes fils des Fenians de jadis. Un jour viendra où ils laveront les affronts subis par notre race dans le sang de l'envahisseur.

Un homme coiffé d'un chapeau melon hausse les épaules et lance au vieillard :

— Vous radotez, grand-père. Laissez les Fenians dormir dans leurs tombes. Nous aurons le Home Rule après la guerre. Asquith l'a promis. Toute cette mise en scène grotesque ne sert qu'à nous couvrir de ridicule.

A la hauteur de la Grand-Poste, James Connolly fait soudain volte-face et ordonne, sèchement :

— Compagnie, halte. Demi-tour à gauche.

La colonne exécute son demi-tour et s'immobilise face à la Grand-Poste. Connolly savoure cet instant décisif. Soudain il ordonne :

— Sur la Poste, chargez...

## II

## *LES PAQUES SANGLANTES DE DUBLIN*

— Vous avez entendu, nom de Dieu, emparez-vous de la Poste, hurle un officier revolver au poing.

La plupart des Volontaires croyaient à une marche de routine. L'ordre de Connolly les cueille à froid. Ils marquent un instant d'hésitation. Puis, électrisés, ils chargent en hurlant.

Le gros de la troupe pénètre par la grande porte qui donne sur O'Connell Street. Quelques hommes s'élancent vers l'entrée de Prince's Street. En quelques secondes, l'immense hall est envahi par une soldatesque bruyante, brandissant sabres, piques, fusils de chasse, Mausers et Lee-Enfields, dans une cohue indescriptible.

Connolly, Pearse et Plunkett entrent à leur tour dans le bâtiment. Plunkett est quasiment porté à bout de bras par Michael Collins. Il ne tient plus debout, transpire à grosses gouttes, respire en sifflant. Il doit s'accrocher au comptoir pour ne pas tomber.

— Tout le monde dehors, ordonne Connolly.

La foule, prise au dépourvu, reste pétrifiée. Soudain deux coups de fusil claquent. Les balles vont se loger en miaulant au plafond. Immédiatement, c'est la panique. Les employés sautent par-dessus les comptoirs et se précipitent vers les sorties. Les clients suivent en désordre. Des femmes poussent des cris aigus. Des hommes profèrent des jurons.

— Brisez les vitres et barricadez les fenêtres.

Attaquées à coups de crosse, les immenses verrières volent en éclats dans un fracas épouvantable.

The O'Rahilly se retourne vers Pearse.
— Bon Dieu, on a oublié le télégraphe.
Pearse hèle un Volontaire.
— Staines, prenez six ou sept hommes et occupez le deuxième étage.
Les Volontaires se ruent dans l'escalier, bousculent au passage les télégraphistes et arrivent à l'étage supérieur. Ils se retrouvent couchés en joue par sept soldats anglais. Un Volontaire fait feu sur le sergent qu'il blesse à la tête. Les soldats jettent leurs armes et lèvent les bras.
— Ne tirez pas, nous n'avons pas de munitions.
Dans le hall, les Volontaires s'activent comme des forcenés. Officiers et soldats entassent tout ce qu'ils trouvent pour protéger les fenêtres. Bureaux, tables, chaises, registres, annuaires, sacs postaux, ballots du Freeman's Journal, sont empilés de manière à ne laisser passer que le canon des fusils.
Plunkett a repris ses esprits. Avec Brennan Whitmore et Collins, il prend possession d'une table au fond du hall et commence à déplier un plan de Dublin. Il pointe ses doigts chargés de bagues sur la carte.
— Jusqu'ici tout va bien. Nous bénéficions de l'effet de surprise. Sauf imprévu nous devrions maintenant contrôler les points vitaux de la ville : les Moulins Boland à l'est, Saint Stephen's Green et la Biscuiterie Jacob au sud, le Palais de Justice, le Dépôt de Mendicité, et la South Dublin Union à l'ouest, la Brasserie Gilbey au nord. Nous en saurons davantage lorsque les communications seront établies. Reste à savoir combien de temps nous pourrons tenir.
Capturer Dublin n'a de sens que si la province se soulève à son tour et achemine immédiatement des colonnes de renfort sur la capitale. Plunkett a prévu que dix mille hommes au moins sont nécessaires. Par suite du flottement et du contrordre de Mac Neill, sept cents Volontaires de Dublin, seulement, ont répondu à l'ordre de mobilisation de Pearse.
Réflexion d'un Volontaire :
— C'est pas une révolution, c'est un baroud d'honneur.
O'Connell Street est noire de monde. Quelques vivats fusent, mais, dans son ensemble, la foule est hostile.
Près de la colonne Nelson, un agent de police contemple la

scène sans s'émouvoir. Un autre policier arrive à sa hauteur, attiré par le remue-ménage.

— Qu'est-ce que c'est que ce carnaval ?

— Les Sinn Feiners ont pris la poste, répond l'agent flegmatique.

— Pas possible. De toute façon ce n'est pas notre boulot. L'armée se chargera de balayer cette racaille.

— Regardez, là, s'écrie une femme en désignant le ciel.

Des Volontaires s'agitent sur le toit de la poste. Bientôt deux drapeaux sont hissés aux mâts qui s'élèvent aux deux extrémités du toit. A droite, le drapeau vert, blanc, orange de la République. A gauche, le drapeau vert, orné au centre d'une Harpe d'or, des rebelles de 1798.

— Vive l'Irlande libre ! crie un homme dans l'indifférence générale.

— Cette bande de cons se prend vraiment au sérieux, lance un autre.

Soudain la foule recule en désordre. Une dizaine de Volontaires en armes sort de l'Hôtel des Postes. Les chefs de la rébellion s'avancent sur le perron. Pearse se détache du petit groupe et, d'un air extasié, commence à lire une proclamation en articulant ses mots avec solennité :

— Irlandais et Irlandaises, au nom de Dieu et des générations disparues dont elle reçoit son antique tradition de nationalité, l'Irlande, par nos voix, appelle ses enfants autour de son drapeau pour conquérir sa liberté. Ayant organisé et entraîné ses hommes au moyen de son organisation révolutionnaire secrète, l'Irish Republican Brotherhood, et de ses organisations militaires publiques, les Volontaires Irlandais et l'Irish Citizen Army, ayant patiemment attendu le moment propice pour se manifester, elle saisit maintenant ce moment, et, aidée par ses enfants exilés en Amérique et par ses braves alliés d'Europe, mais comptant d'abord sur sa propre force, elle prend les armes, pleine de confiance dans la victoire.

Dans l'encoignure d'une fenêtre, Michael Collins écoute, la gorge nouée. Les mots scandés par le poète s'élèvent comme une incantation magique venue du fond des âges. Ils exhalent tout le ressentiment d'un peuple imparfaitement conquis, dont la mémoire prodigieuse ressasse interminablement la liste des griefs séculaires contre les maîtres de la colonie. Protestation acharnée du souvenir inscrite dans le sang des Celtes humiliés, et que rien ne peut effacer. Ces mots le rattachent à tous ces Collins de Woodfield qui connurent la prison et l'exil pour prix de leur refus obstiné. Il entend la voix de son père murmurant sur son lit de mort avec une tranquille conviction : « Je ne verrai pas l'Irlande libre, mais, s'il plaît à Dieu, mes enfants la verront. » Que n'était-il avec lui en ce jour de Pâques, pour assister à la résurrection de la nation irlandaise !

Pearse martèle ses mots :

— ... Nous déclarons souverain et imprescriptible le droit du peuple d'Irlande à la propriété de l'Irlande et à la libre direction des destinées irlandaises. La longue usurpation de ce droit par un peuple et un gouvernement étrangers n'a pas annihilé ce droit, qui ne pourra jamais être détruit que par l'annihilation même du peuple irlandais. Toutes les générations du peuple irlandais ont affirmé leur droit à la liberté et à la souveraineté nationales : six fois au cours des trois cents dernières années, elles l'ont affirmé par les armes. Nous appuyant sur ce droit fondamental et l'affirmant encore par les armes à la face du monde, nous proclamons ici la République Irlandaise Etat indépendant et souverain, et nous vouons nos vies et celles de nos compagnons d'armes à la cause de sa liberté, de sa prospérité et de son élévation parmi les nations. La République Irlandaise a droit à l'obéissance — qu'elle réclame par la présente proclamation — de tout Irlandais et Irlandaise. La République garantit la liberté civile et religieuse, des droits égaux et un traitement égal à tous ses citoyens et affirme sa volonté de travailler au bonheur et à la prospérité de la nation entière et de tous ses éléments, de prendre un soin égal de tous les enfants de la nation et d'oublier les différences soigneusement entretenues par un gouvernement étranger, qui ont, dans le passé, séparé une minorité de la majorité. Jusqu'à ce que nous ayons par nos armes atteint le moment opportun pour l'établissement d'un Gouvernement National permanent représentatif de la totalité du peuple d'Irlande et élu par les suffrages de tous les hommes et de toutes les femmes, le Gouvernement Provisoire, ici constitué, administrera au nom du peuple les affaires civiles et militaires de la République. Nous mettons la cause de la République Irlandaise sous la protection du Très-Haut, dont nous appelons la bénédiction sur nos armes, et nous prions pour que nul serviteur de cette cause ne la déshonore par lâcheté, inhumanité ou rapine. A cette heure suprême la nation irlandaise doit par sa valeur et sa discipline, et par l'empressement de ses enfants pour le bien commun, se montrer digne de l'auguste destinée à laquelle elle est appelée. »

La foule est silencieuse, comme médusée. Ce poète lançant un défi à l'Angleterre au nom de Dieu et des générations disparues ravive une blessure que l'on croyait guérie. Un tremblement parcourt l'assistance. Les Irlandais sont fascinés, alors même que leur esprit s'insurge contre cette folie désespérée.

— Pearse, je remercie Dieu d'avoir vécu assez vieux pour voir ce jour, s'écrie Connolly, radieux.

Des Volontaires affichent la proclamation sur les colonnes du portique et sur le socle de la colonne Nelson, tandis que les chefs de l'insurrection réintègrent la Poste.

Le tumulte renaît aussitôt, comme après ces spectacles oppressants dont on cherche, le rideau tombé, à exorciser la sensation d'angoisse. Furieuse de s'être laissé troubler, la foule clame sa colère et son mépris. En butte aux sarcasmes méprisants des badauds, quelques groupes de Volontaires investissent les immeubles qui couvrent le Q.G. insurgé. D'autres réquisitionnent, le plus souvent à la pointe de leurs baïonnettes, les vivres indispensables pour soutenir un siège de longue durée. Contre des bons de réquisition payables par la « République d'Irlande », hôteliers et commerçants s'exécutent à contrecœur. A l'entrée de Prince's Street les Volontaires déchargent prestement les camions, les automobiles et les charrettes qui arrivent chargés de boules de pain, de bouteilles de lait, de matelas, de couvertures.

Dans la Grand-Poste, le moral est élevé. Les nouvelles les plus extravagantes naissent, se propagent, s'amplifient.

— Cork et Limerick se sont soulevés.

— Tout le Kerry est en armes.

— Les Munster et les Dublin Fusiliers se sont ralliés.

— Les Turcs et les Allemands ont débarqué à Waterford.

— Les U-boats contrôlent la mer d'Irlande.

Les agents de la Dublin Metropolitan Police ont complètement disparu d'O'Connell Street. La circulation est interrompue. Les badauds vont et viennent librement. Des grappes de curieux sont massées aux fenêtres des maisons, des deux côtés de la rue.

Un Volontaire hèle soudain ses camarades :

— Venez donc voir ce qui nous arrive.

Tout le monde se précipite aux fenêtres de la Grand-Poste.

Au bas d'O'Connell Street, juste après le pont, une longue file d'hommes vêtus de noir, déployée sur toute la largeur de la grand-rue, remonte lentement. Sur son passage, la foule s'écarte respectueusement, se réfugiant dans les embrasures des portes, dans les rues et les venelles adjacentes.

— Jésus-Marie, des curés, il ne manquait plus que ça. Mais qu'est-ce qu'ils fabriquent ?

— Ils essaient de disperser la foule, mais ça n'a pas l'air d'aller tout seul.

Derrière la digue noire, la rue se remplit à nouveau d'hommes et de femmes. Arrivés à mi-hauteur, les prêtres font volte-face et commencent à redescendre en direction du fleuve. La foule s'efface encore pour se reconstituer derrière eux, comme la vague fendue par l'étrave d'un navire. Une troisième tentative s'avère tout aussi inutile. La barrière noire se disloque bientôt, impuissante à refouler ce troupeau de fidèles indociles.

Un Volontaire s'esclaffe :

— Ça c'est toute l'Irlande; personne n'aurait l'idée de résister ouvertement à un prêtre, mais, dès qu'il a le dos tourné, tout le monde n'en fait qu'à sa tête.

— En tout cas, une chose est certaine, murmure Collins, en serrant les poings, l'Eglise est contre nous, une fois de plus.

La nouvelle s'est répandue que les Sinn Feiners ont pris d'assaut les principaux bâtiments de la ville. Des Volontaires, abusés par les ordres et les contrordres successifs, s'équipent à la hâte et rejoignent les positions rebelles.

A une heure quinze un groupe de Volontaires de Rathfarnham se présente devant l'Hôtel des Postes. Au même moment un cri retentit, répercuté par des centaines de voix.

— Les Lanciers, les Lanciers arrivent.

La foule s'égaille de tous côtés en hurlant. Les Volontaires de Rathfarnham se trouvent pris entre deux feux. L'officier qui les commande les fait mettre en ligne dans Prince's Street.

Une voix tonitruante couvre ses ordres.

— Ne vous alignez pas, bande de crétins, grimpez dans la poste, par la fenêtre. Grouillez-vous.

En haut d'O'Connell Street, un détachement de Lanciers débouche au petit trot. Les splendides chevaux bais avancent dans un ordre impeccable. Les cavaliers se tiennent très droits sur leur selle. Au bout de leurs lances, les flammes claquent dans l'air printanier. Les équipements étincellent au soleil. On aperçoit la crosse des fusils sortant des étuis cirés de neuf. Les Lanciers sont à la parade.

Ils incarnent la majesté de l'Empire Britannique.

Réceptifs à la toute-puissance des symboles, les Volontaires étreignent leurs armes, la gorge serrée.

Arrivés à cent yards de la poste, les fringants cavaliers s'immobilisent. Un silence épais succède au cliquetis des harnachements et au bruit des sabots. Un cheval hennit, un autre piaffe d'impatience. Le colonel considère d'un œil hautain les abords de la Poste. Il fronce le sourcil en apercevant les drapeaux séditieux sur le toit du bâtiment. D'un mouvement étudié, il dégaine son sabre, se dresse sur sa selle et ordonne sèchement :

— Chargez.

Les cavaliers s'élancent en bon ordre.

— Ne tirez pas avant qu'on vous en donne l'ordre, commande James Connolly.

Les Lanciers parviennent rapidement à la hauteur de Henry Street. Lorsqu'ils dépassent l'énorme colonne dorique supportant la statue de Nelson, les Volontaires s'affolent. Un coup de feu claque, puis un autre. Une salve de coups de fusil vient aussitôt creuser les rangs de la troupe montée.

Trois Lanciers gisent dans une mare de sang. Un autre se traîne à couvert. Le hennissement des chevaux se mêle au crépitement des fusils. Les cavaliers, qui n'ont pas eu le temps de dégainer leurs armes, ont toutes les peines du monde à maîtriser leurs montures emballées. Le cheval d'un des Lanciers morts pousse du naseau le corps de son maître. Une salve le couche sur le cadavre. Un autre cheval, saisi de folie, désarçonne son cavalier.

Les fiers Lanciers ont perdu leur belle prestance. Sous le feu roulant des insurgés, une tourbe apeurée d'hommes et de bêtes se retrouve prise au piège de la guerre. Seul, le colonel n'a rien perdu de sa morgue, il revient au galop et commande la retraite. Les Lanciers refluent en désordre.

Les Volontaires s'abandonnent à la griserie de cette victoire facile.

— Victoire, on les a repoussés.

Un vétéran de la guerre des Boers marmonne entre ses dents :

— C'est une histoire de fous. On s'enterre dans cette foutue Poste au lieu de constituer des commandos mobiles pour harceler les Anglais. Et ces idiots-là ne trouvent rien de mieux pour nous déloger que de nous envoyer leurs champions de polo en tenue de gala.

Par petits groupes, les badauds reprennent possession de la grand-rue. L'excitation est à son comble.

— Comment pouvez-vous tirer sur de pauvres chevaux ? crie une vieille femme en secouant son poing sous les fenêtres de la Poste.

Une ambulance munie d'un drapeau blanc vient enlever les cadavres des Lanciers. Dans la Poste, un Volontaire a été tué et deux autres blessés par balles perdues. On les évacue sur l'infirmerie.

Attablés autour du plan de Dublin, Plunkett, Collins et Brennan Whitmore reçoivent les premières nouvelles de l'insurrection dans le reste de la ville.

Les motocyclistes se succèdent. Ils apportent les messages des commandants de Volontaires. Les nouvelles encourageantes sont saluées par des vivats. Les insurgés jettent leurs chapeaux en l'air et manifestent bruyamment leur enthousiasme.

— Un détachement de la Citizen Army sous les ordres du capitaine Sean Connolly s'est emparé du Château, un gardien a été abattu, annonce un messager tout excité. Ils ont également capturé l'Hôtel de Ville.

— Les Fianna Eireann ont fait sauter l'arsenal du Magazine Fort dans Phœnix Park.

— Le premier bataillon de Volontaires, sous les ordres du commandant Edward Daly, a occupé le Palais de Justice. Des avant-postes ont été établis au Dépôt de Mendicité, à la Distillerie Jameson, et dans divers bâtiments situés dans le périmètre de Church Street et North King Street.

Nous avons ouvert le feu sur une compagnie de Lanciers qui escortait un convoi de munitions. Deux Lanciers ont été tués.

— Le deuxième bataillon, sous les ordres du commandant Mac Donagh, s'est emparé de la Biscuiterie Jacob. Un contingent de la Citizen Army sous les ordres du commandant Michael Mallin et de la comtesse Markievicz a pris position dans les jardins de St. Stephen's Green. Un détachement de la Citizen Army et des Volontaires envoyés par le commandant Mac Donagh ont ouvert le feu sur les soldats de la caserne Portobello.

— Le troisième bataillon de Volontaires, sous les ordres du commandant Eamon de Valera, s'est emparé de la Minoterie Boland et de plusieurs positions alentour. Ils tiennent sous leur feu Northumberland Road et la voie ferrée du Dublin and South Eastern Railway par lesquelles doivent obligatoirement passer les renforts en provenance du port de Kingstown ou de la province.

— Le quatrième bataillon, sous les ordres du commandant Eamonn Ceannt et du vice-commandant Cathal Brugha, a occupé la South Dublin Union. Il contrôle la route d'accès à Dublin des troupes stationnées à la caserne Richmond.

Les estafettes arrivent de tous côtés.

Plunkett, de plus en plus affaibli, indique du doigt sur la carte les positions occupées par les rebelles.

— Notre plan a réussi. Nous avons établi notre Quartier Général dans l'Hôtel des Postes. Le bâtiment est protégé par les détachements de Volontaires postés dans les magasins Kelly et Hopkins and Hopkins, face au pont O'Connell. Nous occupons le centre du dispositif circulaire qui doit arrêter les troupes britanniques.

Mais les estafettes ne rendent pas toujours exactement compte de la situation. Le dispositif rebelle n'est pas aussi cohérent et étanche que le croit Joseph Plunkett.

Le Magazine Fort de Phœnix Park est intact. Le Château de Dublin et Trinity College sont toujours aux mains des autorités, ainsi que le Central téléphonique. Les renforts de province n'arrivent pas. La capitale est isolée. Or les insurgés, en ce lundi matin, ne sont guère plus de sept cents. En face, le premier mouvement de surprise passé, les Anglais sont en mesure de jeter immédiatement dans la bataille cent vingt officiers et deux mille deux cent soixante-cinq hommes de troupe appartenant au 6th. Cavalry

Regiment, au 3rd. Royal Irish Regiment, au 3rd. Royal Irish Rifles, au 10th. Royal Dublin Fusiliers.

Aux premières heures de l'insurrection, les républicains se battent déjà à trois contre un.

Quelques Volontaires rejoignent individuellement ou par groupes les positions rebelles. Desmond Fitzgerald est du nombre. Il dégage une impression d'extrême jeunesse : cheveux blonds frisés peignés en coup de vent, visage émacié, front haut, yeux d'un bleu très clair baignés d'une lumière angélique, bouche sinueuse, expressive. Auteur dramatique et poète, il a été emprisonné en 1915 et n'est libéré que depuis huit jours. Comme The O'Rahilly, son meilleur ami, Desmond Fitzgerald aime trop la vie pour succomber à la tentation morbide du martyre prêché par Padraic Pearse. Mais devant la Poste en état de siège, il ne balance pas un seul instant.

— Allons, ça vaut tout de même la peine de se faire massacrer, dit-il en souriant à sa femme.

Pearse le place sous les ordres de The O'Rahilly qui l'accueille par un fraternel :

— Hello Desmond. Tu vois, ils étaient décidés à avoir leur insurrection. Alors, voilà où nous en sommes.

Fitzgerald jette un regard circulaire.

— Combien de temps crois-tu que nous pourrons tenir ?

— A condition d'un miracle, on peut tenir vingt-quatre heures, mais sincèrement je ne pense pas que ce sera si long.

La foule est plus dense que jamais autour de la Grand-Poste. Les passants endimanchés cèdent du terrain devant les habitants déguenillés des taudis situés au nord, à l'est et à l'ouest de la colonne Nelson. Un groupe de femmes des bas quartiers, enveloppées dans d'immenses châles noirs, s'est agglutiné à la porte latérale de la Grand-Poste. Elles viennent réclamer l'allocation versée aux femmes des soldats en service actif. La sentinelle essaie, en vain, de les convaincre.

— Vos hommes vont revenir. Nous avons renversé la dictature anglaise. Vous êtes citoyennes de la République Irlandaise. Nous ne verserons jamais plus notre sang dans les guerres déclarées par le gouvernement impérial de Londres.

Les mégères ne voient qu'une chose : les allocations ne seront pas versées. Elles injurient les rebelles avec un accent aviné.

— Bâtards.

— Salauds.

— Voleurs.

— Attendez un peu que l'Armée arrive, elle prendra soin de vous.

— Si mon gars n'était pas au front, vous seriez en train de courir la queue entre les jambes.

Les Volontaires s'attendent à être attaqués d'une minute à l'autre. Le crépitement des balles et des mitrailleuses anglaises, dans le lointain, indique que les combats sont commencés. Un groupe de Volontaires, envoyés par James Connolly pour renforcer la petite garnison de l'Hôtel de Ville, a été cloué au sol par la mitraille dans Fleet Street, et contrainte de faire retraite sur la Grand-Poste.

James Connolly donne l'ordre d'évacuer le Liberty Hall, beaucoup trop exposé.

Inconsciente, la foule se presse dans O'Connell Street comme un énorme troupeau bruyant et excité. Les « slums » de Dublin dégorgent une population misérable pour qui cette insurrection est une fête, entracte imprévu dans une existence morne et résignée.

Soudain la vitrine de Noblett, le marchand de bonbons, vole en éclats. Des centaines de mains happent les confiseries. Elargissant la brèche, la foule pénètre en force dans le magasin et vide les étagères en un tournemain. Puis c'est le tour de la chapellerie Dunn's, de la lingerie Ryan, du bottier Cable et du tailleur Lemon. Des hommes jettent leurs casquettes et coiffent des chapeaux hauts de forme, des canotiers, des melons. Un petit vieux à moitié ivre a empilé sur sa tête cinq ou six chapeaux trop grands pour lui. Des gamins jouent au football avec des chapeaux melons.

Les femmes sont en train de saccager la lingerie et le magasin de chaussures. Elles relèvent leurs jupes pour enfiler des bas de soie et de superbes bottes russes qui montent jusqu'aux genoux. En moins d'une demi-heure, les magasins sont nettoyés.

La foule en délire remonte la rue, brisant les vitrines, raflant tout sur son passage. Comme des épaves sur une mer démontée, des caisses, des meubles, des coupons d'étoffe, des sacs de denrées alimentaires, passent de main en main au-dessus d'une forêt de têtes hurlantes. Les pillards poussent des charrettes et des voitures d'enfants chargées de butin.

Les chefs de l'insurrection sont pétrifiés. Pearse découvre que le petit peuple de Dublin a perdu les vertus héroïques de la race gaèle et n'éprouve aucun scrupule à déshonorer le sacrifice suprême des plus purs d'entre ses fils. James Connolly est encore plus bouleversé. Voilà donc cette classe ouvrière à laquelle il a tout sacrifié, comme militant et comme chef syndicaliste, et dont il affirmait qu'elle était la seule héritière incorruptible du combat pour la liberté en Irlande. Envahi par le découragement et l'amertume, il se souvient d'une dispute avec Hobson à ce sujet.

— La classe ouvrière est une poudrière. Jetez une allumette et tout sautera, avait-il affirmé, péremptoire.

Hobson avait eu un sourire incrédule :

— Puisque vous aimez les métaphores, Connolly, je vais vous dire ce qu'est la classe ouvrière. C'est une tourbière détrempée. Jetez une allumette, elle sera engloutie par l'humus.

Hobson avait raison. La Citizen Army, l'armée prolétarienne sur laquelle James Connolly fondait tous ses espoirs, avait compté jusqu'à mille hommes en mai 1914. Mais, selon une boutade typiquement dublinoise, elle était devenue l'armée qui pouvait se targuer de posséder le plus grand nombre de déserteurs. En ce lundi matin, les lieutenants de Connolly avaient rameuté à grand-peine deux cents hommes pour se battre sous la bannière ouvrière ornée de la charrue et des étoiles. Les prolétaires de Dublin se fichaient bien de la Révolution, qui n'était pour eux que prétexte à pillages et rapines.

Fou de rage, Sean Mac Diarmada se précipite en claudiquant dans la rue.

— Canailles, dispersez-vous. Vous déshonorez la Révolution.

O'Rahilly fait jeter des seaux d'eau sur une bande de maraudeurs qui se dirige vers les magasins d'Henry Street. Du premier étage, les Volontaires déclenchent un feu de salve au-dessus de la tête des pillards. En vain, la bacchanale continue de plus belle dans O'Connell Street et les rues adjacentes.

James Connolly, décomposé, se tourne vers un officier de Volontaires petit et décidé.

— O'Kelly, prenez une douzaine d'hommes et dégagez-moi cette racaille à la baïonnette et à la matraque.

Une escouade de Volontaires traverse la grand-rue et pénètre dans Clery, un des grands magasins de la ville.

— Dispersez-vous, c'est un ordre, rugit Sean T. O'Kelly.

La foule continue de piller méthodiquement les rayons de Clery. Les Volontaires brandissent leurs bâtons et se frayent un chemin. Les pillards s'égaillent dans tous les directions en fulminant des insultes à l'adresse des rebelles.

— Maudits Sinn Feiners, vous osez frapper de pauvres gens du peuple sans défense.

— Salauds, l'Armée vous règlera bientôt votre compte.

— Vous nous donnez un avant-goût de la tyrannie que vous voulez imposer après vous être débarrassés des Anglais. Mais ils vous tueront jusqu'au dernier et ce sera justice.

— Espèce de bâtards, vous dérobez tout ce que vous voulez, mais une mère de six enfants ne pourrait prendre les quelques babioles que Dieu a placées sur son chemin.

Non sans mal, O'Kelly fait évacuer le grand magasin, et passe aux suivants. Il n'a pas fait cent mètres que la foule s'est engouffrée de nouveau dans Clery. Résigné, il ramène ses hommes à la Poste.

— Même avec deux cents hommes, on ne pourrait disperser la foule, Commandant.

— Est-ce que vous avez fait usage de vos armes ? demande Connolly, la mine furieuse.

— Nous avons tiré au-dessus de leurs têtes.

— Ce n'est pas suffisant. Tant qu'on n'en aura pas fusillé un ou deux, on ne pourra pas les arrêter. Je vais envoyer quelqu'un pour finir le boulot.

Connolly change brutalement de sujet, il ne peut se résoudre à faire exécuter des hommes et des femmes du peuple, de ce peuple de Dublin qui est sa chair, son sang, et son unique espoir.

En fin de soirée, les chefs de l'insurrection font le point de la situation. Clarke et Mac Diarmada s'inquiètent des réactions dans les autres parties de la ville.

— Elles ne sont pas très favorables. Dans Northumberland Road, les Volontaires ont ouvert le feu sur un détachement de Territoriaux tous plus âgés les uns que les autres et, de surcroît, désarmés. Dans St. Stephen's Green, ils ont abattu un homme qui voulait dégager son charreton d'une barricade. Si les Volontaires n'avaient pas été armés, ils se seraient fait lyncher par la foule.

— Et les Anglais ?

— Ils amènent des renforts considérables du Curragh. Un homme a vu plusieurs milliers de soldats descendre du train à la gare de Kingsbridge. Ils ont attaqué la South Dublin Union et le Dépôt de Mendicité. L'Hôtel de Ville est assiégé. Le Château grouille de soldats. Nous n'allons pas tarder à être délogés.

Mais le soir tombe sans que les troupes britanniques aient tenté de réduire le Q.G. rebelle.

A la lumière des lampes à arc, la foule, plus clairsemée, continue à faire main basse sur ce qui reste du grand pillage de l'après-midi. Des gamins ont découvert des feux d'artifice qu'ils allument à quelques mètres de Cable, le marchand de chaussures. Un incendie se déclare dans le magasin. En quelques minutes, les flammes lèchent les murs du premier étage. Les pompiers arrivent à temps pour sauver les habitants de l'immeuble. Mais le feu a enivré la populace. Un nouvel incendie est allumé dans un magasin tout proche.

Dans la rue dévastée, livrée aux incendiaires, la Poste, repliée sur elle-même, s'endort d'un sommeil trouble peuplé de rêves fous. Dans l'embrasure des fenêtres et sur le toit, les sentinelles scrutent l'obscurité en frissonnant dans l'air frais de la nuit.

# III

## *LE TEMPS DES ILLUSIONS*

Le mardi 25 avril 1916, Dublin s'éveille sous un ciel bas et lourd, annonciateur d'orage. Les Volontaires sortent de leur engourdissement, surpris d'être encore vivants.

Une fusillade nourrie dans la direction de l'Hôtel de Ville apprend aux insurgés que les Anglais ont entrepris de nettoyer le périmètre situé autour du Château.

Les nouvelles sont préoccupantes. Les troupes anglaises arrivent par trains entiers en gare d'Amiens Street, de Kingsbridge, de Westland Row. Si le Château mobilise les garnisons de province, c'est que l'insurrection n'a pas fait tache d'huile. Sans aide extérieure, la rébellion ne va pas tarder à être étouffée sous le nombre et la puissance de feu de l'Armée.

En fin de matinée, la populace réinvestit O'Connell Street. Elle a vidé au passage le contenu de plusieurs pubs, et l'alcool commence à faire son effet. Des hommes chantent d'une voix éraillée une vieille ballade dont les mots s'achèvent en hoquets. Des femmes en robe de soie esquissent des pas de danse.

Au beau milieu d'O'Connell Street, une fille se dévêt et essaie des dessous avec autant d'aisance que si elle se trouvait dans un salon d'habillage. On fait cercle autour d'elle. Une femme nue en plein Dublin, c'est un événement encore plus stupéfiant que la rébellion. Un homme s'écrie, interloqué.

— Sainte-Mère de Dieu, mais elle est nue.

— Faut croire que c'est une roulure sans moralité, lâche un autre, qui ne détourne pas les yeux pour autant.

Une femme invoque les secours de la religion.

— C'est un péché mortel. Voilà ce que c'est. Le Dieu tout-puissant va la foudroyer à l'instant même, je vous le dis.

— N'empêche que j'aimerais bien que ma femme soit balancée comme ça, dit un autre homme, l'œil grivois.

Les messagers apportent maintenant de mauvaises nouvelles. L'Armée concentre ses attaques sur l'Hôtel de Ville. Dans St. Stephen's Green, les tranchées rebelles ont été mitraillées sans relâche à partir des étages supérieurs du Shelbourne Hotel. La position est devenue rapidement intenable. Plutôt que de se faire tuer jusqu'au dernier par les « snipers » anglais, les membres du détachement de la Citizen Army ont tenté une sortie et se sont barricadés dans le Collège de Chirurgie. Des troupes importantes sont en train de renforcer la garnison de Trinity College. Les communications sont pratiquement rompues entre le Q.G. rebelle et les positions de St. Stephen's Green, de la South Dublin Union, et de la Biscuiterie Jacob. La pression exercée sur Fairview indique clairement que l'Armée prépare une attaque massive sur la Poste, dont elle commence par dégager méthodiquement les abords.

Des fenêtres de Trinity College, sur l'autre berge du fleuve, les soldats britanniques canardent déjà la petite garnison rebelle retranchée dans l'immeuble Hopkins and Hopkins, qui commande l'entrée d'O'Connell Street. Les balles s'écrasent contre les murs extérieurs et les chambranles des fenêtres. Andy Conroy, le tireur d'élite de la Citizen Army, envoyé aussitôt par James Connolly, retourne le feu et tempère vite l'ardeur des tireurs anglais.

A trois heures de l'après-midi un grondement sourd retentit du côté de Phibsboro, dans les faubourgs nord de Dublin.

— Artillerie, pièce de dix-huit, commente laconiquement un ancien soldat.

Connolly ne perd pas son sang-froid.

— Ils pilonnent les quartiers ouvriers. Mais ils n'oseront jamais bombarder O'Connell Street. Un gouvernement capitaliste tirant au canon sur les quartiers bourgeois au risque de détruire les propriétés de la classe dont il défend les privilèges, cela ne s'est jamais vu.

Le vétéran n'est pas aussi optimiste.

— Je me suis battu avec les Anglais, je les connais. S'ils ont décidé d'en finir, ils mettront le paquet. Ils se fichent pas mal de détruire les propriétés de qui que ce soit.

La fusillade autour de l'Hôtel de Ville ayant soudainement cessé, Connolly envoie Sean T. O'Kelly aux nouvelles. Il revient quelques minutes plus tard et annonce, l'air sombre.

— C'est fini. Les Anglais contrôlent tout le périmètre autour du Château. Sean Connolly a été tué. Tous nos hommes sont morts ou prisonniers. L'Armée nettoie les dernières poches de résistance dans Dame Street et aux abords de Trinity. Nos lignes sont coupées en deux.

Un petit détachement de Volontaires postés dans Westmoreland Street de l'autre côté du fleuve fait retraite en tiraillant jusqu'à la Grand-Poste.

— Nous avons été submergés, Général, les soldats sont trop nombreux, il en vient de partout.

Au nord la situation est critique. Les Anglais ont remis en état la voie ferrée du Great Northern Railroad, sabotée par les insurgés. Les lignes rebelles sont enfoncées dans le faubourg de Fairview. Les survivants font retraite sur la Poste.

Dans le quartier de Phibsboro, l'Armée a détruit au canon les barricades rebelles. Elle a fait de nombreux prisonniers. Les Volontaires qui sont passés à travers les mailles du filet refluent vers le centre ou vers le cimetière de Glasnevin, plus au nord.

Les nouveaux venus sont répartis entre les différents avant-postes : l'Hôtel Impérial, de l'autre côté d'O'Connell Street, et l'Hôtel Métropole, au coin de Prince's Street.

Le soir tombe rapidement. Les lampes à arc s'allument et distribuent une lumière tremblotante sur la rue inquiète et saccagée. La pluie a cessé définitivement. Dans le ciel constellé d'étoiles, les nuages s'effilochent, fouettés par le vent de la mer.

L'étau anglais se resserre inexorablement sur la Grand-Poste. Tout le monde se prépare pour l'assaut final.

— Ils nous attaqueront par vagues successives, à vingt contre un, comme à Balaklava, jusqu'à ce que nous soyons débordés. Alors ce sera un corps à corps terrible à la baïonnette, prédit l'ancien soldat britannique.

Hérissée de fusils, la Poste attend anxieusement l'assaut. La nuit enveloppe l'énorme bâtisse, ranimant d'obscures terreurs. Crispés sur leurs armes, les yeux rougis par la peur et l'insomnie, les Volontaires voient se lever le petit jour.

A huit heures exactement, un grondement sourd, suivi par un fracas retentissant, sort brutalement les insurgés de leur torpeur.

— Cette fois-ci, le canon n'est pas loin, on a entendu l'explosion en même temps que le bruit de départ de l'obus.

— On dirait que c'est du côté de la Liffey.

Un homme entre en trombe dans la Poste. Il s'immobilise devant James Connolly.

— Volontaire Patrick Lynch, mon général, je viens de Hopkins and Hopkins. Il y a une canonnière embossée à la hauteur du pont Butt. Elle tire à boulets rouges sur le Liberty Hall.

— Et le gardien ? demande Connolly, un pli inquiet barrant son front énorme.

— Il a réussi à filer, mon général. Vous auriez dû le voir, il courait comme un lapin, les balles sifflaient autour de lui en ricochant sur la chaussée. Il n'y a plus personne dans le bâtiment. Mais la canonnière continue à bombarder Liberty Hall comme si c'était le Q.G. de la Révolution.

— Si le gouvernement britannique bombarde le centre de la ville, cela ne peut vouloir dire qu'une chose. Des renforts sont en route pour nous prêter main-forte. Les Anglais veulent nous écraser avant qu'ils aient pu opérer leur jonction avec nous. Il faut tenir bon.

Tandis que le Liberty Hall désert est pilonné par la canonnière Helga, de violents tirs de mitrailleuses et de fusils se déchaînent sur O'Connell Street et les abords de la Grand-Poste. Ce n'est plus le tir sporadique des « snipers », mais une fusillade ininterrompue à chaque extrémité de la rue.

— On dirait que ça s'anime, murmure un Volontaire.

— Au moins, nous sommes débarrassés de ces maudits pillards.

— Ne t'en fais pas pour eux : ils ont encore toutes les rues adjacentes à dévaster. Au fond de la Poste, on les entend passer par groupes en braillant comme des veaux.

Les Anglais sont partout. Ils s'infiltrent un par un, le long des rues et des venelles, utilisant les porches et les murs d'angle pour s'abriter. Ils ne semblent toujours pas pressés de monter à l'assaut de la forteresse rebelle.

Sur le toit de la Poste, les Volontaires sont obligés de se plier en deux ou de ramper tellement la fusillade provenant de Trinity College est nourrie et précise. Un pigeon qui voulait se poser sur la balustrade a été décapité net par une balle. Les badauds se sont dispersés. De temps en temps un homme traverse la rue en courant sous le feu des mitrailleuses qui soulèvent la poussière, les cartons et les vieux journaux qui encombrent la chaussée.

Un prêtre à cheveux blancs se glisse furtivement à l'intérieur de la Poste. D'une voix de stentor, il s'écrie :

— Je suppose que vous savez tous que l'Armée va attaquer d'une minute à l'autre. Dieu ait pitié de vous. Vous vous êtes mis dans de beaux draps, mais je veux être sûr que vous êtes en état de grâce. Je vous administre à tous l'absolution conditionnelle. Je veux que chaque homme ici réponde en son âme et conscience. Regrettez-vous vos péchés ?

— Yes, Father, répondent d'une seule voix les Volontaires.

Ils s'agenouillent, tirent leurs chapelets, commencent à prier.

— Ego te absolve, dit le prêtre d'une voix forte, en bénissant les soldats.

Quelques rares messagers arrivent encore à la Poste. Par eux, Connolly est à peu près en mesure de connaître l'avance anglaise. Au nord et au nord-est, toutes les défenses rebelles ont été enfoncées. A l'est, la garnison du Palais de Justice est encerclée. Le Dépôt de Mendicité également. La poignée de Volontaires qui tient encore la South Dublin Union est sur le point de succomber sous le nombre des assaillants. Autour du Château et de l'Hôtel de Ville, toute résistance a cessé. La garnison du Collège de Chirurgie est neutralisée. On est sans nouvelles de Thomas Mac Donagh à la Biscuiterie Jacob, et d'Eamon de Valera à la Minoterie Boland. Connolly envoie deux jeunes filles du Cumann na mBan à de Valera pour l'informer qu'une division anglaise est en train de débarquer dans le port de Kingstown et ne va pas tarder à entrer en contact avec ses avant-postes de Mount Street et Northumberland Road.

A deux heures exactement, les Volontaires retranchés dans l'immeuble Kelly, au coins de Bachelor's Walk et d'O'Connell Street, remarquent des mouvements de troupes importants. Des uniformes kakis se profilent aux fenêtres et sur les toits des immeubles bordant Aston Quay, sur la rive opposée du fleuve. Des éclaireurs de l'Armée remontent prudemment d'Olier Street en direction du Pont O'Connell. Un des Volontaires ouvre le feu sur un soldat britannique qui s'avance à découvert. Frappé de plein fouet le soldat s'affaisse sur le dos, comme un pantin disloqué. La réaction anglaise ne se fait pas attendre. Dix minutes plus tard un canon de dix-huit est mis en batterie à la jonction de Olier Street et de College Street, et commence à pilonner les étages supérieurs de l'immeuble Kelly.

Le fracas des explosions est beaucoup plus fort que lors du bombardement de Liberty Hall. Les murs de la Poste sont ébranlés, au point que certains Volontaires croient un instant à l'explosion d'une bombe dans le sous-sol de l'immeuble. La poignée d'insurgés qui tient les abords d'O'Connell Street est également mitraillée par les tireurs embusqués dans la tour de la caserne des pompiers au sud de la Liffey, sur le toit du Bâtiment des Douanes et aux fenêtres d'Aston Quay.

Des pans de murs s'écroulent sur le trottoir, des flammes jaillissent des décombres, une âcre fumée saisit les hommes à la gorge et les fait tousser. A trois heures trente, la petite garnison de l'immeuble Kelly se replie sur l'Hôtel Métropole. Le bombardement continue jusqu'à ce que l'immeuble ne soit plus, intérieurement, qu'un tas de cendres et de pierres noircies.

Les tirs des mitrailleuses se concentrent maintenant sur l'usine de panification, sur l'Hôtel Impérial et sur la Grand-Poste elle-même. Déchiqueté par les balles, l'étendard ouvrier portant la charrue et les étoiles, symboles des espérances populaires, pend lamentablement au sommet de l'Hôtel Impérial. Le bruit est assourdissant. Les balles entrent dans la Poste par le haut des fenêtres et se logent au plafond et dans la paroi du fond. Le claquement sec des fusils Mauser répond au tac-tac insistant des Maxims et des Vickers.

Malgré l'étau anglais qui se resserre d'heure en heure autour du Palais de Justice et de la Grand-Poste, un courrier rebelle parvient à rallier le Quartier Général Républicain à travers le lacis de petites rues et de venelles qui convergent vers le centre de Dublin. Connolly, Pearse et The O'Rahilly pressent l'homme de questions.

— Comment vous en sortez-vous au Palais de Justice ?

— Le commandant Edward Daly tient bon. Le Palais de Justice est balayé par un nid de mitrailleuses situé sur le toit des immeubles de la rive sud de la Liffey. Un tireur d'élite embusqué dans la Tour Bermingham nous cause pas mal de soucis. Il nous a tué ou blessé une vingtaine de gars, mais le moral est bon. Il n'est pas question de nous rendre.

— Et pour venir jusqu'à nous, vous avez rencontré beaucoup de Tommies ?

— Là, ce n'est pas compliqué, Général, les soldats sont partout. Il en sort de tous les côtés. Ils progressent immeuble par immeuble, rue par rue, quartier par quartier.

— Anglais ou Irlandais ?

— Les deux, Général. J'ai reconnu l'uniforme des Royal Irish, des Dublin Fusiliers et des Irish Rifles.

— Quelle misère, des Irlandais tirant sur leurs compatriotes.

— Décidément l'Angleterre a bien châtré le peuple d'Irlande, murmure James Connolly, la mine abattue.

— Kipling a dit : il faut chasser les loups afghans avec des chiens afghans, laisse tomber The O'Rahilly. Le Château lâche sur nous les chiens irlandais. C'est de bonne guerre.

Le jour tombe graduellement tandis que se déchaînent les violents tirs de fusils et de mitrailleuses qui balaient la chaussée et les façades d'O'Connell Street. Un officier de Volontaires donne l'ordre à quatre de ses meilleurs tireurs de briser les lampes à arc qui se sont allumées en grésillant. En quelques minutes la Grand-Rue est plongée dans une obscurité trouée seulement par les incendies et le tir des armes légères. Une nouvelle nuit enveloppe la Poste. Les hommes tremblent comme des enfants : la peur se lit sur la plupart des visages.

Le moral craque.

— Il ne nous reste plus aucun espoir.

— Nous sommes foutus, nous allons tous y passer.

— Vos gueules, nom de Dieu, essayez de voir de quel côté ces salauds vont nous tomber dessus, au lieu de gémir comme des femmes.

Dans l'aube froide et sale, James Connolly ouvre les yeux sur un spectacle de désolation. Dans un coin de la Poste un jeune Volontaires pleure à chaudes larmes. D'autres égrènent leurs chapelets, les yeux dans le vague. Le leader ouvrier dévisage un à un ces hommes exténués, traqués, apeurés. Son cœur se brise en pensant au sort qui les attend. Il voudrait les réconforter, les aider à supporter l'idée de la mort, leur dire que lui aussi a peur, mais que cela n'a aucune importance.

Le visage creusé par l'insomnie, Padraic Pearse se retourne vers Desmond Ryan, un de ses plus fidèles disciples, et dit avec une voix cassée par l'émotion :

— Nous serons impitoyablement balayés, et le peuple d'Irlande nous condamnera et nous accablera pour ce que nous avons fait. Mais plus tard il comprendra les raisons de notre combat. Les héros et les saints sont toujours crucifiés, mais ils ressuscitent pour être adorés par ceux qui les ont crucifiés.

Jeudi 27 avril, quatrième jour de l'insurrection. Les Anglais observent une pause. Un petit vent rabat sur la Poste l'odeur pestilentielle des cadavres de chevaux qui gisent près de la Colonne Nelson depuis lundi.

Les combats reprennent peu à peu. Les coups de fusil déchirent l'air comme des aboiements rauques et isolés, suivis bientôt par le crépitement sec des mitrailleuses. A dix heures exactement, un obus frappe l'imprimerie de l'Irish Times, au coin d'O'Connell Street et de Lower Abbey Street. Une mince volute de fumée monte de l'immeuble éventré, grossit progressivement et se transforme en une épaisse colonne de fumée noire. L'incendie, attisé par le vent, se propage rapidement au Ship Hotel, au marchand de vin Hyland, au bureau de tabac Henry, au marchand de cycles Keatings and Kelly's. Une barricade dressée le lundi par les Volontaires s'enflamme comme un cordeau Bickford, et les flammes attaquent en grondant un autre bloc d'immeubles.

Les soldats anglais investissent Marlborough Street, une rue parallèle à O'Connell Street. Profitant de l'incendie et du rideau de fumée qui protège leur avance, ils progressent vers la Grand-Rue. Ils sont stoppés net par un feu roulant déclenché par les Volontaires retranchés dans la fabrique de chaussures Manfield et dans l'Hôtel Métropole, au coin d'Abbey Street et d'O'Connell Street. Le feu est si intense que les Volontaires doivent éponger les canons brûlants de leurs armes avec l'huile des boîtes de sardines trouvées dans les réserves de l'hôtel.

Les tirs d'artillerie se concentrent maintenant sur l'immeuble Hopkins and Hopkins, et l'usine de panification qui verrouillent l'entrée sud d'O'Connell Street. Assourdis par le rugissement des détonations, aveuglés et à demi asphyxiés par la fumée et l'incendie qui fait rage, les Volontaires se réfugient au rez-de-chaussée et s'accrochent désespérément, balayant la rive sud de la Liffey avec leurs Mausers et leurs fusils à chevrotines. En fin d'après-midi, un nouveau tir d'artillerie fait pleuvoir sur leurs têtes des dizaines d'obus incendiaires qui transforment leur position en un enfer, semblable au cratère tonnant d'un volcan en éruption. A travers les ruelles, ils essaient de rejoindre la Poste. Mais les lignes de communication sont coupées, le quartier fourmille de soldats. Après une course effrénée, les Volontaires sont acculés dans une impasse et faits prisonniers par les Anglais.

L'incendie progresse à vive allure, dévorant un après l'autre les immeubles situés du côté est d'O'Connell Street. Les flammes montent à l'assaut du ciel, des pans de murs s'écroulent dans des nuages de poussière. La garnison de l'Hôtel Impérial contemple avec angoisse le développement spectaculaire du sinistre qui avance inexorablement vers leur position. C'est à peine si on entend encore le crépitement des armes automatiques et la clameur sourde des canons tant l'air est rempli du grondement des flammes, du grincement des poutrelles tordues, du sifflement aigu des éclats de fer et de bois qui volent de tous côtés.

En début d'après-midi, les Volontaires embusqués sur le toit de la Poste entendent un projectile ronfler dans l'air au-dessus d'eux, et percuter l'immeuble du *Freeman's Journal* dans Prince's Street. L'explosion est ponctuée par un violent tir de mousqueterie sur les arrières du Quartier Général insurgé. Quelques instants plus tard, un obus explose sur le toit de l'Hôtel Métropole, juste en face de la Poste.

Tout le bas de la Grand-Rue est en feu depuis Sackville Place jusqu'au fleuve. Les flammes lèchent les façades des maisons d'Eden Quay, dont les derniers habitants, épouvantés, fuient en emportant quelques hardes.

Un Tommy hurle dans un mégaphone, tandis que deux autres assurent, à l'est du quai, l'évacuation des civils vers le bâtiment des Douanes.

Les canons de Trinity College concentrent à présent leur tir sur le Central des Postes. Au nord, une nouvelle pièce d'artillerie, mise en batterie près de Parnell Square, règle également son tir sur la Poste. Les projectiles se rapprochent insensiblement, tandis que l'incendie progresse en grondant et semble vouloir attaquer l'autre côté de la rue. Une grande nappe de fumée noire chargée d'étincelles et de flammèches traverse la chaussée, poussée par le vent. Sur le toit de la Poste, les tireurs sont pris à la gorge par ces masses de fumées successives. Toussant et pleurant, ils doivent se réfugier à l'intérieur du bâtiment, où l'atmosphère, brûlante et enfumée, est à peine respirable.

Les Volontaires sont prostrés, résignés, à bout de nerfs.

— Nous allons laisser notre peau dans ce bâtiment, grillés vifs par l'incendie ou ensevelis sous les décombres.

— Les Anglais ne nous attaqueront pas. Ils ne sont pas si bêtes. Pourquoi donner l'infanterie contre une position que l'on peut aisément réduire au canon. Sitôt que les immeubles d'en face auront brûlé, il n'y aura plus d'écran entre nous et leurs damnées batteries. Ils ne laisseront pas pierre sur pierre, je vous le dis.

— Et si nous tentons une sortie, ils nous tireront comme des canards. Les soldats sont partout, disséminés dans toutes les maisons d'angle, sur tous les toits, emplissant toutes les places. Nous allons crever comme des poissons pris dans une nasse.

Au centre du grand hall, Pearse exalte l'insurrection et en forge l'épitaphe. Ce n'est pas aux soldats brisés de l'Irlande vaincue qu'il s'adresse, mais à la postérité, juge suprême de cette folle aventure, voulue par lui contre tout espoir, contre toute raison. Ce n'est pas un appel à la résistance, mais le suprême salut d'une âme mystique à la mort et à l'histoire.

— Durant ces quatre jours, vous avez gravé par le feu et l'acier le chapitre le plus glorieux de l'histoire d'Erin. Moi qui vous ai amenés ici, je proclame votre héroïsme au nom de l'Irlande présente et à venir. Le sort des armes vous est contraire, pourtant vous méritiez de remporter la victoire. Mais ne vous y trompez pas : vous serez vainqueurs de toute façon, même si vous emportez votre victoire avec vous dans la mort. Ce que vous avez fait est sans prix. Vous avez lavé Dublin de sa honte.

Connolly ne tient pas en place. Il peste contre les hommes qu'il a envoyés protéger les arrières de la Poste et qui se sont repliés sous la mitraille anglaise. D'une voix tonitruante il rugit :

— Je veux trente hommes qui n'aient pas peur de sortir dans la rue.

On ne résiste pas à James Connolly. Quelques instants plus tard, un Volontaire entrebâille la grille de Prince's Street. Le chef ouvrier passe le premier suivi par trente hommes déployés en file indienne, courbés en avant, rasant les murs pour ne pas déchaîner le feu des soldats. Ils parcourent une centaine de mètres, lorsque Connolly les arrête d'un geste de la main.

— Il faut bloquer Prince's Street. Retournez à la Poste et à l'Hôtel Métropole. Prenez tout ce qui vous tombera sous la main pour construire une barricade.

Les Volontaires poussent la Ford verte de The O'Rahilly à l'entrée de la rue et commencent à empiler des bahuts, des tonneaux, des sacs de journaux, des machines hétéroclites et tout un lot de vieilleries exhumées des caves de l'hôtel. Connolly supervise la construction de la barricade, met la main à la pâte, harcèle les hommes pour qu'ils se mettent à couvert. Il est partout, indifférent à sa propre sécurité, absorbé par le va-et-vient des Volontaires.

Un coup de feu claque.

James Connolly s'interrompt au milieu d'un ordre, pâle, immobile, avalant l'air comme s'il avait reçu un coup de poing dans l'estomac. Les Volontaires n'ont rien remarqué, Connolly se domine, hurle quelques ordres, longe la barricade. Apparemment satisfait, il lance d'une voix égale :

— C'est bien, continuez. Je retourne à la Poste. Je ne serai pas long.

Dans l'infirmerie, il hèle Jim Ryan et l'attire à l'écart.

— Soigne-moi, et surtout pas un mot à quiconque. Je ne veux pas de rumeurs imbéciles, je ne veux pas que l'on sache que j'ai été blessé.

Le bras bandé, dissimulé sous son manteau, Connolly retourne dans Prince's Street, inspecte la barricade et entraîne ses hommes dans une petite allée conduisant dans Abbey Street. Là, il divise sa petite troupe, envoie vingt hommes occuper les bureaux du journal *l'Indépendant* au coin de Liffey Street, et le reste dans l'immeuble Lucas, de l'autre côté de la rue. Les Volontaires se faufilent le long des murs jusqu'à leurs positions. Ils pénètrent un à un dans les immeubles.

James Connolly attend de voir saillir la gueule de leurs canons par l'embrasure des fenêtres pour reprendre le chemin de l'allée. Il n'a pas fait cent mètres lorsqu'un coup de feu claque dans son dos. La balle ricoche sur la chaussée et vient lui fracasser la cheville. Il s'effondre comme une masse, paralysé par une douleur atroce. Sa cheville gauche n'est plus qu'une bouillie sanglante. Il est tenté d'appeler au secours, mais le cri s'arrête dans sa gorge. Une seule solution : se traîner jusqu'à la Poste. Malgré la souffrance intolérable et la nausée qui le submergent, Connolly rampe sur les mains et sur sa jambe valide. Il gémit en serrant les dents, laissant sur la chaussée des taches de sang vite bues par la poussière. Au prix d'un effort surhumain, il parvient à remonter l'allée. Mais un voile noir s'abat sur ses yeux, la douleur irradie son corps tout entier, ses forces l'abandonnent. Il s'abat dans Prince's Street, incapable de faire un mètre de plus.

Un Volontaire l'a aperçu. Deux hommes se précipitent, le chargent sur leurs épaules et le déposent, quelques instants plus tard, sur la table de l'infirmerie dans le fond de la Poste.

Connolly transpire à grosses gouttes. On lui administre une forte dose de chloroforme pour calmer sa douleur. Le lieutenant Mahoney, médecin militaire capturé par les rebelles, s'emporte :

— Il faudrait un lac de cette saloperie pour l'endormir. Débrouillez-vous pour trouver de la morphine.

Mais Connolly est parfaitement conscient lorsque le lieutenant Mahoney retire les fragments d'os de la blessure, ligature les vaisseaux et applique une attelle sur son pied mutilé. Les traits déformés par la souffrance, il trouve la force de lancer d'une voix rauque au médecin :

— Décidément, Lieutenant, vous êtes notre plus intéressante capture de la semaine.

Impossible de tenir secrète la blessure de James Connolly. La nouvelle se répand comme une traînée de poudre à travers la Poste, minant un peu plus le moral de la garnison assiégée.

Massés aux fenêtres, les Volontaires suivent dans un état second les progrès foudroyants de l'incendie. Les flammes ont envahi le dépôt de produits chimiques Heyte, à quelques mètres de l'Hôtel Impérial. Le ciel est empourpré par le jaillissement des fusées multicolores, l'explosion des substances chimiques et la rouge splendeur de l'incendie, reflétée par les milliers de morceaux de verre brisé jonchant la chaussée autour de la Grand-Poste. C'est à peine si les Volontaires s'aperçoivent de la tombée du jour. Vers dix heures, le feu commence à lécher les murs sud de l'Hôtel Impérial. Les quatre-vingts Volontaires qui occupent l'hôtel sous les ordres de Brennan Whitmore se replient à l'extrémité opposée. Mais l'incendie progresse avec une rapidité terrifiante, et la chaleur est suffocante. Brennan Whitmore donne ordre à ses hommes d'évacuer l'hôtel par la petite porte qui donne sur North Earl Street. Ils sont dispersés par des rafales de mitrailles hurlantes. Quelques-uns parviennent à regagner le Quartier Général rebelle de l'autre côté d'O'Connell Street.

L'Armée Britannique resserre progressivement son étreinte au nord de la Grand-Poste. Tapis sur le toit de l'Hôtel Gresham, les soldats dirigent un feu ininterrompu sur les fenêtres du bastion rebelle. Les Volontaires s'aplatissent derrière les sacs postaux déchiquetés par les balles.

L'atmosphère est étouffante, saturée de fumées âcres. Les hommes pleurent et toussent à qui mieux mieux. Ils s'aspergent pour se rafraîchir et jettent de l'eau à pleins seaux sur l'amoncellement d'objets divers entassés dans les embrasures des fenêtres. La chaleur étouffante transforme immédiatement en vapeur l'eau répandue par les insurgés. La rue flambe sur toute son étendue, et la Poste est devenue un véritable enfer.

Joseph Plunkett, qui est resté prostré pendant tout le début de la semaine, a soudainement retrouvé toutes ses forces. Il s'active, inspecte une fenêtre après l'autre, exulte.

— C'est fantastique. C'est la première fois depuis Moscou. La première fois qu'une capitale brûle depuis 1814.

# IV

## *L'HOLOCAUSTE DES JUSTES*

La Grand-Poste se prépare fébrilement à affronter l'assaut final. Prévoyant une préparation d'artillerie imminente, The O'Rahilly fait descendre à la cave toutes les bombes, grenades et provisions de gélignite entassées sur le toit et dans les étages supérieurs. Quelques Volontaires construisent à la hâte une chicane devant la Poste en prévision d'une éventuelle charge d'infanterie.

Après une nuit d'atroces souffrances, James Connolly se sent un peu mieux. Général en chef, il veut être au cœur de l'action. On le véhicule sur un lit à roulettes au milieu du grand hall. Gouailleur, la moustache en bataille, il remonte le moral des Volontaires. Il se fait apporter un livre et lance à l'adresse d'un de ses hommes :

— Eh bien, qu'en dis-tu ? Je fais la grasse matinée, je lis un bon bouquin, et je participe à une insurrection. Tout ça dans la foulée. Tu parles d'une révolution de luxe !

A midi, les quelque vingt femmes qui s'occupent de la cuisine et de l'infirmerie sont évacuées par Henry Street.

Les Anglais ont mis en batterie une nouvelle pièce de dix-huit au sommet de Moore Street, près du Rotunda Hospital. Elle pilonne les abords de la Poste. A trois heures, un des tireurs embusqués sur le toit se jette à plat ventre.

— Celui-là est pour nous. Planquez-vous.

Le fronton de la Poste vole en éclats. L'obus incendiaire s'est enfoncé profondément dans la toiture avant d'exploser, projetant ses débris enflammés dans toutes les directions. Les Volontaires combattent les flammes avec les seaux d'eau alignés sur le toit, mais chaque fois qu'ils ont noyé un foyer d'incendie, un autre se déclare. Ils hèlent les hommes de l'étage inférieur :

— Les manches à eau, vite.

— Ouvrez l'eau.

Mais les manches sont vétustes et la pression est insuffisante. L'incendie progresse d'autant plus vite que les artilleurs britanniques ont maintenant réglé la hausse de leurs pièces sur la Poste. Les obus incendiaires s'abattent l'un après l'autre sur l'édifice, ébranlant violemment les murs et creusant de larges fissures dans les plafonds.

— Inondez la cage d'escalier, hurle The O'Rahilly, il ne faut pas que le feu se communique au sous-sol. Les caves sont bourrées d'explosifs.

Les deux derniers étages de la Grand-Poste sont la proie des flammes. Des obus incendiaires sont entrés par les fenêtres. Le craquement du bois, le grondement de la maçonnerie qui s'écroule et le mugissement des flammes emplissent l'air surchauffé.

Les Volontaires livrent un combat d'arrière-garde, entassant des sacs de sable dans l'embrasure des portes, inondant le sol devant eux.

A six heures du soir, Pearse, Mac Diarmada, Clarke et Plunkett, rassemblés au chevet de Connolly, décident d'évacuer le Central des Postes et de se replier sur une fabrique de savon de Parnell Street. Pour cela, il faut neutraliser la barricade anglaise obstruant Moore Street. The O'Rahilly se porte volontaire pour cette mission désespérée.

En attendant l'ordre d'évacuation, il retourne combattre la nappe de feu qui attaque avec fureur le rez-de-chaussée du Quartier Général rebelle. Les poutres craquent avec un bruit sec, projetant des paquets d'échardes enflammées. Des morceaux de mortier brûlants s'abattent sur les hommes, ouvrant des fissures béantes dans le plafond, par lesquelles s'infiltrent d'immenses langues de flammes. Des cartouches oubliées dans les étages éclatent sèchement, des grenades explosent avec un bruit sourd. La chaleur est insupportable, et l'air, chargé de poussières et de fumées, est irrespirable. La pression de l'eau diminue dans les manches et s'arrête.

C'est la fin.

Joseph Plunkett hèle Winifred Carney, la secrétaire de Connolly, qui, avec quelques femmes, a refusé de quitter la Poste. Il lui tend une lettre, son bracelet et une des énormes bagues antiques qui le faisaient ressembler à quelque héros celte de la Branche Rouge.

— Veillez à ce que tout ceci soit remis à Grace Gifford, ma fiancée.

Harcelé par Jim Ryan et le lieutenant Mahoney, qui veulent l'évacuer sur l'hôpital avec les autres blessés, Connolly s'empourpre de colère.

— Je ne partirai pas avec les éclopés. Ma place est à la tête de mes hommes.

Le vieux Tom Clarke arrête au passage une jeune fille du **Cumann na mBan** :

— Si vous voyez ma femme, dites-lui que les hommes se sont battus jusqu'à...

Etranglé par l'émotion, il ne parvient pas à terminer sa phrase et détourne violemment la tête pour cacher les larmes qui roulent sur son visage hâve et décharné.

Pearse demande trente Volontaires pour dégager Moore Street sous le commandement de The O'Rahilly. Il sait que ces hommes courent à une mort certaine.

— Votre mission est périlleuse. Mais vous avez prouvé que vous étiez des soldats. Montrez que les Irlandais ne sont pas des lâches.

Un Volontaire entonne le *Chant du Soldat*. Les trois cents hommes reprennent d'une seule voix le chant de guerre, suprême défi d'une poignée d'hommes mal armés à un ennemi cinquante fois supérieur en nombre, soutenu par la terrifiante puissance de ses canons, de ses mitrailleuses et disposant des inépuisables réserves de l'Empire le plus étendu de la terre.

Dans la clarté surnaturelle de cette pièce immense, dévorée par les flammes, envahie par des masses de fumées noires, assourdie par le fracas des obus et le crépitement des fusils, l'expression exaltée du visage des insurgés en train de chanter, debout contre les murs, ou égrenant leur rosaire, à genoux sur le plancher, fait songer à quelque crépuscule des dieux sauvage et pathétique.

O'Rahilly serre quelques mains. Avant de sortir, il se tourne vers Desmond Fitzgerald :

— Adieu Desmond. Nous ne nous reverrons plus en ce monde. Mais jamais je n'aurais pu imaginer que nous tiendrions si longtemps.

A la tête de son détachement, il se glisse prudemment dans Henry Street. Massés contre la porte de sortie, les Volontaires tendent l'oreille, aux aguets. Quelques minutes plus tard, une violente fusillade éclate.

— Ça y est, ils sont au contact.

— Pourvu qu'ils arrivent à foutre en l'air cette maudite barricade.

— Dieu ait leur âme, murmure le Père Flanagan en se signant.

Padraic Pearse lance l'ordre tant attendu.

— Evacuez la Poste. En ordre et en silence.

Acculés par le brasier, les rebelles ne songent pas à s'attarder. Le premier détachement se glisse hors de la Poste. Il est rapidement suivi par un deuxième, commandé par Michael Collins.

Pendant toute la semaine de Pâques, Collins s'est montré particulièrement actif, faisant le coup de feu, luttant contre l'incendie, organisant la défense du Quartier Général assiégé. Il s'est signalé par son efficacité, ses talents d'organisateur, et sa vivacité de Corkman, emporté et violent. Après être resté enfermé plusieurs jours dans la Poste, il éprouve une jubilation presque intolérable à l'idée de rencontrer enfin l'ennemi, dans un corps à corps impitoyable. Pistolet au poing, il lance à ses hommes, jovial :

— Laissez vos pardessus au vestiaire, les gars, et faites sauter la tête de tous ceux qui chercheront à vous arrêter. En avant.

L'avant-garde de The O'Rahilly a été clouée au sol par un nid de mitrailleuses posté sur le toit du Rotunda Hospital, et par le feu roulant des soldats britanniques massés derrière une première barricade. O'Rahilly, blessé au ventre, perd son sang dans l'encoignure d'une porte. Rassemblant ses dernières forces, il se redresse en grimaçant de douleur, brandit son pistolet Mauser et crie à ses hommes :

— Sur la barricade, chargez.

Les Volontaires se ruent comme des fous derrière leur chef.

Les fusils et les mitrailleuses crépitent, fauchant la moitié des hommes avant même qu'ils aient atteint le milieu de Moore Street. Sans prêter attention aux assaillants qui tombent derrière lui, The O'Rahilly court sus à la barricade en déchargeant rageusement son pistolet. Atteint par une balle en pleine poitrine, il fait une embardée et s'affaisse en crachant un filet de sang. Il se relève comme un somnambule, fait encore quelques pas, et s'écroule, déchiqueté par une rafale de mitrailleuse.

Les insurgés abandonnent tout espoir de franchir la rue où gisent les corps d'une vingtaine de Volontaires, morts ou agonisants. Impossible de rejoindre l'immeuble de Parnell Street dans lequel ils voulaient se barricader. Impossible également de rester exposés au feu des mitrailleuses et des fusils ennemis qui crachent furieusement leur mitraille sur tout ce qui bouge alentour. En désespoir de cause, ils forcent la porte d'une petite maison et s'engouffrent dans cet étroit refuge provisoire. Les blessés s'affalent sur le plancher en gémissant.

— Nous sommes complètement encerclés.

— Nous allons être massacrés jusqu'au dernier.

— Prions la Vierge, camarades, pendant qu'il est encore temps.

Après avoir posté des sentinelles, Pearse rejoint Mac Diarmada, Tom Clarke et Joseph Plunkett, qui confèrent déjà avec James Connolly.

— Qu'allons-nous faire maintenant ? nous sommes pris au piège.

Une jeune fille qui habite la maison suggère :

— Puisque les Anglais sont maîtres de la rue, pourquoi ne percez-vous pas les cloisons pour remonter le plus loin possible.

Il n'y a pas d'autre solution. La maison regorge de soldats, il en arrive à chaque instant. Et il ne saurait être question de rester accrochés à une position précaire et indéfendable. Pendant toute la nuit, à coups de levier, de pioche et de pelle, les Volontaires se fraient un chemin à travers les cloisons éventrées des immeubles de Moore Street.

A trois heures du matin, une violente explosion secoue tout le quartier. L'incendie a atteint les réserves de poudre et de gélignite entreposées dans les caves de la Poste. Seule la carcasse du bâtiment a résisté, le toit et les étages se sont effondrés dans un nuage de poussière. Le fier monument corinthien, gloire de l'architecture dublinoise, n'est plus qu'un squelette sans chair, une coquille vide, un décor en trompe l'œil.

Pearse jette un coup d'œil par la fenêtre d'un des immeubles de Moore Street, dans lequel les rebelles ont fait irruption après avoir défoncé la cloison. Il aperçoit le corps de The O'Rahilly, criblé de balles, la tunique constellée de trous rouges, son chapeau Boer et son Mauser à proximité. C'est comme si une main de fer lui étreignait le cœur.

Pearse reste immobile un moment, puis rejoint les autres chefs rebelles autour du grabat de James Connolly.

— Nous ne pouvons pas rester ici cent six ans, il faut sortir et vite.

— Pour aller où ?

— Avec un peu de chance, on peut se frayer un chemin jusqu'au Palais de Justice, qui est encore entre nos mains, lance John Mac Loughlin. Je tenterai une charge de diversion contre les barricades pendant que vous filerez par Henry Street.

— Combien d'hommes seront tués ? demande Pearse, l'esprit toujours occupé par la vision du corps déchiqueté de The O'Rahilly.

— Une vingtaine, je suppose. Et on en perdra beaucoup plus avant de parvenir jusqu'au Palais de Justice. Les Anglais sont partout. Mais nous n'avons guère le choix, si nous restons ici, nous y passerons tous, riposte Mac Loughlin.

— Bon, voyez si vous pouvez trouver vingt hommes, dit Pearse, accablé soudain par une immense fatigue.

Il est brutalement tiré de sa torpeur par des cris venant de la rue. Il se précipite à la fenêtre. Trois civils brandissant un drapeau blanc ont jailli d'un immeuble en feu. Les rebelles ont fait taire leurs armes pour les laisser passer. Mais les Anglais n'ont pas réalisé qu'il s'agit de civils. Leurs fusils et leurs mitrailleuses crachent rageusement. Les trois hommes s'écroulent dans la poussière pour ne plus se relever.

Padraic Pearse, épouvanté, fait appeler Mac Loughlin :

— Mac Loughlin, votre plan doit-il entraîner la mort de civils ? Vous savez que les maisons sont bondées par ici.

— C'est malheureusement probable.

— Dans ce cas, je veux que vous suspendiez votre opération.

J'ai donné ordre de cesser le feu. Je vous donnerai plus tard mes instructions.

Le cœur serré, les chefs insurgés décident d'arrêter le massacre. Le samedi 29 avril, à midi quarante-cinq, une infirmière munie d'un brassard de la Croix-Rouge et d'un drapeau blanc rejoint les lignes anglaises avec un message de Pearse pour le général Lowe, l'informant que « le Commandant Général des Armées Républicaines souhaite entrer en pourparlers avec le Général Commandant les troupes anglaises ».

Trois heures plus tard, l'infirmière rapporte l'ultimatum du général Lowe : Reddition sans conditions.

Le Gouvernement Provisoire de l'éphémère République d'Irlande décide de capituler.

Padraic Pearse, très maître de lui, se rase, brosse son uniforme, ajuste son ceinturon, jette un dernier regard empreint de fierté et de tristesse sur les Volontaires au bord des larmes, et emboîte le pas à l'infirmière chargée de le conduire au général anglais.

Les deux hommes se saluent et échangent quelques mots. Cérémonieusement, Pearse remet son épée au général Lowe et, flanqué de deux officiers anglais, monte dans une voiture qui démarre aussitôt.

Peu après, quatre hommes portant James Connolly sur un brancard sortent dans Moore Street. Le chef ouvrier, en grand uniforme, a le visage terreux : la gangrène a envahi sa cheville, et il souffre atrocement. Les porteurs marchent lentement, avec solennité, comme s'ils portaient le catafalque de quelque héros mort. Aux fenêtres des immeubles, les Volontaires sanglotent en voyant s'éloigner leur chef.

A quatre heures du soir, la jeune infirmière irlandaise reçoit l'ordre de délivrer à tous les commandants rebelles le texte définitif de la capitulation signé par Padraic Pearse.

Epuisés, ayant abandonné tout espoir, les Volontaires acceptent, dans leur grande majorité, de se rendre à discrétion. Mais un certain nombre d'irréductibles, préférant la mort à la défaite, veulent se battre jusqu'à la dernière cartouche. Surtout les Irlandais établis en Angleterre : ils redoutent le châtiment des traîtres ou, à tout le moins, la conscription forcée qui les enverra crever dans une guerre étrangère, au fond de quelque tranchée putride.

Appuyé sur sa canne, Sean Mac Diarmada les harangue :

— Je suppose que vous avez vu ce qui est arrivé aux trois

civils ce matin. Sinon vous pouvez jeter un coup d'œil par la fenêtre. Leurs cadavres gisent encore au beau milieu de la rue. Si vous continuez le combat, d'autres civils innocents seront tués. Dublin tout entière sera réduite en cendres, comme O'Connell Street. Regardez la vérité en face. Nous sommes vaincus. Complètement encerclés. Vous vous êtes battus courageusement. A présent si vous vous obstinez, vous perdrez tout. Vous pensez que vous allez être passés par les armes. Pas du tout. Nous, nous serons fusillés, mais pas vous. Pourquoi le feraient-ils ? Et pourquoi vous enrôleraient-ils dans leur Armée ? Ils ne pourraient pas compter sur vous. Non, ils vous enverront en prison pour quelques années. Qu'importe, vous serez vivants. Et vous devez rester en vie pour revenir un jour et reprendre le travail inachevé. Nous qui allons être fusillés, nous mourrons sans regrets si nous savons que vous restez en vie pour achever ce que nous avons commencé cette semaine.

Personne ne dit mot. La pièce regorge à présent de Volontaires crispés, attentifs. Sean Mac Diarmada poursuit, d'une voix plus forte et plus vibrante.

— Nous ne nous rendons pas pour sauver notre peau, ni pour sauver la vôtre, mais pour sauver Dublin et ses habitants. Je sais que vous vouliez continuer le combat, et je suis fier de vous. Je sais aussi que cette semaine de Pâques ne sera jamais oubliée, jamais, vous m'entendez. L'Irlande, un jour, sera libre à cause de ce que vous avez fait ici.

Au coucher du soleil, les Volontaires descendent dans la rue, et, en rangs par quatre, rejoignent O'Connell Street. Dans un silence troublé seulement par le martèlement des bottes et les aboiements rauques des officiers anglais, les survivants de la première Armée Républicaine Irlandaise défilent, sans un mot, entre deux rangées de soldats britanniques, baïonnette au canon. Arrivés à la hauteur du monument de Parnell, les Irlandais jettent leurs armes. Ils sont ensuite parqués dans la grande cour du Rotunda Hospital.

Au moment de jeter son Mauser, Michael Collins lève les yeux. Dans le soleil couchant, la statue de Charles Stewart Parnell semble vivante, montrant du doigt l'avenir de liberté promis par la fière devise gravée en lettres d'or : « Aucun homme n'a le droit d'arrêter la marche en avant d'une nation. »

# V

## *FRONGOCH*

Dans le silence moite et oppressant de sa cellule, Collins essaye d'imaginer le retour du printemps à Sam's Cross. Il ne parvient pas à se concentrer. Son passé l'abandonne comme ces oiseaux qui fuient à tire-d'aile les tourbières stériles et les champs dévastés.

Cela fait maintenant un mois que la porte de la prison de Stafford dans les Midlands s'est refermée sur lui et sur ses deux cent trente-huit compagnons.

Depuis, rien.

Rien que la peur de la mort, l'incertitude du lendemain et la succession monotone des heures vides.

Du fond de sa mémoire, remontent quelques vers d'Oscar Wilde : « Nous étions comme des hommes qui, dans un marécage d'immonde obscurité, avancent à tâtons. Nous n'osions pas soupirer une prière, ni donner libre cours à notre angoisse. Quelque chose était mort en chacun de nous, et ce qui était mort c'était l'espoir. »

Malgré l'interdiction de communiquer entre eux, les prisonniers parviennent à échanger quelques mots, hâtivement chuchotés ou griffonnés sur des bouts de papier. Par un geôlier complaisant, Michael Collins apprend le sort des chefs de l'insurrection.

Le 3 mai, à l'aube, Padraic Pearse, Thomas Mac Donagh et Tom Clarke, le vieux Fenian, ont été fusillés dans la cour de la prison de Kilmainham.

Le 4 mai, Joseph Plunkett, Edward Daly, Michael O'Hanrahan et Willie Pearse sont tombés à leur tour sous les balles des pelotons d'exécution britanniques. Quelques heures avant de mourir, Joseph Plunkett a épousé Grace Gifford, à la lumière vacillante des chandelles de la prison.

Le 5 mai, Sean Mac Bride a été passé par les armes. Les Anglais n'ont pas oublié qu'il avait commandé la « Brigade Irlandaise » engagée contre eux pendant la guerre des Boers. Sean Mac Bride a accueilli sans trembler le verdict de la Cour Martiale.

— J'ai trop souvent, dans le passé, regardé en face les canons des fusils anglais pour redouter de mourir aujourd'hui sous leurs balles.

Le 8 mai, Cornelius Colbert, Michael Mallin, Sean Heuston et Eamonn Ceannt, le petit joueur de cornemuse, ont été exécutés.

A l'aube du 12 mai, James Connolly a été arraché de son lit, transporté en ambulance du Château de Dublin à la prison de Kilmainham, et fusillé sur une chaise.

Fièrement appuyé sur sa canne, Sean Mac Diarmada a été passé par les armes aussitôt après.

Les corps des suppliciés ont été jetés dans une fosse anonyme creusée dans l'enceinte de la prison et recouverts de chaux vive.

— Je ne veux pas de martyrs, a déclaré laconiquement le général Maxwell.

Le 3 août, à neuf heures du matin, sir Roger Casement, condamné pour haute trahison, a été pendu à la prison de Pentonville.

Après quatre à cinq semaines, la discipline pénitentiaire se relâche. Les prisonniers sont autorisés à communiquer entre eux, à correspondre avec l'extérieur, à recevoir des livres, des journaux, des victuailles.

L'espoir refleurit timidement, tandis qu'un vague sentiment d'attente s'insinue peu à peu dans l'esprit des détenus irlandais.

Par une belle matinée de juin, on leur intime l'ordre de faire leur paquetage. Sous bonne escorte, on les embarque dans un tortillard cahotant. Destination inconnue. D'autres contingents de prisonniers se joignent à eux, au fil des gares traversées. La joie des retrouvailles, la calme beauté de la campagne anglaise et la liberté entrevue par les fenêtres grillagées plongent les

Irlandais dans une ivresse de bonheur sans mélange. Cris, chants et jurons sonores se répercutent d'un wagon à l'autre.

Bientôt le paysage change. Aux grandes fermes et aux champs ordonnés de la campagne anglaise succèdent des landes désertes couvertes de bruyères, des lacs encadrés de montagnes frangées de bleu, des vallées minuscules semées de menhirs, d'abbayes et de châteaux en ruine.

— On dirait l'Irlande, murmure un prisonnier, frappé par la beauté sauvage de la contrée.

— C'est le Pays de Galles, mon gars, lui explique son voisin. J'y suis venu souvent. Sur la côte, par temps clair, on aperçoit une ligne sombre, semblable à un nuage de fumée. Ce sont les collines du Wicklow, chez nous, en Irlande.

Les Irlandais interpellent joyeusement les passants en gaélique. Des jeunes filles répondent en gallois, en agitant le bras.

A huit heures du soir, le train s'immobilise dans le nord du Pays de Galles, à Frongoch, hameau minuscule perdu dans une riante vallée bordée de cimes aux noms barbares, Carnedd-y-Filast et Cader Benllyn. Une rivière tumultueuse, la Tryweryn, se faufile en serpentant entre les rochers jusqu'à un petit lac aux reflets sombres.

Célèbre jadis pour son whisky, le hameau de Frongoch s'était assoupi entre ses montagnes et sa rivière, jusqu'à ce que la vieille distillerie désaffectée se hérisse de barbelés et de miradors, transformée pour les besoins de la guerre en camp d'internement improvisé. Il avait accueilli jusqu'à mille huit cents prisonniers allemands avant d'être vidé de ses Hambourgeois et de ses Poméraniens pour recevoir les rebelles irlandais.

Le camp comprenait deux parties. Les anciens bâtiments de la distillerie, en contrebas de la route qui formaient le camp sud. Un certain nombre de baraquements en bois construits en surplomb qui constituaient le camp nord. Il était jalousement gardé par deux cent cinquante territoriaux armés le jour de fusils Martinis à un coup, et la nuit de fusils de chasse bourrés de chevrotines. Le commandant du camp, un pittoresque colonel de la Yeomanry, avait reçu le surnom de « Buckshot », à cause de ses menaces répétées de faire goûter la chevrotine aux prisonniers qui tenterait de prendre le large.

Les Irlandais s'organisent rapidement. Ils désignent un « état-major » pour administrer le camp et négocier avec « Buckshot » et ses lieutenants.

Brennan Whitmore voit plus loin :

— Nous devons saisir l'occasion qui nous est donnée de faire de Frongoch une Académie Militaire, qui sera pour l'Armée Républicaine Irlandaise, ce que Sandhurst est pour l'Armée Britannique.

Dans le camp nord, Michael Collins caresse un autre projet.

— L'Armée Républicaine Irlandaise est le bras armé du mouvement de libération nationale. A ce bras, il faut un cerveau. Ce sera l'Irish Republican Brotherhood. La plupart des chefs de l'I.R.B. sont morts, ses cadres sont en prison ou en fuite. Tout est à refaire en partant de zéro. Ici, à Frongoch, nous allons reconstituer l'I.R.B., enrôler en secret des hommes sûrs et efficaces, et tisser notre toile dans l'ombre. Souvenez-vous bien. Vous n'êtes pas seulement des nationalistes, et des soldats de l'I.R.A., vous êtes aussi une fraternité révolutionnaire secrète. Entre vos mains repose le destin de l'Irlande.

Un changement profond s'est opéré en lui.

En quelques jours, l'idéalisme naïf de sa jeunesse est mort, tombé à ses pieds comme une vieille peau détachée de son corps. Pendant l'agonie de l'insurrection, il a entrevu le double visage du peuple d'Irlande : celui héroïque et vain des hommes qui ont fait le sacrifice inutile de leur vie à une cause perdue, et celui, tordu de haine, suant l'incompréhension et la servilité, du bas peuple crevant de peur devant l'étalage de puissance de l'Angleterre victorieuse. Avec une amertume un peu dédaigneuse, il en a déduit que les Irlandais n'aiment pas que l'on trouble l'ordre des choses autrement qu'en paroles.

Confiné dans sa cellule, il a eu tout le temps de revivre par la pensée les heures noires de la défaite. Ils étaient beaux, en vérité, les rédempteurs d'Erin chantés par ce fou de Pearse, hâves, pitoyables, couverts de sang et de poussière, pauvres bougres accablés par un destin trop lourd pour eux, encadrés par d'autres soldats irlandais, victimes aveugles du devoir et de la discipline, prêts à donner leur vie inutilement, pour l'honneur, afin qu'il ne soit pas dit qu'un Irlandais a trahi ni refusé de combattre. Le peuple d'Irlande n'existe pas, pâte informe attendant toujours le levain d'héroïsme qui lui fera une âme neuve, fière et libre.

Sous les miradors de Frongoch, Mick Collins exulte. Son esprit fonctionne comme une mécanique bien huilée. Il voit clairement ce qu'il convient de faire pour hisser les Irlandais au-dessus d'eux-mêmes, et leur donner les armes de la victoire sur l'Anglais, mais aussi sur eux-mêmes, et sur ces agonies subies avec trop de patience pour ne pas être, secrètement, voulues. Mais lui sera-t-il donné de reprendre la lutte, de consacrer son énergie bouillonnante à faire lever la pâte informe. L'avenir est comme cette nuit impénétrable, pleine d'énigmes et d'incertitudes. Dans un demi-brouillard, il revoit le visage souriant et pathétique de Sean Mac Diarmada, et lui reviennent dans un souffle ses dernières paroles :

— Nous, nous mourrons. Vous, vous en sortirez.

Les journées s'écoulent, monotones, d'inspections en corvées de nettoyage, d'exercices physiques en « classes du soir », dans l'attente fébrile du courrier, impitoyablement censuré, à Londres par le Chief Postal Censor, et à Frongoch par les autorités du camp.

Les mille huit cents prisonniers irlandais entassés dans les baraques du camp nord et la distillerie du camp sud viennent de tous les coins d'Irlande, de toutes les classes sociales, de tous les horizons politiques. Des paysans du Connemara côtoient des journalistes de Dublin, des Volontaires Irlandais sympathisent avec des Sinn Feiners. Des insurgés racontent leurs exploits à des hommes qui n'ont jamais touché un fusil de leur vie.

La promiscuité du camp a vite fait de transformer en révoltés les tièdes et les indécis. Par ce brassage imprudent, fruit d'une répression hâtive et maladroite, les Anglais ont bâti de leurs propres mains l' « Université pour rebelles », en quoi Frongoch se transforme rapidement.

Pendant l'été, les Irlandais sont cités à comparaître devant un Comité consultatif chargé de séparer le bon grain de l'ivraie rebelle. Poussés par l' « Etat-Major », ils s'ingénient à brouiller les pistes. Comme on les avait arrêtés, on les libère, au petit bonheur : gardant des innocents, relâchant des coupables, le tout dans la plus grande confusion qui se puisse imaginer. A la fin du mois d'août 1916, il ne reste guère plus de six cents hommes à Frongoch.

Ce sont les plus décidés.

Enhardis par la réussite de leur action concertée devant le Comité consultatif, ils ne tardent pas à déclencher une guerre d'usure qui a pour effet de mettre « Buckshot » hors de lui.

Non seulement les brimades sont inopérantes, mais encore elles fournissent des armes aux prisonniers.

En soudoyant quelques gardiens, l'« Etat-Major » a établi un système de communication avec l'extérieur, pompeusement baptisé « Republican Postal System ». Par ce canal, les prisonniers ameutent la presse anglaise et irlandaise, les parlementaires, les avocats, et montent en épingle les moindres abus de « Buckshot » et de ses subordonnés. Du temps que les Allemands occupaient le camp, personne n'avait entendu parler de Frongoch. Les Irlandais n'y sont pas depuis six mois que la presse s'inquiète, les parlementaires interrogent, le Home Office s'affole, les généraux enragent. C'est que les Irlandais, qui ont le génie du discours, ont un sens inné de la propagande. Et Collins, plus que tout autre, qui participe à la rédaction des nouvelles.

A l'automne, l'affaire des « réfugiés » lui fournit l'occasion qu'il attendait. Les « réfugiés » sont les Irlandais qui vivaient en Angleterre et qui sont menacés, à ce titre, d'être enrôlés de force dans l'Armée Britannique, par application du Military Service Act.

Lors de la comparution des prisonniers devant le Comité consultatif, à Londres, deux « réfugiés », les frères Noonan, ont été arrêtés et incorporés contre leur volonté. Ils ont refusé de servir malgré les pressions et les violences, et se sont vu condamner à deux ans de travaux forcés.

En septembre, un autre prisonnier, du nom de Hugh Thornton, est arrêté à Frongoch. Pris de court, les prisonniers ne peuvent opposer qu'une résistance purement symbolique. Thornton refuse à son tour d'endosser l'uniforme anglais et, traîné devant une Cour martiale, s'entend condamner à deux ans de travaux forcés.

Mick Collins, qui est lui-même un « réfugié », pousse à la résistance.

— Il n'est pas question de nous laisser embarquer par les sergents recruteurs de Sa Gracieuse Majesté. Nous ne porterons pas d'autre uniforme que l'uniforme irlandais. Nous sommes cent cinquante dans ce camp. Mais nous ne sommes pas désarmés. « Buckshot » et ses sbires ignorent pratiquement l'identité d'un homme sur trois à Frongoch. Il faut en profiter, semer la pagaille et empêcher l'identification de tous les gars qui tombent sous le coup du Military Act.

En quelques jours, par son ascendant personnel, son dynamisme et son sens de l'organisation, Mick Collins devient le chef et le porte-parole incontesté des « réfugiés », le groupe de prisonniers le plus résolu du camp. Ce n'est pas du goût de tout le monde. Les esprits rassis se méfient de ce Corkman ambitieux, susceptible et querelleur, qui cherche par tous les moyens à s'imposer comme chef et professe les opinions les plus violentes.

— *Collins thinks he's a big fellow* [1], laisse tomber un vieil Irlandais, sceptique.

— *He's right, mate, he's a Big Fellow,* rétorque vivement un des hommes du « clan Collins » [2].

Moqueur et familier, le sobriquet est instantanément adopté. Mick Collins devient pour tous le « Big Fellow », le rude gars. La fortune de ce surnom sera immense : sarcastique au début, il se chargera en quelques mois d'affection, d'espérance et de peur.

La résistance s'organise. Obstructions, refus d'obéissance, grèves de la faim, se multiplient. « Buckshot » enrage. Il supprime le courrier, isole les meneurs, confine les prisonniers dans leurs baraques. Rien n'y fait.

La propagande du « Republican Postal System » s'amplifie. Un petit livre intitulé *La Vérité sur Frongoch* est confectionné et adressé à toute une série de personnes influentes. Le journal libéral *Manchester Guardian* parle d'une « liste impressionnante de griefs extrêmement précis contre les conditions de vie et d'administration du camp ». Les Irlando-Américains s'émeuvent. Le Dr. O'Dwyer, évêque de Limerick, est saisi; un prêtre de son diocèse prononce en chaire un sermon au vitriol sur les « horreurs de Frongoch ».

Excédées, les autorités du camp durcissent leur position. Obligation est faite aux médecins de ne soigner que ceux d'entre les « réfugiés » qui consentent à décliner leur identité. Mais les Irlandais s'obstinent dans leur refus. Quatre prisonniers deviennent fous, faute de soins. Accusé de se faire l'instrument de la répression, un médecin se noie dans la rivière Tryweryn.

1. « Collins pense qu'il est un type très fort. »
2. « Il a raison, mon gars, il est un type très fort. »

L'hiver arrive brusquement, lugubre et glacial. L'air piquant est chargé d'embruns, cravachés par les rafales de vent qui dévalent en sifflant des noires montagnes galloises. La neige succède à la pluie, et étend sur Frongoch une mince pellicule blanc sale, le givre se colle aux fenêtres. Le pas des hommes est étouffé, le paysage estompé se colore de nuances irréelles. La léthargie s'empare progressivement du camp. Au lieu d'être closes à huit heures, les baraques sont fermées à six heures. Les prisonniers délaissent les « classes du soir ». Hébétés, moroses, ils regardent tomber la neige en frissonnant. « Buckshot » a ordonné de ne remettre des vêtements chauds qu'aux hommes qui avoueront enfin leur identité. Un accablement morne corrode la volonté de résistance des mois passés. Les prisonniers rêvent au pays, aux femmes qui les attendent, à Noël qui approche, à la guerre qui n'en finit pas.

Au début de décembre, revirement soudain. Les vêtements chauds sont distribués en abondance, la nourriture s'améliore, les bâtiments sont briqués à fond. Le matin du 7, les Irlandais sont passés en revue par un vieux gentleman au visage affable, encadré par une imposante barbe blanche, d'où émergent deux yeux mobiles et perçants. Il n'est autre que sir Charles Cameron, envoyé spécial du ministère de l'Intérieur, chargé de faire la lumière sur les conditions de vie des détenus du camp de Frongoch. Il écoute les doléances des prisonniers, hoche la tête d'un air compatissant. Mick Collins est un des quatre internés chargés d'exposer à sir Charles les griefs des détenus, hors de la présence des autorités du camp. En quelques heures, son siège est fait. Les prisonniers ont été convaincants. Leur cause est entendue.

Le rapport de sir Charles Cameron plaide en faveur des Irlandais.

L'espoir renaît à Frongoch.

De fait, le gouvernement anglais s'avise que les détenus sont plus embarrassants derrière les barbelés qu'en liberté. Ils agitent l'opinion, mobilisent la presse, harcèlent les députés du Parti nationaliste irlandais. Des comités se constituent en Irlande, en Amérique et même en Grande-Bretagne pour leur libération. Ils font tant de bruit que le gouvernement anglais s'interroge. Cette situation ne risque-t-elle pas de provoquer la désaffection des régiments irlandais engagés sur le front, et surtout de freiner l'entrée en guerre de l'Amérique, contre laquelle se mobilise la puissante minorité irlando-américaine ? Il faut, d'urgence, faire un geste pour apaiser tout le monde.

Samedi 23 décembre 1916. Les grilles de Frongoch s'ouvrent sur les cinq cents prisonniers irlandais libérés. Dans la petite gare, au bout de la route qui traverse le camp, les attend le train du retour. Il s'ébranle en cahotant, tous rideaux baissés, le bruit des essieux couvert par le *Chant du Soldat* et le *Deutschland über alles,* gratuite et ultime provocation des rebelles impénitents de la verte Erin.

Sitôt rentré à Dublin, Collins fait le point de la situation. L'I.R.B. est décapitée, le Sinn Fein désorganisé, les Volontaires en pleine débâcle. Une seule organisation surnage : la National Aid Association, qui distribue argent et secours aux prisonniers et aux victimes de la rébellion. Elle n'est pas révolutionnaire, mais, à sa façon, elle perpétue le souvenir des victimes de la répression et alimente le nationalisme ambiant de la grande cité irlandaise.

Michael Collins pose sa candidature au poste de secrétaire de la National Aid Association. Il est reçu par les femmes du Comité directeur, et, bien que l'entrevue ne soit guère concluante, sa candidature est retenue. Sans doute le doit-il aux efforts déployés, à son insu, par les anciens prisonniers de Frongoch. Et à la perspicacité de la veuve de Tom Clarke.

— C'est un autre Sean Mac Diarmada, affirme-t-elle, péremptoire. Lui seul a l'intelligence, la force, le dynamisme nécessaires pour reprendre la tâche où Tom l'a laissée.

Sans hésiter une minute, elle révèle à Michael Collins tout ce qu'elle sait sur la vieille Irish Republican Brotherhood moribonde : le nom et l'adresse des conspirateurs survivants, les filières, la liste des dépôts d'armes.

Quelques mois plus tard, Michael Collins est coopté au Conseil Suprême Provisoire de l'organisation clandestine.

En peu de temps, Collins révolutionne les bureaux de la National Aid Association, situés au 10 Exchequer Street, à deux pas du Château. Aux bavardages stériles et à l'indolence typiquement dublinoise, succède une agitation frénétique. Mick paie d'exemple. Il visite les prisonniers, écoute leurs doléances, paie les notes du médecin, adresse vêtements et conserves aux internés, entretient une volumineuse correspondance avec ceux qui croupissent toujours dans les geôles de Sa Majesté. On le rencontre, aux quatre coins de la ville, pédalant comme un damné sur sa bicyclette, houspillant ses subordonnés, surtout les femmes, exigeant le maximum de chacun.

Il fascine tout le monde par ce mélange d'efficacité et de truculence, de violence et de puérilité enfantine. Il sait être irascible, tranchant, grossier même. Mais chacun obéit sans sourciller, car il est plus exigeant encore pour lui-même que pour les autres, abattant à lui tout seul le travail de quatre hommes.

Sa vie est une course effrénée. Il se hâte fébrilement comme s'il redoutait tout à coup de mourir, englouti par l'ombre et le silence. Il dort à peine. Il ne marche pas, il galope; il ne monte pas un escalier, il avale les marches quatre à quatre; il n'accoste pas les gens dans la rue, il bondit sur eux. C'est une force de la nature, un véritable démon. La fatigue n'a pas de prise sur lui.

La National Aid Association est une véritable gare de triage, où transite tout ce que l'Irlande compte de suspects, de rebelles et de victimes de la répression aveugle du Château. Mick Collins ne se contente pas de les assister matériellement et moralement, il enrôle les plus résolus dans l'Irish Republican Brotherhood, constitue des réseaux sur lesquels il a la haute main, place des hommes à lui dans tous les rouages de la société. L'I.R.B. s'étoffe progressivement, tandis que Collins resserre son emprise sur l'avant-garde révolutionnaire du mouvement nationaliste.

Le moment est favorable. L'hostilité générale de l'opinion a fondu comme neige au soleil. Les insurgés d'avril, sur lesquels il n'y a pas si longtemps les Dublinois crachaient le venin de leur haine, sont devenus des martyrs. On admire leur jeunesse, leur foi, leur courage. On s'apitoie sur leur sort. Les portraits de Pearse, de Mac Donagh, de Connolly fleurissent à la vitrine des boutiques. Leurs dernières paroles avant de mourir sont colportées de bouche à oreille, leurs articles et leurs poèmes sont vendus à la criée, des chansons sont écrites et chantées pour célébrer leur sacrifice. La proclamation de la République, lue par Pearse dans l'indifférence générale, est réimprimée, affichée sur les murs de Dublin.

Déformée, enflée par ce peuple bavard et versatile, la réalité de l'insurrection devient légende, se hausse au rang du mythe. Un mythe dont les extrémistes veulent faire un levier puissant pour soulever l'Irlande.

L'ajournement du Home Rule, l'impunité des Orangistes ulstériens, les louvoiements sournois du gouvernement anglais concoctant la partition de l'Irlande et les excès de la répression militaire ont éloigné la grande majorité de la population de la cause impériale. Pour autant, elle n'a pas encore basculé dans le camp séparatiste.

Un vent de fronde souffle, qui n'est pas encore la Révolution.

Les extrémistes misent sur cette grogne sentimentale. En février 1917, le Sinn Fein présente le comte Plunkett à une élection partielle dans le North Roscommon. Le comte, inconnu dans la circonscription, n'a pas de programme politique bien défini. Mais son fils Joseph a été fusillé et ses deux autres fils, George et John, ont été emprisonnés à la suite de la rébellion, la comtesse et lui-même ont été arrêtés et la Royal Dublin Society l'a rayé de la liste de ses membres. Il personnifie, en somme, la protestation contre la répression.

Le 5 février, le comte Plunkett est élu à une écrasante majorité.

Le Château de Dublin réagit brutalement. A la fin du mois de février, arrestations et déportations se multiplient. Pour avoir brandi un drapeau tricolore, entonné un chant séditieux ou fait l'apologie du Sinn Fein, des hommes sont condamnés à payer de lourdes amendes quand ils ne sont pas, purement et simplement, jetés en prison.

Comme un drapeau rouge agité sous le nez du taureau, la répression enflamme les nationalistes, qui recommencent à s'organiser militairement. Une convention provisoire des Volontaires Irlandais est réunie dans les premiers jours de 1917. Michael Collins est élu à l'Exécutif provisoire. Dans tout le pays, les officiers recommencent à recruter.

A cette armée semi-clandestine, il faut des armes.

Collins fait plusieurs voyages éclairs à Liverpool et à Londres, renouant avec ses anciens camarades de l'I.R.B., employés des postes, dockers, marins, et constituant des filières pour l'acheminement en Irlande des armes et des renseignements.

Pâques 1917. Anniversaire de l'insurrection. Les Dublinois arborent fièrement des brassards tricolores. La proclamation de la République est affichée sur tous les murs de la capitale, le drapeau républicain claque aux fenêtres. La police charge la matraque haute. Les manifestants ripostent à coups de pierre et de battes de hurley.

Suprême défi : un drapeau vert, blanc, orange, est hissé à mi-mât sur les ruines de la Grand-Poste.

En mai 1917, nouvelle consultation électorale, dans le South Longford cette fois. Collins pose la candidature de Joseph Mac Guinness, un membre de l'I.R.B. incarcéré à la prison de Lewes, mobilise l'I.R.B., organise la campagne, multiplie les discours, harcèle sans relâche les Volontaires et les militants du Sinn Fein. Mac Guinness est élu de justesse, mais le *Manchester Guardian* ne s'y trompe pas, qui titre « Un revers équivalent à une défaite britannique sur le terrain ».

Evinçant Asquith, le tortueux Lloyd George est devenu, entre-temps, Premier ministre. Pour neutraliser la crise irlandaise et apaiser l'Amérique entrée dans la guerre en avril 1917, il décide, sans enthousiasme, de réunir une « Convention d'Irlandais de tous les partis dans le but de rédiger un projet de self-government ». Le Sinn Fein exige que les membres de la Convention soient élus par le peuple d'Irlande et laissés libres d'opter pour l'indépendance. Refus tranchant de Lloyd George. Les partisans du nationalisme intégral se désintéressent de cette mascarade, et les débats de la Convention truquée avortent lamentablement, au milieu de l'indifférence générale.

Pour lui donner plus d'éclat, Lloyd George a amnistié les derniers prisonniers irlandais incarcérés en Angleterre. Dans la nuit du 17 juin, ils sont acheminés à Holyhead et embarqués sur le *S S Munster*. Le lendemain, aux premières lueurs de la matinée, le paquebot s'amarre au quai de Kingstown. A peine le dernier civil a-t-il franchi la passerelle qu'un ordre claque :

— Volontaires, en rang par deux, en avant, marche.

Une centaine d'hommes pâles, efflanqués, le crâne rasé, descendent en bon ordre du mail-boat. A leur tête, marche un homme à la haute silhouette maigre, aux traits réguliers, à la bouche assez grande, mais bien dessinée, au regard sombre et un peu dédaigneux. Visage d'apôtre sorti tout droit d'un tableau du Greco.

— Vive de Valera, hurle la foule clairsemée.

Eamon de Valera est entré vivant dans la légende. Il est né

à New York en 1882, de père espagnol et de mère irlandaise. A l'âge de deux ans, sa mère, devenue veuve, le confie à un oncle, fermier dans le comté de Limerick. Ecolier doué, il décroche une bourse pour l'Université, où il collectionne les diplômes. Il devient professeur de mathématiques et enseigne dans divers établissements de Dublin et des environs. Parallèlement, il adhère à l'Irish Republican Brotherhood et s'engage dans les rangs des Volontaires Irlandais. Lorsque l'insurrection de Pâques éclate, il est commandant de l'Armée Républicaine, responsable de la défense de la Minoterie Boland. Il se bat comme un forcené et se rend le dernier, sur l'ordre de Pearse. Comme tous les commandants de la rébellion, il est condamné à mort. Mais les représentations énergiques du consul américain lui sauvent la vie. Sa peine est commuée en travaux forcés à perpétuité. A la prison de Lewes, il est l'âme de la résistance des prisonniers contre le régime de droit commun.

Le sens de la grandeur, l'autoritarisme tranchant et la conviction d'avoir une mission spirituelle à remplir confèrent à son personnage un magnétisme puissant. L'Irlande nationaliste a tôt fait de découvrir en cet homme grave et secret la personnification de l'intransigeance héroïque des rebelles de 1916.

A la gare de Westland Row, un flot de manifestants, endigués par un cordon de Volontaires, attend fiévreusement les prisonniers. Lorsque le train entre en gare, la foule entonne *le Chant du Soldat*. De Valera et ses hommes sont accueillis par les conseillers municipaux de la ville. Les vivats fusent de toute part.

— Vive Dev !

— Gloire aux Volontaires !

— Vive la République !

Dans les rues de Dublin, les boutiques ont baissé leur rideau. Le trafic s'est interrompu, la population a envahi les trottoirs pour acclamer les voitures chargées de prisonniers. L'enthousiasme est à son comble. Cette nuit-là, des centaines de feux de joie sont allumés sur toutes les collines d'Irlande, des dizaines de villages accueillent en fanfare les rebelles hier honnis, méprisés, insultés.

Sans attendre, Eamon de Valera se présente dans l'East Clare, au siège de William Redmond, frère du leader du Parti parlementaire irlandais, tué au front.

Finies les équivoques, les nationalistes séparatistes abattent leurs cartes. Il ne s'agit plus de protester contre la répression, comme dans le North Roscommon, ou de voter pour l'amnistie, comme dans le South Longford, mais d'épouser la cause des insurgés, de justifier leur sacrifice, de poursuivre leur combat.

Le 10 juillet 1917, de Valera est triomphalement élu.

« Ce que le Clare fait aujourd'hui, Dublin le fera demain », dit un proverbe. Le raz de marée Sinn Fein sème la panique dans les milieux unionistes.

L'Armée débarque des automobiles blindées et du matériel de guerre. Le Château multiplie les mesures répressives : suppression de journaux d'opposition, arrestations de nombreux amnistiés de juin, perquisitions. A Ballybunion, la police tire dans la foule et fait un mort. Une proclamation du général commandant les forces britanniques en Irlande interdit le port de l'uniforme et les exercices militaires, et décrète les crosses de hurley « armes défensives » séditieuses.

Mais les nationalistes n'en ont cure. Le jour anniversaire de la mort de sir Roger Casement, des centaines d'hommes et de femmes s'agenouillent sur la grève du Kerry, où il fut capturé, et récitent le rosaire. De Valera, chef incontesté des nationalistes républicains, passe en revue les compagnies de Volontaires armés du « Caman », la crosse de hurley des manifestations de rues. En août les électeurs de Kilkenny élisent à une très forte majorité le candidat Sinn Feiner, William Cosgrave, un insurgé condamné à mort après la semaine de Pâques, dont la peine a été commuée en emprisonnement à vie. Peu après, un député du Parti parlementaire irlandais abandonne Westminster et rallie le Sinn Fein.

Collins transfère ses bureaux au 32 Bachelor's Walk, sur les quais de la Liffey, et prend l'habitude de donner ses rendez-vous à l'Hôtel Vaughan, dans un coin tranquille de Parnell Square, à l'écart du trafic et des regards indiscrets. Il boit sec et fume quarante à cinquante cigarettes par jour, travers que les rigueurs de l'action clandestine vont lui faire abandonner, presque du jour au lendemain.

Il continue de tisser sa toile, s'immisçant dans toutes les organisations, touchant à tous les domaines : aide aux prisonniers, élaboration de programmes politiques, réorganisation des Volontaires, contrebande d'armes, recrutement pour l'I.R.B. Homme aux multiples facettes, il agit à visage découvert et conspire la minute suivante, sans jamais se couper, ne révélant à ses interlocuteurs qu'une partie de lui-même, toujours fascinante et extraordinairement fugace.

En août, Thomas Ashe, Austin Stack et Fionan Lych, sont arrêtés et condamnés par la Cour martiale de Dublin pour avoir « tenu des propos de nature à provoquer la désaffection ». Le 20 septembre, avec trente-sept autres condamnés politiques, ils déclenchent une grève de la faim pour protester contre le régime de droit commun auquel ils sont soumis.

L'état de santé de Thomas Ashe devient vite alarmant. C'est un Celte authentique, natif de cette péninsule sauvage de Dingle où l'Anglais n'a jamais pénétré. C'est aussi un intellectuel, comme Pearse et Mac Donagh, et un officier de valeur : il a commandé victorieusement les insurgés d'Ashbourne pendant la semaine de Pâques. A la prison de Lewes, il s'est imposé comme le second de de Valera.

Le lord-maire de Dublin, qui a été autorisé à lui rendre visite, ne cache pas son inquiétude.

— Au début, les geôliers lui ont confisqué sa paillasse et ses chaussures. Il n'a rien voulu savoir, malgré le froid et l'inconfort. En désespoir de cause, ils lui ont restitué sa literie. Mais ils essaient à présent de le gaver de force. Son cou est taché de meurtrissures. Dans l'état de faiblesse où il se trouve, il ne résistera pas. Je l'ai conjuré de prendre un peu de nourriture, mais il ne veut rien entendre.

Le 25 septembre, Thomas Ashe succombe entre les mains de ses tortionnaires. Son visage et son cou portent des traces de violence. Le coroner conclut à une mort par syncope cardiaque et congestion pulmonaire, et met en cause la responsabilité du Château et du directeur de la prison.

L'Irlande nationaliste prend le deuil.

Thomas Ashe était un membre important de l'I.R.B. Collins n'a laissé à personne le soin d'organiser ses funérailles, grandiose manifestation où éclate la douleur de tout un peuple. Il est là pour accompagner son ami à sa dernière demeure. Dans le petit cimetière de Glasnevin, envahi par une foule recueillie, il rend à sa dépouille les honneurs militaires.

Un clairon égrène la « Sonnerie aux Morts », un peloton de Volontaires tire trois salves au-dessus de la tombe. Pâle, sa mèche rabattue par le vent de septembre, Michael Collins, qui a revêtu pour l'occasion l'uniforme de vice-commandant des Volontaires, prononce quelques mots en irlandais, puis en anglais.

— Il n'y a rien d'autre à ajouter. Les salves que nous venons d'entendre sont la seule oraison funèbre digne d'être prononcée sur la tombe d'un Fenian mort.

La foule s'écoule lentement par les grilles du cimetière. A l'écart, appuyé contre une croix, terrassé par l'émotion, Mick Collins pleure l'ami disparu. Il sait que beaucoup d'autres mourront dans une lutte impitoyable, mais ce que sa raison lui démontre, son cœur le refuse, et un torrent de larmes révèle soudainement cette faiblesse d'enfant désarmé qu'il ne parviendra jamais à étouffer complètement.

# VI

## *LE TRIOMPHE DU SINN FEIN*

Fondé au début du siècle par Arthur Griffith, le Sinn Fein est, à l'origine, un mouvement d'union nationale visant au boycott des institutions britanniques et à la création d'institutions parallèles purement irlandaises. Récusant la force physique, il lui préfère la résistance passive. Il n'aspire point à la République, mais à un régime de double monarchie, retour à l'indépendance constitutionnelle dont jouissait l'Irlande en 1782. S'il a créé un état d'esprit propice à la maturation du projet révolutionnaire, le Sinn Fein n'a eu aucun rôle dans le déclenchement du soulèvement de Pâques. Et c'est bien à tort que les insurgés furent traités de « Sinn Feiners » et l'insurrection de « Rébellion Sinn Fein ». Quoi qu'il en soit, le Sinn Fein bénéficie du revirement de l'opinion publique irlandaise, et les activistes décident d'investir le mouvement et d'infléchir sa politique dans un sens plus radical. Cette manœuvre suppose nécessairement l'élimination de son président et fondateur, Arthur Griffith.

Carré d'épaules, de poings et de visage, la moustache taillée en brosse, Griffith ressemble plus à un travailleur manuel qu'à un intellectuel. Il est passionné, mais de cette passion froide, rentrée qui explose rarement. Il est obstiné comme un taureau et ne se décourage jamais. Le Château peut bien censurer ses écrits, supprimer ses journaux, il recommence, publie de nouvelles feuilles, lance de nouveaux brûlots. Il brave les poursuites et la prison avec une indifférence qui lui vaut d'être surnommé « le Sphinx ».

Opposé à l'insurrection, il est emprisonné par les Anglais au même titre que les rebelles. Un député attire l'attention sur cette injustice criante. Par une réponse cinglante, Griffith se solidarise avec les insurgés et refuse toute mansuétude.

Mais, une fois libéré, il s'entête et s'oppose à toute altération de son programme dans le sens républicain. Sa popularité au sein du Sinn Fein irrite les activistes, et plus particulièrement les membres de l'I.R.B. Collins admire Arthur Griffith pour son courage et son talent, approuve la politique visant à paralyser les rouages de la société coloniale, mais condamne sans appel les théories constitutionnelles du publiciste. La Constitution de 1782 n'est rien d'autre à ses yeux qu'une pièce de musée.

A la Convention annuelle du Sinn Fein, qui se tient le 25 octobre 1917, les dissensions éclatent au grand jour.

Cathal Brugha, un des combattants de 1916, refuse toute concession.

— Nous voulons la République et nous l'aurons. C'est pour elle que nous nous sommes battus. C'est pour elle que nos camarades sont morts. C'est elle qui a été proclamée sur les marches de la Grand-Poste. On n'efface pas ce qui a été écrit dans le sang. Renier la République, ce serait nous renier nous-mêmes, ce serait nous rendre coupables de haute trahison envers le pays et envers nos morts.

Michael Collins approuve en hochant la tête. Desmond Fitzgerald, pour sa part, affiche un sourire narquois.

— Quelles balivernes, murmure-t-il entre ses dents. Dans le feu du combat, personne ne songeait à la République. J'ai entendu Pearse et Plunkett parler de remettre la couronne d'Irlande à un prince allemand [1]. Ce qui leur importait c'est l'indépendance, pas la forme du régime. Brugha veut nous emprisonner dans une formule non seulement imbécile, mais dangereuse.

Arthur Griffith lisse sa moustache calmement. Il ne laisse rien transparaître de son irritation. « La République est une chimère absurde, songe-t-il. Jamais les Anglais n'y consentiront. Eux aussi ont le sens des symboles. Et la Couronne en est un, d'autant plus formidable qu'il incarne l'unité de l'Empire. Que nous importe que

1. Historique : Voir Desmond FITZGERALD, « Inside the G.P.O. », *Irish Times Supplement,* 7 avril 1966; et E. BLYTHE, « An Irish Monarchy », *Irish Times,* 15 avril 1966.

le roi d'Angleterre soit également roi d'Irlande, si nous obtenons les moyens de notre émancipation politique et économique. »

De Valera louvoie entre les factions. Son unique souci est d'éviter les scissions, de maintenir uni le mouvement. Républicain de cœur, il n'est pas doctrinaire. Il propose une motion nègre blanc.

— Le Sinn Fein vise à obtenir la reconnaissance internationale de l'Irlande en tant que République indépendante. Ayant obtenu cette reconnaissance, le peuple d'Irlande pourra choisir librement la forme définitive du gouvernement irlandais.

La motion est adoptée par la Convention du Sinn Fein. Le premier paragraphe donne satisfaction aux activistes comme Brugha et Collins, le second laisse la porte ouverte à toute éventualité constitutionnelle.

Reste la question de la présidence, Griffith et de Valera sont en lice.

— Il faut voter pour Dev, ordonne Collins à ses « frères » de l'Irish Republican Brotherhood.

— En es-tu bien sûr, Mick ? Dev n'est pas des nôtres, tu le sais. Ni lui, ni Brugha n'ont voulu renouveler leur serment à l'I.R.B. après l'insurrection. Ils disent que le Sinn Fein et les Volontaires sont les représentants de la nation et que notre Fraternité est bonne à reléguer au rang des accessoires. Comme si ces damnés politiciens étaient capables d'autre chose que de discourir. Quant aux Volontaires, nous ne pourrons compter sur eux qu'autant que nous nous serons rendus maîtres des postes clés, l'histoire récente le prouve. Enfin, notre Constitution est formelle : jusqu'à l'établissement de l'indépendance définitive, le Conseil Suprême de l'I.R.B. est le seul gouvernement légitime du pays, et notre président doit être considéré par tous les « frères » comme le président de la République d'Irlande.

— Je n'oublie rien de tout ça, répond Collins d'un air agacé. Mais il faut parer au plus pressé, et nous n'avons pas le choix. C'est Griffith ou de Valera. Je n'ai pas d'animosité particulière contre Griffith, mais il commande à une bande de pleutres bavards qui faut balancer par-dessus bord de toute urgence. Dev, lui, incarne la rébellion de Pâques, l'action révolutionnaire qui a été celle de l'I.R.B. Il est, aux yeux du peuple, le successeur de Pearse. C'est lui qu'il nous faut et pas un autre, si nous voulons que le mouvement national évolue dans la bonne direction.

Par bonheur, Arthur Griffith, le « père du Sinn Fein », n'est pas moins soucieux d'unité qu'Eamon de Valera. Il monte à la tribune, et déclare d'une voix égale :

— La présidence du Sinn Fein ne doit pas faire l'objet d'une bataille électorale opposant les partisans de chaque candidat en lice. Je retire ma candidature et vous invite tous à voter pour Eamon de Valera.

De Valera est élu président du Sinn Fein, sous les acclamations de 1 700 délégués représentant 250 000 Sinn Feiners répartis dans tout le pays.

Les amis d'Arthur Griffith ne pardonnent pas à Collins son action dans la coulisse et l'élimination de leur chef. Ils sont puissants au sein du mouvement : Mick est élu d'extrême justesse au Conseil exécutif du Sinn Fein.

La Convention se sépare après avoir pris deux décisions capitales : celle d'envoyer une délégation à la Conférence de la Paix, et celle de disputer tous les sièges irlandais aux futures élections générales britanniques, dans l'intention avouée de ne pas siéger à Westminster, mais en Irlande même.

La Convention publique du Sinn Fein est immédiatement suivie par une Convention secrète des Volontaires. Plusieurs centaines de délégués, représentant les compagnies disséminées dans tout le pays, élisent Eamon de Valera président des Volontaires et Cathal Brugha, chef d'état-major. L'Irish Republican Brotherhood, minoritaire au sein du Sinn Fein, se taille la part du lion dans l'Exécutif des Volontaires chargé de la direction politique du mouvement. La plupart des postes clés échoient à des membres de la société secrète. Michael Collins est élu directeur de l'Organisation des Volontaires. Peu après, il est nommé adjudant général du grand Quartier Général, organisme qui s'occupe plus spécialement de la direction militaire des Volontaires.

Le Château essaie en vain d'endiguer la vague nationaliste. La Royal Irish Constabulary multiplie les arrestations. Les prisonniers qui font la grève de la faim sont relâchés et arrêtés à nouveau, conformément aux dispositions du « Cat and Mouse Act », appliquées en Irlande depuis la mort de Thomas Ashe.

Malgré la répression, le Sinn Fein fait des progrès foudroyants et enlève un siège après l'autre, balayant le Parti parlementaire. Les jeunes Irlandais s'engagent, de plus en plus nombreux, dans les rangs des Volontaires. La résistance des prisonniers est suivie et encouragée par toute la population.

Pourtant Collins refuse de se laisser griser. Il sait que la partie est loin d'être gagnée.

Comme pour lui donner raison, le Sinn Fein perd coup sur coup trois élections au printemps 1918. Le Château, les unionistes et les partisans du Parti parlementaire irlandais exultent.

— Le Sinn Fein est fini. Il a servi d'exutoire à la mauvaise humeur passagère des Irlandais. Mais ceux-ci ont la tête près du bonnet, et ils n'ont pas tardé à comprendre que ces extrémistes conduisaient le pays à la ruine et au communisme.

De fait, certaines initiatives nationalistes inquiètent les possédants et les modérés. Dans les campagnes, les Sinn Feiners distribuent aux paysans les terres des grands domaines, après en avoir chassé les bestiaux. A Dublin, ils arrêtent l'exportation de la viande de boucherie. Dans l'Ouest, ils attaquent les maisons isolées et raflent les armes.

Michael Collins ne prise guère l'action de ces commandos improvisés. Dans un discours prononcé dans le comté de Longford, il les fustige sans ambages :

— Les organes dirigeants du Sinn Fein et des Volontaires, loin d'avoir approuvé les raids sur les propriétés privées, les ont expressément interdits à leurs militants. Si les Volontaires veulent des armes, ils en auront. Inutile pour cela d'attaquer les fermes à la recherche de fusils de chasse ou de vieilles pétoires rouillées.

En privé, il laisse exploser sa colère.

— Ces crétins se prennent pour des héros parce qu'ils ont volé son sabre et son pistolet à un colonel en retraite. Ils ne se rendent pas compte que l'Armée Républicaine Irlandaise n'existe que sur le papier. Provoquer les Britanniques maintenant, c'est courir au désastre. Chaque coup de main entraîne de nouvelles arrestations, comme si nous avions besoin de cela, en ce moment.

Collins est un des plus menacés, lui qui consacre le plus clair de son temps à rassembler les compagnies éparses de Volontaires en une véritable armée, capable de s'opposer victorieusement aux forces britanniques cantonnées dans l'Ile Verte. Pour déjouer la surveillance des détectives du Château, il change fréquemment de bureau. On le trouve tantôt sur les quais, au 32 Bachelor's Walk, tantôt dans les locaux du syndicat des typographes, au 35 Lower

Gardiner Street. Parfois encore, à Cullenswood House, l'école de Padraic Pearse. Tout autre que Collins serait sensible à l'évocation du poète fusillé, mais le jeune adjudant général des Volontaires a appris à se méfier de l'idéalisme suicidaire qui a inspiré la folle aventure de Pâques 1916.

Laissant à d'autres le soin de formuler en phrases poétiques les aspirations du peuple d'Erin, il construit pierre à pierre l'arme de sa libération. Aucun détail ne lui échappe : effectifs des compagnies, nom des officiers, inventaire des ressources et de l'armement, problèmes de logistique, état d'esprit de la population, état des forces de police, renseignement, achat d'armes en Angleterre. Il touche à tout, s'occupe de tout, régente tout. Des instructions tranchantes et cursives, griffonnées sur des bouts de papier, s'abattent sur les officiers de Volontaires. Collins empiète sur la compétence de ses collègues du Sinn Fein et de l'Armée Républicaine. Rien ne l'exaspère autant que les préventions et les susceptibilités de ceux qui se prennent déjà pour de vrais ministres ou de vrais généraux. Pour les amadouer, il fait parfois assaut de charme et de gentillesse, mais il est, d'autres fois, si brusque et si cassant qu'il s'attire de solides inimitiés au sein du mouvement nationaliste.

Peu lui importe ce climat de jalousie, pourvu que les Volontaires se transforment progressivement en une véritable armée.

Lorsqu'un officier de Volontaires a le moindre problème, quels que soient le département et le responsable intéressés, on lui donne invariablement ce conseil :

— Va voir Mick, il te dira ce qu'il faut faire.

On se presse dans son petit bureau de Cullenswood House. Signe des temps : les hommes troquent de plus en plus l'uniforme des Volontaires contre le trench-coat et le feutre mou. L'Armée républicaine devient une armée de l'ombre et de la nuit.

La situation empire. Le 27 février 1918, la loi martiale est proclamée dans le comté de Clare. L'armée exerce le pouvoir, censure le courrier et la presse, délivre des laissez-passer pour entrer dans le comté ou en sortir. Les arrestations se multiplient dans toute l'Irlande : deux cent treize personnes pour le seul mois de mars. Les heurts entre policiers et Sinn Feiners sont quotidiens. Le 26 mars, un jeune homme est transpercé d'un coup de baïonnette à la suite d'une charge de police.

L'étau se resserre autour des chefs nationalistes, et de Collins en particulier. Le 2 avril 1918, alors qu'il sort de son bureau du 32 Bachelor's Walk, il se fait cueillir par les G-Men du Château. On lui reproche d'avoir prononcé « un discours de nature à provoquer la désaffection ». Une peccadille.

Il refuse d'être libéré sous caution et de reconnaître la Cour, conformément à la doctrine du Sinn Fein, et il est interné à la prison de Sligo.

Il n'y moisit pas longtemps. Un geôlier sympathisant a tôt fait de lui transmettre les instructions des chefs nationalistes.

— Ordre à tous les Sinn Feiners et à tous les Volontaires d'accepter immédiatement libération sous caution en prévision de la résistance à la conscription étendue à l'Irlande par Lloyd George, le 16 avril dernier.

Collins jubile.

— Ça y est. Cette crapule de Lloyd George a enfin cédé aux unionistes. Il a abattu la seule carte qu'il ne fallait pas jouer, et il vient de perdre la partie. Les Irlandais, dans leur grande majorité, n'étaient peut-être pas décidés à se battre pour nos idées, mais ils répugnent encore plus à se faire massacrer pour le salut de l'Empire, dans une boucherie lointaine qui ne les concerne pas.

De retour à Dublin, il se fait mettre au courant de la situation par ses subordonnés.

— Le pays est en pleine ébullition. Dès que la résolution du gouvernement a été connue, les municipalités de Dublin et de Waterford ont envoyé une protestation officielle. Les évêques ont solennellement mis en garde le gouvernement. Le 14 avril, des manifestations populaires ont éclaté dans tout le pays, y compris à Belfast. Dès que la loi a été votée par la Chambre des Communes, les parlementaires irlandais ont quitté Westminster. Le 18 avril, une conférence organisée par le lord-maire a réuni à l'Hôtel de Ville les représentants du Parti parlementaire, du Sinn Fein et des Travaillistes. Dans le même temps, les évêques catholiques délibéraient à Maynooth sous la présidence du cardinal Logue. En début d'après-midi une délégation de la conférence de l'Hôtel de Ville s'est rendue là-bas. Une déclaration commune a été rédigée et remise à la presse le soir même. Tiens, lis-la. Jamais je n'aurais imaginé une riposte aussi violente. A croire que tous ces beaux messieurs de l'Hôtel de Ville se sont soudain convertis à nos vues.

Collins prend l'exemplaire du *Freeman's Journal.* Encadrée à l'encre rouge, la motion des conseillers se lit comme une déclaration de guerre :

« Nous basant sur la nationalité séparée et distincte de l'Irlande, et affirmant ce principe de liberté que les gouvernements des nations tiennent leurs justes pouvoirs du consentement des gouvernés, nous dénions au gouvernement britannique ou à toute autorité extérieure, quelle qu'elle soit, le droit d'imposer un service obligatoire en Irlande contre la volonté nettement exprimée du peuple irlandais.

« C'est là une violation directe du droit des petites nationalités à disposer d'elles-mêmes, droit que même le Premier ministre d'Angleterre — maintenant décidé à employer ouvertement le militarisme pour imposer sa loi à l'Irlande — a annoncé officiellement devoir être une condition essentielle de paix au Congrès de la Paix. »

Collins repose le journal et observe d'une voix cinglante où perce une pointe de mépris :

— Si les évêques sont avec nous, c'est que la partie est gagnée. Les Monsignore irlandais prennent toujours soin de se rallier au vainqueur. Ils étaient moins nombreux au lendemain de l'insurrection de Pâques.

Tendu en avant, la mèche en bataille, il revient à la charge.

— Et hors de Dublin, est-ce que la campagne suit le mouvement ?

— Et comment ! Les curés jettent l'anathème en chaire contre le service militaire obligatoire. Dans chaque paroisse fonctionne un comité de défense, et l'argent afflue pour soutenir la campagne de résistance. L'Irish Trade Union Congress a voté une contribution syndicale et décrété une grève générale de vingt-quatre heures. Tu aurais dû voir ça. Toute la vie du pays paralysée. Même les pubs étaient fermés. Pas moyen de vider la plus petite pinte de stout. Tout le pays, à part les orangistes, est contre la conscription. Et les demandes d'adhésion au Sinn Fein et aux Volontaires affluent au point que le secrétariat n'arrive pas à suivre.

Avec une ardeur décuplée par l'inaction de la prison et l'imminence d'un affrontement avec les autorités, Mick Collins ressaisit les rênes du mouvement nationaliste, met les Volontaires en alerte pour parer à toute éventualité et mobilise son service de renseignements.

En Irlande, le vainqueur est toujours celui qui parvient à connaître les plans de l'adversaire avant que celui-ci ait seulement commencé de les exécuter. Si les insurrections nationalistes n'ont jamais véritablement mis en péril le gouvernement colonial, c'est que le Château a toujours été régulièrement tenu informé des projets de conspiration ourdis par les Irlandais. Les noms des traîtres et des espions infiltrés dans les sociétés secrètes révolutionnaires sont au moins aussi célèbres que ceux des patriotes qu'ils ont contribué à faire pendre : Mac Nally, Nagle, Corydon, Le Caron, Pigott...

Aussi une des premières initiatives de Collins, est-elle de mieux protéger son organisation contre les bavards et les traîtres, et de constituer à son tour un service de renseignements pour espionner le Château et la police.

Par ses relations dans l'administration des Postes en Angleterre et en Irlande, il met rapidement sur pied un réseau aux multiples ramifications. Bientôt, les copies de toutes les dépêches officielles échangées entre le gouvernement britannique et le Château arrivent sur son bureau avant que leur destinataire en ait pris connaissance.

Collins fait mieux, il parvient à noyauter la police et surtout la célèbre G-Division dont une section, la « Political Branch », est tout spécialement affectée à la surveillance et à la répression des activités nationalistes.

Quelques détectives ont confié leur désarroi à des hommes de l'entourage de Mick :

— Nous ne nous sommes pas engagés dans la police pour lutter contre les aspirations légitimes de notre peuple. Nous sommes de cœur avec vous. Que pouvons-nous faire pour être utiles au mouvement ?

Collins, méfiant, prend soin de les mettre à l'épreuve avant de leur ouvrir les portes de l'organisation clandestine.

Joe Kavanagh, le premier détective à franchir le pas, est un sexagénaire tiré à quatre épingles, au visage frais et rose, adorné d'une petite moustache soigneusement cirée. Ses manières urbaines et narquoises dissimulent un patriotisme sincère et une sensibilité d'écorché vif.

Vingt-six ans, un visage large, des épaules voûtées, le sergent Ned Broy est tout le contraire de Kavanagh, un homme énigmatique. Sa présence dans la police est d'autant plus singulière qu'il poursuit l'Empire Britannique d'une haine tenace.

James Mac Namara est un sportif jovial et bon enfant. Secrétaire du sous-directeur de la police, il occupe un poste clé qui lui donne accès aux informations émanant des plus hauts échelons de la police.

Au lendemain de la crise de la conscription, Michael Collins donne aux trois détectives l'ordre d'être particulièrement vigilants et de lui signaler immédiatement tout mouvement suspect des autorités.

Au début du mois de mai 1918, Michael Collins remonte O'Connell Street d'un pas rapide lorsqu'il se heurte à une vieille connaissance de Frongoch.

— Ma parole, mais c'est Joe O'Reilly. Je te croyais mort. Qu'est-ce que tu deviens ?

Le jeune homme, amaigri, loqueteux, affiche un sourire triste.

— Pas grand-chose. C'est la dèche. J'ai cherché un emploi dans tout Dublin. Je n'ai rien trouvé. J'ai vécu au jour le jour grâce aux secours de la National Aid Association que j'ai obtenus grâce à toi. Depuis une semaine je travaille pour les Anglais, manœuvre sur l'aérodrome de Tallaght. Tu vois, ce n'est pas brillant...

Collins allonge une formidable claque dans le dos du jeune homme et, d'une voix moqueuse :

— Ce n'était pas la peine de leur tirer dessus en 1916, hein. Et de pourrir derrière leurs barbelés pendant tout un hiver. Décidément tu es une vraie noix.

— Ne te fous pas de moi, Mick, je t'assure que je suis au bout du rouleau.

Le visage de Collins se rembrunit tout à coup :

— Joe, laisse tomber tout ça et suis-moi. J'ai de grandes choses à accomplir, et j'ai besoin d'aide.

C'est un ordre plus qu'une proposition, mais Joe O'Reilly a toujours subi l'ascendant de Collins. Il est subjugué par sa fougue, son entrain, son intelligence prompte et sensible, comme un enfant fasciné par les héros de ses romans d'aventures. Esprit religieux, il voit dans cette rencontre un signe de la Providence.

— Dis-moi ce que je dois faire, je suis à tes ordres.

Commence pour Joe O'Reilly une singulière aventure. Tour à tour domestique, secrétaire, ange gardien, garde-malade, souffre-douleur, bouffon et confident, il va vivre dans l'ombre de Collins comme un esclave dans l'ombre de son maître. Sancho Pança d'un Don Quichotte voué à la révolution.

Quelques jours après leur rencontre dans O'Connell Street, O'Reilly, tout essoufflé, fait irruption dans le bureau de Collins à Cullenswood House.

— Tu connais la nouvelle ? Le field-marshal French est nommé vice-roi d'Irlande en remplacement de lord Wimborne. C'est la valse des postes au Château. Les fonctionnaires connus pour leurs opinions libérales sont remplacés par des unionistes partisans de la manière forte.

Collins siffle entre ses dents :

— Bigre, French a été commandant en chef des troupes britanniques sur le front français en 1914 et 1915. De retour en Angleterre, c'est lui qui a supervisé la répression de l'insurrection de 1916. C'est un homme à poigne, il va y avoir du grabuge sous peu.

Arrivé à Dublin le 11 mai, lord French met immédiatement à exécution son plan pour étrangler la résistance à la conscription. Il donne l'ordre d'arrêter les meneurs. Mais les agents de Collins veillent. Le vendredi 17 mai, Harry Boland entre en coup de vent dans le petit bureau de l'adjudant-général des Volontaires.

— Mick, la situation est grave. Gay, le bibliothécaire, vient de me remettre ça. C'est Joe Kavanagh, le détective, qui lui a apporté ce matin. C'est la liste de tous les dirigeants du Sinn Fein et des Volontaires qui doivent être arrêtés cette nuit même.

— Bon Dieu, il n'y a pas une minute à perdre, s'écrie Collins en bousculant sa chaise. Ça confirme l'information de Ned Broy. Mais lui n'a pas pu me dire les noms des types qu'on devait arrêter. Il faut les prévenir immédiatement. J'envoie Joe faire la tournée de leur domicile. Nous, on se charge du Q.G. des Volontaires et du Sinn Fein. Il y a justement réunion ce soir.

Quelques instants plus tard, Boland et Collins s'engouffrent au

6 Harcourt Street, siège du mouvement Sinn Fein, et jettent l'alarme. Mais les dirigeants nationalistes, de Valera le premier, restent sceptiques.

— Dev, adjure Collins, tu ne dois pas rentrer à Greystones ce soir. Ton domicile est surveillé par la police. Tu dois être arrêté dans quelques heures.

— Mais enfin, Michael, tout cela est absurde. La situation a changé depuis Pâques 1916. Entre-temps nous avons été élus au Parlement de Westminster. Et, bien que nous nous soyons abstenus de prendre nos sièges, comme le veut le programme du Sinn Fein, je n'imagine pas les Britanniques arrêtant sans motifs d'honorables représentants du peuple protégés par l'immunité parlementaire. De surcroît, depuis que j'ai succédé à Arthur Griffith à la présidence du Sinn Fein, je suis le chef du futur Etat Irlandais. Bien que cet Etat n'existe pas encore *de jure,* je n'en suis pas moins, *de facto,* le président de la future République d'Irlande. Dans ces conditions il ne serait pas convenable que je me cache à la moindre alerte comme un vulgaire agitateur. Dois-je te rappeler, Michael, que le temps des conspirateurs est révolu. Nous sommes un mouvement légal, combattant pour l'autodétermination des petites nations, un des articles du programme du président Wilson, approuvé par Lloyd George.

— Foutaises. Je puis t'assurer que, représentant du peuple ou pas, la police frappera ce soir à ta porte sur ordre du maréchal French.

— N'insiste pas, Michael, je n'en crois rien. Les Britanniques ne sont pas stupides. S'ils m'arrêtaient, moi et mes collègues, ils feraient figure d'accusés à la barre de l'opinion publique internationale, surtout de l'opinion américaine. Notre position serait renforcée à la Conférence de la Paix. Et je n'ai pas besoin de te démontrer ce qu'il adviendrait en Irlande même. Les Anglais ne commettront pas deux fois l'erreur de nous jeter en prison. Il suffit. Je rentrerai à Greystones ce soir, et nous nous retrouverons demain pour poursuivre nos travaux.

La plupart des dirigeants du Sinn Fein et des Volontaires, impressionnés par la logique de leur président, se rangent à son opinion et rejoignent leur domicile sans la moindre appréhension.

— Bon sang, fulmine Collins dans la rue, quelques minutes plus tard, il n'y a pas de pire sourd que celui qui ne veut pas entendre.

Dev n'est pas mathématicien pour rien. Il développe son raisonnement comme une équation. Rien à dire, c'est parfait. Sauf que les prémisses sont erronées. Ces idiots vont se faire ramasser dans leur lit.

Le lendemain matin les crieurs de journaux aboient un titre sensationnel :

— Soixante-treize dirigeants nationalistes arrêtés.

— Complot allemand découvert en Irlande.

— Déportations en Angleterre des chefs du Sinn Fein.

Harry Boland et Michael Collins sont passés à travers les mailles du filet. Collins a dormi dans la maison d'un ami arrêté, un revolver à portée de la main.

La rage au cœur, il constate la désorganisation complète du mouvement nationaliste.

— De Valera, arrêté. Arthur Griffith, arrêté. Le comte Plunkett, arrêté. Soixante-treize dirigeants cueillis à l'aube par la Royal Irish Constabulary et la Dublin Metropolitan Police et embarqués illico sur un croiseur auxiliaire pour être détenus en Grande-Bretagne. Beau tableau de chasse. Et dire qu'on les avait prévenus.

La grande rafle du 18 mai ne règle rien. Le mouvement anticonscription n'a rien perdu de sa vigueur et les engagements volontaires sont quasiment taris. Qui plus est, en éliminant la fraction modérée, elle fait passer les organisations révolutionnaires sous le contrôle des extrémistes : Harry Boland pour le Sinn Fein, Michael Collins pour l'Armée Républicaine Irlandaise.

Une solide amitié unit les deux hommes. Ils ont tous deux le même âge. Tous deux sont violents, impulsifs, généreux. Avec ce qu'il faut d'humour pour dissoudre dans un éclat de rire les rigueurs de cette existence d'hommes traqués dans leur propre pays. Ils ont la même sainte horreur des modérés et n'hésitent pas à employer la force, l'intrigue et la ruse pour se débarrasser d'eux, quitte, ensuite, à s'abreuver de sarcasmes, avec des mines complices.

— Alors Mick, comment vont tes soldats ?

— Et toi, Harry, comment vont tes électeurs ?

Le Château de Dublin et le gouvernement britannique, incapables d'étayer les allégations formulées contre les leaders nationalistes emprisonnés, s'engagent toujours plus avant dans la voie de la répression. La fièvre monte en Irlande. Dans l'Ouest, policiers et Volontaires échangent des coups de feu. Le 14 juin 1918, tout l'ouest de l'Irlande, soit quatorze comtés, et les villes de Cork et Limerick, sont placés sous la loi martiale. Les réunions publiques et les défilés sont interdits à Dublin.

La réponse de l'Irlande nationale est sans équivoque. Arthur Griffith, pourtant sous les verrous, est triomphalement élu dans une consultation partielle en Ulster. Dans tout le pays, la nouvelle est accueillie par des transports d'enthousiasme. Deux jours après l'élection du fondateur du Sinn Fein, la police saisit à Dublin quarante mille cartouches à balle dissimulées dans cent vingt-deux sacs d'avoine. Le 24 juin, Tralee est placé sous le contrôle de l'autorité militaire.

Le 3 juillet 1918, l'organisation Sinn Fein, les clubs Sinn Fein, les Volontaires Irlandais, la Ligue des femmes et la Ligue gaélique sont déclarés hors la loi.

Le lendemain, le général Shaw interdit d'organiser des réunions, assemblées ou défilés de quelque nature que ce soit, dans des lieux publics, ou d'y prendre part, dans toute l'étendue de l'Irlande. Des tanks font leur apparition dans les rues de Dublin. Le 11 novembre 1918, la Première Guerre mondiale prend fin.

La campagne de recrutement, devenue sans objet, est oubliée.

Quarante-neuf mille Irlandais sont tombés sur les champs de bataille, pour avoir eu la faiblesse de croire à la promesse d'un Premier ministre anglais qui a laissé dans l'histoire un nom synonyme de duplicité. Non seulement le Home Rule, voté et inscrit dans le Statute Book, n'est pas octroyé à l'Irlande, mais Lloyd George exige maintenant que les nationalistes entérinent la partition de l'Ile Verte. La situation de l'Irlande est d'ailleurs passée au second plan.

Les politiciens anglais songent avant tout à leur réélection.

Le 25 novembre 1918, le Parlement britannique a été dissous. La campagne électorale commence presque aussitôt, dans l'euphorie de la victoire en Angleterre, dans l'hostilité et l'amertume en Irlande même.

Elle fournit à Harry Boland et Michael Collins le prétexte pour liquider définitivement les attentistes et les modérés. Les deux hommes se substituent aux comités locaux du Sinn Fein pour désigner les candidats hostiles à tout compromis et décidés à recourir à la force pour faire triompher la cause nationaliste. Michael Collins truffe les listes électorales de « frères » de l'Irish Republican Brotherhood. Ceux-ci sont-ils en prison ? Collins s'en moque, il signe leur dépôt de candidature. Il domine l'I.R.B. Les membres de la société secrète lui doivent obéissance. Pour les questions de susceptibilités, il sera toujours temps de s'expliquer après. Des nationalistes auront ainsi la surprise d'apprendre leur élection à des sièges qu'ils n'avaient point brigués.

Le Château a déclaré une guerre sournoise au Sinn Fein. Harry Boland cède parfois au découragement.

— Ces élections sont une farce. On fait tout pour nous éliminer. Notre manifeste est illisible. Sur soixante-douze lignes, trente-neuf ont été caviardées par la censure. A côté de cela, le président du Sinn Fein, l'un des deux vice-présidents, les deux trésoriers, les deux secrétaires et presque tout le Comité Exécutif sont en tôle. Dès qu'on nomme un directeur des élections, les Anglais le mettent à l'ombre. Quant à nos candidats, trente-quatre sont en prison, six en fuite et quatre réfugiés aux Etats-Unis. Il y a des moments, je me demande si tous nos efforts ont un sens.

Narquois, Collins lui remonte le moral.

— Que veux-tu, mon vieux, les Britanniques ont toujours considéré la démocratie comme un jeu exclusivement anglais. Et nous ne faisons pas partie du même club. C'est tout le secret du petit différend qui nous oppose depuis sept cents ans.

Sa physionomie change soudain.

— Mais c'est fini maintenant, nous allons leur apprendre un autre jeu. Pour l'instant, Harry, pas question de capituler. Ils nous mettent des bâtons dans les roues. A nous d'en faire des verges pour les battre.

Collins est candidat dans le South County Cork. Il se jette dans la mêlée à corps perdu.

Le 28 décembre 1918, le Château, atterré, apprend le résultat des élections : sur les cent cinq sièges irlandais à pourvoir, le Sinn Fein en emporte soixante-treize. De Valera est élu député dans l'East Clare et le comté de Down. Griffith, dans l'East Cavan et le Tyrone-Fermanagh; Michael Collins, dans le South Cork et le comté d'Armagh. Le Parti parlementaire de Parnell, de Redmond et de Dillon est balayé en une nuit. Le peuple irlandais n'attend plus rien de l'Angleterre. Il ne veut plus compter que sur ses seules forces.

Mais la victoire n'est pas complète. La vague nationaliste s'est brisée sur le roc inébranlable de l'orangisme nordiste. Les unionistes d'Ulster ont enlevé vingt-trois sièges, les unionistes du Sud, en pleine déroute, trois seulement.

Les élus Sinn Feiners ont pris l'engagement solennel de ne pas siéger à Westminster. Le 21 janvier 1919, ceux d'entre eux qui ne croupissent pas dans les prisons anglaises, se réunissent au Mansion House, l'Hôtel de Ville de Dublin.

Dans une ambiance électrique, ils proclament l'indépendance de l'Irlande et lancent un « Appel aux nations libres du monde ».

La première séance du Dail Eireann, nouveau Parlement de l'Irlande libre, est levée à cinq heures vingt. Elle n'a duré que deux heures, mais, dans la galerie réservée au public et dans les travées clairsemées, tout le monde pressent qu'une page de l'histoire de l'Irlande vient d'être tournée, pour le meilleur et pour le pire. Même les journalistes unionistes qui tiennent la cérémonie pour une bouffonnerie illégale et dégradante sont impressionnés, tant est sensible, presque palpable, la présence des absents, non seulement des hommes emprisonnés, mais encore et surtout de ceux-là dont les corps criblés de balles brûlent lentement dans la chaux vive des charniers pénitentiaires.

Le soir même, une nouvelle inquiétante vole de bouche en bouche : sur une route déserte du Tipperary, à proximité de Soloheadbeg, un détachement de Volontaires s'est emparé d'un fourgon de gélignite, tuant les deux policiers de l'escorte.

Faisant écho au défi du Dail Eireann, cette fusillade meurtrière sonne les trois coups de la guerre d'indépendance anglo-irlandaise.

# VII

## *ÉVASIONS*

Collins et Boland ont laissé à d'autres l'ivresse des simulacres parlementaires. Tandis que le public nationaliste du Mansion House s'enivre de discours et de proclamations, ils rôdent sous les murs du pénitencier de Lincoln, où de Valera est incarcéré depuis la découverte du pseudo-complot allemand.

Le président du Sinn Fein est revenu de sa surprise. Il n'a qu'une seule pensée : fausser compagnie à ses geôliers.

— Les Britanniques n'ont aucune preuve contre nous, et pour cause. Il n'y aura donc pas de procès. Nous resterons internés pour délit d'opinion tout le temps que les ministres de Sa Majesté jugeront bon de nous laisser moisir en prison. Il n'est pas question de nous y résigner. Notre propagande a mis en lumière le caractère inique des méthodes arbitraires employées contre nous. Elle saura exploiter mieux encore la nouvelle d'une évasion sensationnelle. Nous aurons mis les hommes épris de justice et les rieurs de notre côté, et le gouvernement britannique, après s'être montré odieux, ne sera plus que ridicule.

Les détenus sont à l'affût. Ils guettent le moindre indice, épient les gardiens, enregistrent leurs allées et venues.

L'un d'eux découvre que les portes des cellules et les grilles de la prison sont fermées chaque soir à l'aide d'un passe.

— Avec un peu de chance, dit-il, cette clé doit ouvrir également la petite porte désaffectée du mur d'enceinte située non loin de la cour où ils nous autorisent à prendre un peu d'exercice. Reste à se procurer un exemplaire du passe sans éveiller l'attention.

Catholique fervent, Eamon de Valera s'est porté volontaire pour servir la messe. Un dimanche, il s'aperçoit que l'aumônier laisse sa clé à la sacristie chaque fois qu'il va célébrer le service divin. Il récupère fiévreusement les résidus de cire des cierges consumés et en bourre une boîte de tabac Capstan empruntée à un des prisonniers.

La semaine suivante, il réchauffe la cire à la chaleur d'un poêle quelques minutes avant la messe. Une fois dans la chapelle, il prétexte l'oubli des burettes pour retourner, seul cette fois, dans la sacristie.

Mais la cire a durci et il ne parvient pas à prendre une empreinte convenable de la clé. Il regagne l'autel et, tout le long de la messe, frotte vigoureusement la boîte de cire contre sa cuisse. Il s'éclipse à nouveau dans la sacristie et réussit à mouler dans la cire chaude la forme de la clé. De retour dans sa cellule, il découpe soigneusement deux bouts de papier aux dimensions exactes des dents du passe.

Pour faire parvenir à Dublin le modèle ainsi obtenu, sans éveiller les soupçons du censeur qui épluche le courrier des prisonniers, de Valera fait appel à un de ses compagnons de captivité, Sean Milroy.

— Sean, te souviens-tu de ce refrain populaire qui dit à peu près : « Je n'arrive pas à rentrer la clé dans la serrure, je vous jure que je n'y arrive pas. »

— Vaguement, c'est une vieille chanson, quel rapport ?

— Voilà, comme Noël approche, toi qui es doué en dessin, tu vas préparer une carte de vœux un peu spéciale pour la femme de Sean Mac Garry.

— Compris, Dev. Je vois ce que tu veux dire.

Quelques jours plus tard, Milroy exhibe fièrement son œuvre. Une caricature de Sean Mac Garry brandissant une énorme clé avec ces mots : « Noël 1917 : je ne peux pas rentrer. » Une seconde caricature plus petite montre le même Mac Garry se désespérant en face de la serrure de sa cellule, avec cette légende : « Noël 1918 : je ne peux pas sortir. »

De Valera dicte une lettre d'accompagnement pour la femme de Mac Garry. Elle commence par ces mots sibyllins :

« Les meilleurs vœux que je puisse t'adresser sont ceux que de Valera a écrit dans mon carnet d'autographes. Field traduira. »

Field est un des pseudonymes utilisés par Michael Collins.

Suivent, en gaélique, de la main d'Eamon de Valera, quelques lignes apparemment anodines. En réalité, elles donnent la solution du rébus :

« La clé du premier dessin est la reproduction exacte du passe de la prison. La serrure du second dessin montre une coupe du passe. Faire exécuter une fausse clé et nous la faire parvenir d'urgence. Préparer un plan d'évasion et nous donner le signal en envoyant une carte à Sean Mac Garry portant ces mots : " Billie s'est levée le X du mois dernier. Elle est tout à fait rétablie. " La date indiquée correspondra au jour J du mois de janvier retenu pour l'évasion. »

La lettre et la carte ne sont pas retournées par le censeur de la prison. Elles sont donc parties sans encombre pour l'Irlande. Les prisonniers attendent anxieusement un signe de leurs complices de Dublin. En vain. Les journées s'écoulent, interminables. De Valera perd patience.

— Mac Garry, ta femme a dû croire qu'on lui faisait une bonne blague. C'est bien notre veine qu'elle ne comprenne pas l'irlandais. Il faut nous y prendre autrement.

La veille de Noël, de Valera rédige une seconde lettre, adressée, cette fois, au Père Cavanagh, curé irlandais de Leeds. Une phrase en latin, camouflée en citation classique, supplie le prêtre de faire parvenir la lettre jointe au destinataire. Celle-ci, banale digression sur la vie de la prison, comporte de nombreuses allusions, transparentes pour qui connaît l'histoire d'Erin, aux évasions célèbres des nationalistes irlandais du temps passé. Sean Mac Garry ajoute un mot pour sa femme, lui demandant si elle a bien reçu sa carte de Noël.

Nouvelle attente angoissante. Toujours rien. Le 10 janvier, de Valera écrit une seconde lettre au Père Cavanagh.

Collins est enfin alerté. Une clé, préparée par Gerry, le frère de Harry Boland, est dissimulée dans un gâteau et apportée à la prison de Lincoln par Fintan Murphy. Celui-ci passe un pénible moment lorsque le gardien chef larde le gâteau de coups de couteau, sans toucher la fausse clé.

Malheureusement, celle-ci se révèle défectueuse. Une autre

clé est fabriquée, dissimulée dans un deuxième gâteau, et livrée aux prisonniers. Nouvelle désillusion, elle s'avère aussi inutile que la première. En désespoir de cause, Collins expédie aux prisonniers un troisième gâteau contenant une clé inachevée et un jeu de limes.

Le maire de Kilkenny, Peter de Loughrey, est un artisan habile. Il a tôt fait de fignoler la clé.

Le cœur battant, de Valera introduit la fausse clé dans la serrure de sa cellule et tourne avec d'infinies précautions. Il sent le mécanisme se mouvoir et accompagne doucement le pêne. Tandis que ses compagnons font le guet, il vérifie que le passe ouvre bien les grilles de la prison. Tout marche à merveille.

— Parfait, résume Dev. De notre côté, tout est en ordre. Maintenant, c'est à Collins de jouer. Nous devons attendre son signal. L'évasion aura lieu un samedi ou un dimanche entre la tombée du jour et la fermeture des cellules. Nous disposerons d'environ deux heures avant que notre disparition soit découverte. Il ne faudra pas perdre une minute. Soyons vigilants.

Les prisonniers commencent leur faction. Au fil des jours, ils donnent des signes d'impatience :

— Bon Dieu, qu'est-ce qu'ils foutent dehors ? Si on ne s'évade pas avant le 3 février au plus tard, il faudra attendre encore quinze jours à cause de la pleine lune. Et si d'ici-là les Anglais se doutent de quelque chose, ils auront vite fait de nous changer de prison.

Lundi 3 février. Mac Garry, Milroy et de Valera désespèrent, lorsque soudain, à huit heures moins vingt, un rai de lumière zèbre l'obscurité.

— C'est eux, assure Dev. Il n'y a pas de doute.

Il répond au signal convenu en craquant six allumettes. En hâte les trois prisonniers enfilent leurs chaussettes par-dessus leurs chaussures pour étouffer les bruits.

De Valera ouvre les grilles, et les referme posément, l'une après l'autre, afin d'égarer les poursuivants éventuels. Les trois hommes longent les murs à pas prudents, attentifs au moindre bruit. La chance est avec eux, aucune ronde ne vient les surprendre dans leur cheminement incertain vers la liberté. Ils arrivent à la petite porte d'enceinte. De Valera l'ouvre sans difficulté, mais il se trouve nez à nez avec une autre porte en fer. Il perçoit des chuchotements inquiets, et reconnaît Boland et Collins.

— Qu'est-ce qu'il vous arrive ?

— Dev, répond Boland, on a essayé d'ouvrir la porte mais notre clé s'est brisée dans la serrure.

— Merde, lâche de Valera, dépité.

Les conjurés n'ont pas le cœur à savourer cet écart de langage, exceptionnel dans la bouche de l'austère président du Sinn Fein. Le temps presse.

— Rien n'est perdu, nous avons amené une échelle de corde. Nous vous l'envoyons.

— Non attendez, intime de Valera. Je vais faire une dernière tentative.

Il introduit son passe dans la serrure, pousse doucement, et insiste progressivement au contact de la clé brisée. Celle-ci, par le plus grand des hasards, ne s'est pas déplacée, et choit au pied de Collins. De Valera tourne précipitamment sa clé et donne un coup d'épaule. La porte, rouillée, pivote sur ses gonds en grinçant.

Milroy, Mac Garry et de Valera se ruent à l'air libre.

Les cinq hommes ne s'attardent pas. Ils franchissent au pas de course le réseau de fil de fer barbelé à travers lequel Boland et Collins ont découpé un passage, et traversent le terrain vague qui jouxte la prison, jusqu'aux premières maisons de Wragby Road.

A cette heure, la rue est remplie de soldats en goguette qui regagnent l'hôpital militaire tout proche, en compagnie de leurs petites amies. Collins, Mac Garry et Milroy se glissent furtivement dans la rue. Dev passant beaucoup plus difficilement inaperçu, Boland jette sur ses épaules une épaisse pelisse, enfile un imperméable, et noue sur sa tête un foulard de soie.

Evitant la lumière diffuse des réverbères, les deux hommes s'en vont, bras dessus, bras dessous, Boland tortillant des hanches comme une professionnelle. Croisant des couples tendrement enlacés, Boland ne peut résister et envoie de sa voix la plus suave :

— Bonne nuit, les amoureux.

Les cinq hommes se retrouvent devant l' « Adam and Eve Inn » où les attend un taxi.

— Tu parles d'un nom prédestiné, minaude Boland avant d'ôter son foulard.

Michael Collins s'esclaffe, puis, redevenu sérieux :

— Trêve de plaisanteries, nous ne sommes pas encore tirés d'affaire. Nous nous séparons ici pour limiter les risques. Dev et vous deux, vous prenez un taxi. Il vous conduira à Newark. Fintan Murphy vous y attend avec une autre voiture qui vous déposera à Sheffield. Là, vous serez pris en charge par Liam Mac Mahon qui vous escortera en taxi jusqu'à Manchester. Si tout marche comme prévu, vous y serez à minuit. Là-bas, vous serez en sécurité.

— Bonne chance, les gars, et merci, claironne joyeusement Sean Milroy.

Boland et Collins regardent le taxi s'élancer dans la nuit, puis ils se hâtent vers la gare en relevant frileusement le col de leur manteau. Ils arrivent juste à temps pour sauter dans le train de Londres. La capitale britannique reste le meilleur refuge des Irlandais en cavale.

De Valera gagne Manchester tandis que Collins et les autres fugitifs continuent leur route sur Liverpool où Neil Kerr, l'agent local de l'I.R.B., s'arrange pour les faire embarquer clandestinement sur un cargo en partance pour Dublin.

Le 3 février à neuf heures trente, les gardiens de la prison de Lincoln découvrent la disparition des trois prisonniers. L'alarme est donnée. La police et l'armée sont mises sur le pied de guerre. Mortifié, le directeur avise le Home Office, qui lâche aussitôt les meilleurs limiers de Scotland Yard sur la piste des fugitifs. Les milieux nationalistes irlandais sont étroitement surveillés, les gares et les ports sont passés au peigne fin.

Au 10 Downing Street, Lloyd George tempête :

— C'est un désastre. Il faut rattraper de Valera à tout prix si nous ne voulons pas perdre la face et voir l'agitation renaître en Irlande. Les journaux vont nous traîner dans la boue.

De fait, l'évasion du leader nationaliste fait la une de tous les journaux anglo-irlandais. Des feux de joie et des manifestations saluent dans tout le pays l'exploit rocambolesque de l'ancien commandant des Volontaires. Dans tous les pubs de Dublin, la guinness coule à flots à la santé de Collins et Boland.

Tandis que chacun s'interroge sur la retraite probable des fugitifs, on annonce la présence de Dev partout à la fois. En quatre jours, des reporters le rencontrent simultanément en Hollande, à Paris, à Londres, à Dublin, à Grimsby, Skibbereen, à Newcastle, à Queenstown, à Gravesend, à Glasgow.

En réalité, le président du Sinn Fein est toujours à Manchester, sous la protection des membres de l'I.R.B.

Le 18 février, un mot de Collins l'avise que tout est prêt pour la traversée. Il gagne Liverpool avec Paddy O'Donoghue et s'embarque clandestinement, la nuit suivante, sur le paquebot *Cambria*. Le 20 février, à une heure du matin, il débarque sur les quais déserts de la capitale irlandaise.

Sans un regard pour les eaux somnolentes et glauques de la Liffey, il s'engouffre dans une voiture qui le conduit tout droit à Merrion Square.

Un silence de bon aloi plane sur le quartier cossu où vivent la plupart des médecins et avocats de Dublin. De Valera sourit : les « G-Men » du Château ne viendront pas l'inquiéter dans ce fief unioniste, où l'on est sûr de rencontrer plus de membres de l'Académie Royale et du club conservateur de Kildare Street que de Sinn Feiners.

Sur un signe du chauffeur, il escalade promptement quelques marches et actionne un heurtoir en cuivre à tête de Gorgone. La porte s'ouvre aussitôt. Dans la pénombre, une main étreint la sienne :

— Heureux de vous revoir, monsieur le Président. Je suis le docteur Farnan. Vous êtes ici chez vous.

Quelques heures plus tard, un journaliste américain de l'United Press est introduit, et mis en présence d'un de Valera parfaitement serein et détendu.

— Ecrivez simplement ceci, déclare-t-il d'une voix hautaine et glacée au reporter. « Le président de Valera s'est évadé de Lincoln pour travailler pour le pays et il travaille. »

Le gouvernement britannique ne sait plus à quel saint se vouer. L'agitation dans les prisons, fomentée en sous-main par Collins, bat son plein.

Traqué par toutes les polices du Royaume Uni, de Valera fait des déclarations à la presse, reçoit des visiteurs et reste introuvable.

— Il faut faire quelque chose, rugit Lloyd George.

Le Premier britannique est rarement pris de court. On l'a surnommé « le sorcier gallois » à cause de son art consommé de se tirer de tous les mauvais pas. Il se persuade que seule une amnistie pourra effacer le camouflet en laissant croire que le gouvernement était décidé à libérer les détenus irlandais de toute façon. La ficelle est un peu grosse, mais c'est tout ce que le « sorcier gallois » parvient à tirer de son chapeau d'illusionniste.

Dans la nuit du 6 mars 1919, Westminster vote une amnistie générale. En faisant évader Dev de Lincoln, Collins et Boland ont forcé la main du gouvernement anglais, arrachant du même coup la libération de tous les internés.

Mais les arrestations se poursuivent et très vite les prisons sont à nouveau pleines de nationalistes irlandais.

Parmi eux, un converti, Robert Barton. Protestant de religion, anglais de race, landlord de naissance, il a rejoint les Volontaires Irlandais, puis, sur les conseils de Redmond, il s'est engagé dans l'armée britannique.

Ecœuré par la répression du soulèvement de Pâques, il se fait démobiliser et se présente aux élections sous l'étiquette Sinn Feiner. Elu, il est peu après arrêté et incarcéré à la prison de Mountjoy.

Le 16 mars, Collins le fait évader.

Treize jours plus tard, nouveau coup d'éclat. Vingt hommes, dont Pierce Beasley, le rédacteur en chef du journal des Volontaires et Patrick Fleming, un battant, cauchemar de tous les directeurs de prison, faussent compagnie à leurs geôliers.

Le Château est sur les dents. En ville, c'est un véritable triomphe. On n'appelle plus la prison de Mountjoy que « Mountjoy la passoire ».

## VIII

## *REBUFFADES DIPLOMATIQUES*

En prison, de Valera a pris la décision de gagner les U.S.A. Cette idée n'est pas du goût de Collins, mais avec son obstination coutumière de Valera n'a de cesse qu'il n'ait réuni les chefs du mouvement nationaliste pour leur présenter ses arguments.

Assemblés autour d'un feu de tourbe dans l'élégante demeure du docteur Farnan, Collins, Brugha et Griffith se voient infliger par de Valera un de ces monologues sans réplique dont le président du Sinn Fein possède le secret.

— Regardons les choses en face. En Irlande, je suis obligé de me cacher, mes discours sont censurés, je risque d'être arrêté à tout moment. Mon influence est presque nulle. Aux Etats-Unis, en revanche, je suis en mesure de réunir des fonds considérables pour la cause et, ce qui est plus important encore, je puis mobiliser en notre faveur la communauté de souche irlandaise et par contagion, l'opinion américaine tout entière.

— C'est vrai, opine Arthur Griffith.

— N'oubliez pas que les élections présidentielles américaines sont proches. Que je parvienne à enflammer les quelque vingt millions de citoyens américains d'origine irlandaise et le Parti démocrate est contraint d'inscrire à son programme l'autodétermination de l'Irlande, ce qui veut dire, en d'autres termes, que le président Wilson devra, pour être réélu, se faire notre avocat à la Conférence de la Paix qui se tient en ce moment à Versailles.

Or, c'est l'Amérique qui dictera ses conditions lors de la discussion des clauses finales du traité.

Michael Collins se tourne et se retourne dans son fauteuil, insensible aux perspectives séduisantes ouvertes par le discours de l'ancien professeur de mathématiques.

— Dev, tout cela c'est bien beau. Mais as-tu songé à ce qu'ils vont dire dans les campagnes ? Ils ne comprendront pas. Ils t'accuseront d'avoir déserté, de t'être mis à l'abri, d'avoir abandonné ton peuple à l'heure du danger.

— De quel danger parles-tu ? Le monde vient de sortir d'une guerre épouvantable. Toutes les nations sont épuisées, exsangues. Les grands problèmes vont se régler autour du tapis vert. Et dans cette joute diplomatique, les vainqueurs seront, en définitive, ceux qui ont l'oreille de l'opinion publique internationale. C'est pour cela que mon voyage aux Etats-Unis est indispensable.

— Je ne crois pas que l'Angleterre soit fatiguée de la guerre, grommelle Collins. Elle est victorieuse, et le succès des armes incline à l'intransigeance, pas à la modération. Ouvrez n'importe quel journal anglais. La guerre est terminée, mais les troupes britanniques se battent toujours en Russie, au Soudan, en Irak. Ne nous berçons pas d'illusions. Le gouvernement impérialiste ne nous donnera pas l'indépendance sur un plateau d'argent. Il nous faudra la conquérir de haute lutte et traverser, pour cela, une vallée de larmes. Un général n'abandonne pas ses troupes au moment du combat. Dev, ta place est en Irlande, pas aux Etats-Unis.

Cathal Brugha acquiesce brutalement :

— Collins a raison, Dev. C'est en Irlande que tout va se décider. Si nous sommes unis, nous pouvons l'emporter. Mais tu es le seul à avoir l'autorité morale suffisante pour assurer la cohésion du mouvement.

De Valera secoue la tête et balaye d'un geste excédé tous les arguments de ses lieutenants.

— A supposer que vous ayez raison, il n'en demeure pas moins que ma contribution à la victoire finale sera plus importante si je parcours les Etats-Unis du nord au sud et de l'est à l'ouest, que si je reste ici. N'oubliez pas ceci : l'Angleterre a élevé entre nous et le reste du monde un formidable mur de silence. La propagande britannique à Washington a encore gagné du terrain dans la dernière année de la guerre. Il faut à tout prix abattre ce mur et rendre public à la face du monde l'acte d'accusation de notre malheureux pays.

De Valera prend tout à coup un visage inspiré :

— Et n'ayez aucune crainte, le peuple d'Irlande saura comprendre mes motifs. Entre lui et moi, il ne saurait exister de malentendus. Pour savoir ce qu'il pense, je n'ai qu'à regarder au fond de moi.

La décision est entérinée à contrecœur par les chefs du Sinn Fein et de l'Armée Républicaine. De Valera partira en Amérique dès qu'un embryon de pouvoir civil aura été établi pour prendre en main les destinées du pays.

Le Dail Eireann se réunit en session privée, le 1er avril 1919. Cinquante-deux députés, la plupart récemment libérés de prison, prennent place dans les travées de la grande salle des délibérations du Mansion House.

Eamon de Valera, élu président à l'unanimité, forme un gouvernement de huit membres. Arthur Griffith reçoit le portefeuille de l'Intérieur, Brugha celui de la Défense, Mick Collins celui des Finances...

En l'état actuel des choses, ces nominations sont surtout symboliques.

— Maintenant, ironise Collins, nous serons à coup sûr pendus pour haute trahison, alors que, simples députés, nous avions encore une faible chance de sauver notre peau.

De fait, les autorités ne restent pas inactives. En sortant de l'Hôtel Vaughan en compagnie de Pierce Beasley, et une autre fois au Mansion House, Collins manque de peu se faire arrêter par les détectives de la « Political Branch ».

Il décide de contre-attaquer sans perdre une minute.

Comme chaque semaine, Collins fait le point de la situation avec Ned Broy et James Mac Namara, les détectives de la « Division G » qui le renseignent sur les mouvements de la police secrète. Ils se retrouvent dans une maison discrète de Haddon Road, à Clontarf, un des faubourgs de Dublin. Leur hôte, Tommy Gay, est un petit homme à l'allure inoffensive, affligé d'une bronchite chronique. Il est le type même de l'intellectuel absorbé dans ses travaux d'érudition. Mais la Bibliothèque municipale de Capel Street dont il est le responsable attitré sert de boîte aux lettres à Michael Collins. Les messages confidentiels sont glissés entre les pages de Shakespeare, de Yeats et de Milton. Et la maison du bibliothécaire à Clontarf est le siège de rendez-vous fort peu littéraires.

— Ned, j'ai besoin de connaître toutes les informations que la « Division G » a accumulées sur les principaux responsables du mouvement. Est-ce que tu peux m'introduire clandestinement dans les locaux de la police ?

Le détective, un petit homme voûté au regard perçant, grimace un sourire contraint.

— Rien que ça. Tu me demandes de t'attirer dans la gueule du loup. As-tu seulement réfléchi à ce qui se passera si tu te fais pincer, et moi avec ?

— C'est un risque à courir. Alors c'est pour quand ?

— Comme tu voudras, mais c'est de la folie. Passe demain, vers minuit. Je suis de garde. J'essaierai d'arranger ça.

La police politique est logée dans une aile du bâtiment de Brunswick Street qui abrite le Quartier Général de la police. On y pénètre par une petite porte faiblement éclairée par la lueur d'un réverbère. Embusqués derrière le mur d'angle d'une maison voisine, Mick Collins et Sean Nunan surveillent les abords de l'immeuble. Un policeman déambule lentement. Sa silhouette traverse à intervalles réguliers le cercle de lumière et se perd dans la nuit.

Peu après minuit, Collins donne le signal.

— Ça y est, il a tourné à gauche. On y va.

Les deux hommes rasent les murs en courant. Ils quittent la zone d'ombre après s'être assurés qu'il n'y a personne dans la rue. Collins frappe deux coups brefs à la porte qui s'entrouvre aussitôt. Ils s'enfoncent dans le corridor.

A ce moment précis un soldat ivre débouche du coin de la rue. Il chante d'une voix éraillée et jette une pierre dans une des fenêtres du rez-de-chaussée. Broy, Collins et Nunan, plaqués contre le mur, retiennent leur souffle. Attiré par le tapage, le policeman fait circuler l'ivrogne. Le silence se rétablit aussitôt. Ned Broy chuchote à Collins :

— Les autres détectives dorment au premier étage. J'ai fermé la porte du dortoir à clé de l'extérieur, mais il va falloir passer devant. Faites attention à ne pas faire de bruit.

Les trois hommes commencent à monter sur la pointe des pieds. Arrivé au premier palier, Ned Broy tend l'oreille, puis il fait signe aux autres de continuer. Au dernier étage, il ouvre une porte avec un passe et s'efface devant Collins.

— Voilà, c'est ici. Ce n'est pas la peine de t'éterniser.

Tandis que Ned Broy et Sean Nunan montent la garde à l'étage, Mick Collins compulse tranquillement les dossiers confidentiels de la police secrète. Il goûte pleinement l'ironie de la situation. Aucun chef rebelle avant lui n'a eu l'audace de se glisser ainsi au cœur du dispositif ennemi afin de lire, pour ainsi dire à livre ouvert, dans les pensées du gouvernement britannique. Voici donc ces fameux rapports de la Royal Irish Constabulary et de la tristement célèbre « Division G » de la police métropolitaine de Dublin, où sont fichés tous les nationalistes, recensées toutes les organisations irlandaises, dénoncés tous les préparatifs séditieux. Le secrétaire en chef, Augustine Birrell, avait décidément raison de dire que la R.I.C. et la « Secrète » tenaient l'Irlande sous le microscope. Mais, une fois n'étant pas coutume, c'est le cerveau du complot révolutionnaire qui se penche, cette nuit, sur l'appareil, et démonte dans ses moindres rouages le mécanisme d'espionnage séculaire du Château de Dublin, et cela pour le mieux détruire.

Sensation enivrante et brutale qui dissout l'angoisse dans la certitude de la victoire finale.

Mick Collins parcourt son propre dossier, un sourire au coin des lèvres. Quelques feuilles dactylographiées, pas de photos, presque rien. Il déchiffre attentivement sa fiche signalétique.

« Rasé de près, silhouette juvénile, habillé avec soin, yeux brun foncé, nez droit, le teint frais, visage ovale. Caractère dynamique. Taille cinq pieds onze inches; environ trente ans; cheveux sombres; porte habituellement un chapeau mou et un pardessus fauve. »

Cette description vague et imprécise, c'est bien lui, mais ce peut être aussi le signalement d'une bonne centaine d'hommes, rien qu'à Dublin seulement. Et la police a des notions tout aussi approximatives sur son rôle exact dans le mouvement nationaliste.

Mick Collins respire, il sait désormais qu'il a les coudées franches.

En trois heures de temps, il passe en revue, enregistre et note sur son carnet la plupart des informations sur lesquelles repose l'action du gouvernement anglais et du Château de Dublin. Il connaît maintenant le nom des nationalistes menacés, et celui des hommes qui ne sont pas encore connus des services secrets britanniques. Surtout il n'ignore plus rien de l'identité des meilleurs limiers de la « Division G ». Il sait qui sont les ennemis les plus redoutables de la cause nationale.

Son parti est pris. C'est à la tête qu'il faut frapper. Il fait part de ses réflexions à quelques proches.

— Jusqu'ici, les rebelles irlandais ont porté tous leurs efforts contre l'armée anglaise et la gendarmerie royale. C'est une erreur. L'Angleterre peut à tout moment envoyer de nouvelles troupes et remplacer chaque soldat tombé par un nouveau soldat. Mais il y a des hommes qu'on ne remplace pas aussi facilement, et ce sont ces hommes-là que nous devons éliminer.

Suivant le fil de ses pensées, il arpente la chambre de l'Hôtel Vaughan, à grandes enjambées souples et nerveuses.

— Tout le fonctionnement de la machine britannique repose sur eux, sur leur connaissance du pays et sur les renseignements accumulés par leurs soins. Sans leur précieux concours, le gouvernement est frappé de cécité. Or, on ne remplace pas un espion comme on remplace un soldat. Et quand bien même on tente de le faire, il est impossible de transmettre au nouveau venu le capital d'expérience et de connaissances de celui qui a disparu.

Mick Collins s'arrête, une ride transversale barre son front, sa voix devient tout à coup sèche, presque métallique :

— Ces hommes-là, ce sont des Irlandais comme nous, des pauvres types dévoyés que les Anglais paient pour faire leur sale boulot. Quoi qu'il nous en coûte, ils doivent être éliminés sans pitié. Ce n'est qu'alors que notre guérilla, choisissant en toute impunité son heure et son terrain, pourra désorganiser l'énorme potentiel de guerre ennemi.

Assis sur le bord du lit, Pierce Beasley s'agite, mal à l'aise.

— Mick, ce n'est pas la guerre, ça. Tu vas demander à nos gars de se transformer en tueurs alors qu'ils rêvent de se battre contre les troupes anglaises qui occupent notre pays.

Collins lui coupe la parole brutalement.

— Pas en tueurs, en soldats. Et un soldat obéit aux ordres. Nul homme ne devra être abattu sans mon ordre exprès ou celui d'un ministre du Dail. Quant à combattre les soldats anglais, l'heure viendra, sois sans crainte. Mais les Volontaires doivent réaliser que nous ne sommes plus en 1916. Finis les insurrections en uniforme, les camps retranchés surmontés du drapeau tricolore, fini le romantisme tragique et dérisoire des causes perdues d'avance. Nous nous battons pour gagner, tu comprends... pour gagner, pas pour ajouter une dizaine de vers pleurnichards dans les manuels de littérature et quelques noms de plus dans la liste interminable des martyrs de la vieille Irlande.

Quelques jours plus tard, les « G-Men » de la Dublin Metropolitan Police reçoivent un avertissement solennel. Entre les services secrets britanniques et les hommes de Collins, une guerre silencieuse et impitoyable est déclarée.

Bien que la situation se dégrade de mois en mois, les représentants élus du Sinn Fein caressent toujours l'espoir de voir la question d'Irlande évoquée au Congrès de la Paix. Sean T. O'Kelly, nommé par le Dail Eireann « ambassadeur d'Irlande » à Paris, rallie son poste et déclenche une vigoureuse campagne de propagande en faveur de l'autodétermination irlandaise. Il demande audience à Clemenceau mais « le Tigre » refuse de le recevoir.

Sean T. O'Kelly télégraphie à Dublin.

— Ne rien attendre des Français. Clemenceau uniquement préoccupé de faire payer l'Allemagne. A besoin pour cela de Lloyd George. Notre seule chance : les Etats-Unis.

Le président Wilson a entraîné son pays dans la guerre au cri de « Autodétermination pour les petites nations ». Les chefs d'Etat européens ont acquiescé du bout des lèvres, sachant très bien que les « buts de guerre » sont comme les promesses électorales : un rideau de fumée qui se dissipe sitôt la victoire acquise. Lorsque Wilson voit se presser dans son antichambre les représentants de peuples dont il ne soupçonnait même pas l'existence, il n'a plus qu'un seul souci : refermer au plus vite cette boîte de Pandore dont il a si imprudemment soulevé le couvercle.

Au reste, les Irlandais tombent mal. Wilson, qui est d'ascendance ulstérienne et protestante, ne les aime pas. Et son grand projet de Société des Nations lui fait obligation de ménager l'Angleterre.

En route pour Versailles, le président américain s'arrête quelques jours à Londres. Une délégation du Dail Eireann fait le siège de sa résidence. Elle est constamment éconduite. Michael Collins, qui en fait partie, s'impatiente. Ses compagnons s'efforcent de le convaincre, mais en vain :

— Rien n'est perdu. Wilson doit tenir compte de l'opinion américaine, il ne pourra pas escamoter longtemps la revendication de nos partisans d'outre-Atlantique. La Convention de la Race Irlandaise qui s'est tenue récemment à Philadelphie a réuni cinq mille participants représentant la quasi-totalité de la communauté américano-irlandaise des Etats-Unis. Elle s'est engagée à réunir un million de dollars en moins de six mois. Le 4 mars dernier, la Chambre des Représentants a voté par deux cent soixante et une voix contre quarante et une une résolution invitant le Congrès de Versailles à considérer favorablement l'aspiration de l'Irlande à l'autodétermination. Le défilé de la St. Patrick à New York a eu, cette année, un retentissement considérable. Et une délégation de la puissante société des « Amis de la Liberté Irlandaise » doit arriver prochainement à Dublin pour se rendre compte de la situation. Elle doit saisir le président Wilson et la Conférence de la Paix de ses conclusions.

Collins affiche un scepticisme croissant.

— Ouais, eh bien, si vous voulez mon opinion, John Bull ne lâchera pas sa proie, même pour faire plaisir aux cousins d'Amérique. Tout ce remue-ménage flatte nos politiciens, mais il n'en sortira rien de bon. Et pendant ce temps-là les hommes s'énervent...

La délégation des « Amis de la Liberté Irlandaise » arrive à Dublin le 3 mai. Elle est reçue en grande pompe par le lord-maire et Eamon de Valera, agissant en qualité de président du Dail Eireann.

Elle parcourt tout le pays, accueillie dans chaque ville et chaque village par des manifestants nombreux et enthousiastes. Une seule fausse note : Belfast, où le lord-maire refuse de se déranger.

Le 9 mai, le Dail Eireann tient une réunion publique en l'honneur des trois délégués américains.

Eamon de Valera, Arthur Griffith et Michael Collins se succèdent à la tribune pour dénoncer la mauvaise administration et les méthodes arbitraires du gouvernement anglais en Irlande.

Les forces de l'ordre se gardent bien d'interrompre la séance. Mais les délégués américains et les principaux orateurs n'ont pas plus tôt quitté le Mansion House qu'elles bouclent le quartier et investissent la place.

Policiers et soldats passent le bâtiment au peigne fin.

— Où est Collins, nous savons qu'il est ici, avec deux hommes recherchés pour complots et activités séditieuses ?

Mais le Big Fellow semble s'être volatilisé avec ses compagnons.

Dans les rues avoisinantes, les passants sont fouillés et interrogés sans ménagement. La nuit tombe peu à peu sur la ville. La lueur des réverbères et le pinceau des phares des camions militaires balayant Dawson Street font étinceler les casques et les canons des fusils braqués.

Les militaires contrôlent tous les invités de la réception donnée par le lord-maire en l'honneur des délégués américains. Malgré leurs protestations énergiques, ceux-ci sont minutieusement fouillés.

Aucune trace des fugitifs.

Les soldats, bredouilles, remontent dans leurs camions peu après le début de la réception. Collins et ses compagnons qui avaient trouvé refuge dans un immeuble voisin réintègrent le Mansion House, remettent un peu d'ordre dans leur tenue et se faufilent parmi les invités.

Mick Collins paraît le dernier, en grand uniforme d'adjudant général des Volontaires. Un murmure de stupéfaction salue son entrée. Celui que toute l'Armée et la police recherchent, plastronne dans les salons du Mansion House, aussi décontracté qu'un field-marshal britannique à Buckingham Palace. Cette insolence traduit chez lui un besoin permanent d'être fêté, admiré, aimé. Tentative dérisoire pour briser le carcan de solitude qu'il sent se refermer autour de lui.

Wilson reste sourd aux appels des organisations américano-irlandaises. De toute évidence, il veut ménager l'Angleterre. Le Traité de Paix est signé sans que l'Irlande ait eu la moindre chance de faire valoir ses droits à Versailles.

Harry Boland et de Valera s'embarquent aussitôt pour New York. Leur but : mobiliser l'opinion américaine et faire comprendre au président récalcitrant qu'en parlant d'autodétermination, il a signé une traite sur l'histoire qu'il n'est que temps d'honorer.

## IX

## *EXÉCUTIONS SOMMAIRES*

Michael Collins est le véritable chef de l'I.R.A. Officiellement, il cumule les postes d'adjudant général, de directeur de l'Organisation et, depuis peu, de directeur du Renseignement. Sitôt nommé à ces dernières fonctions, il s'entoure d'hommes décidés, triés sur le volet.

Liam Tobin devient son bras droit. Long, maigre, le regard empreint de cynisme, comme s'il avait vu le fond de l'enfer, il semble la nonchalance même. Apparence trompeuse : après Michael Collins, le Château n'a pas d'ennemi plus redoutable. Engagé à vingt ans dans l'insurrection de Pâques, puis condamné à dix ans de servitude pénale qu'il commence de purger aux pénitenciers de Portland et de Lewes, Tobin fait la connaissance de Collins à la National Aid Association. Promu officier de Renseignements de la Brigade de Dublin, il n'a pas son pareil pour éventer les manœuvres du Château, démasquer les agents doubles. flairer les pièges tendus aux dirigeants nationalistes. Ce sont ces qualités qui séduisent Collins. Il l'enlève à la Brigade de Dublin et en fait son adjoint le plus immédiat.

L'humeur nonchalante de Tobin contraste avec la fougue juvénile de Tom Cullen. Bâti en athlète, souriant, toujours amène et bienveillant, le deuxième adjoint de Collins désarme par sa joie de vivre et son allant. Perpétuellement sur la brèche, il conserve la haute main sur l'Intendance, tout en assurant avec Tobin la direction du Service de Renseignements bâti par Collins.

D'autres hommes rejoignent ce noyau : Frank Thornton, Charlie Dalton, Paddy Caldwell, Joe Guilfoyle, Frank Saurin, Joe Dolan...

Ces hommes, dévoués corps et âme à leur chef, sont le cerveau de l'organisation révolutionnaire. A ce cerveau, il faut un bras pour frapper l'ennemi et exécuter les sentences de mort prononcées contre les informateurs, les espions et les « G-Men » du Château. A partir de juillet 1919, des Volontaires, parmi les plus combatifs de la Brigade de Dublin, sont sélectionnés et attachés en permanence au S.R. de Collins. Au total une douzaine d'hommes inflexibles, acceptant sans sourciller de donner et de recevoir la mort, moyennant un salaire équivalent à celui qu'ils percevaient dans leur dernier emploi. « The Squad », tel est le nom officiel de ces serviteurs aveugles d'une justice obscure et implacable. Mais, à Dublin, on ne les appelle bientôt plus que « les Douze Apôtres », sobriquet qui en dit long sur le dévouement sans bornes de ces hommes à la personne du « Big Fellow ».

« *If you value your life, resign* », si vous attachez du prix à votre existence, démissionnez, disait l'avertissement expédié à tous les « G-Men » du Château.

La menace est bientôt suivie d'effets.

Le sergent Smith, un détective de la « Division G » comptant parmi les plus redoutables adversaires du mouvement nationaliste, est abattu à bout portant, à quelques pas de son domicile, le 30 juillet 1919. Un mois et demi plus tard, Daniel Hoey, un autre fin limier acharné à la perte des activistes du Sinn Fein, est exécuté par le « Squad » de Collins, à la porte du Q.G. de la police de Brunswick Street.

Un vent de panique souffle dans la « Division G ». Les détectives tempèrent leur zèle et relâchent leur surveillance. Ils savent maintenant ce qu'il en coûte d'être trop curieux et de traquer d'un peu près le jeune ministre des Finances du Dail Eireann. Répit momentané, car si Michael Collins évolue un peu plus librement dans les rues de la ville complice, il reste un homme traqué, d'autant plus menacé que le Château a fini par réaliser qu'il est « l'ennemi public n° 1 », le chef d'orchestre clandestin du complot révolutionnaire ourdi contre la présence britannique en Irlande.

Mais il s'en moque, il ne se cache pas, il ne se grime pas, il se déplace sans armes et sans escorte, révolutionnaire en veston et col dur, perché sur sa vieille bicyclette Raleigh, le feutre vissé sur les yeux et le sourire aux lèvres. Le naturel est son meilleur camouflage. Qui songerait, en effet, à inquiéter ce jeune homme soigné et aimable, aux allures de clerc de notaire ou d'employé de banque. La certitude insolente qu'il est en sécurité dès lors qu'il reste lui-même, et ce goût de la mystification dont il ne se départira jamais, le poussent à courir au-devant du danger, sans égards pour les risques auxquels il expose le mouvement.

Le gouvernement désigné par le Dail Eireann s'est fixé comme objectif de supplanter par degré le gouvernement britannique en Irlande, conformément à la doctrine de « self-reliance » du Sinn Fein. Il s'en est donné les moyens en émettant un emprunt visant à réunir deux cent cinquante mille livres sterling en Irlande même, et un million deux cent cinquante mille dollars aux Etats-Unis, somme rapidement portée à cinq millions de dollars à l'instigation de Dev.

En sa qualité de ministre des Finances du cabinet révolutionnaire, Michael Collins est la cheville ouvrière de cette opération financière ambitieuse. L'avenir du mouvement nationaliste tout entier dépend du succès ou de l'échec de cette vaste souscription nationale et internationale.

Collins se met au travail avec le même acharnement, la même conscience opiniâtre, le même souci du détail, qui lui ont permis de se hisser à la présidence de l'I.R.B. et aux postes de commandement effectifs de l'Armée Républicaine Irlandaise.

Dans son bureau du 6 Harcourt Street, il encaisse les fonds, signe les reçus vert, or et noir qui tiennent lieu de certificats, annote les registres de souscripteurs, harcèle les militants du Sinn Fein chargés de placer les bons dans le public, supervise l'impression des prospectus d'émission et des affiches de propagande. Il travaille jour et nuit, avale un sandwich en guise de repas, s'autorise à peine quelques minutes de repos ou de distraction. Simplement exigeant pour les autres, il est implacable pour lui-même. A Griffith qui a douté de la réussite de l'emprunt en Irlande, Collins a affirmé, laconiquement :

— Je réunirai ces deux cent cinquante mille livres sterling, dussé-je en collecter moi-même chaque penny dans toutes les rues de tous les villages d'Irlande.

La tâche n'est pas facile. Le Château sait bien que sans argent le gouvernement républicain se dégonflera comme une baudruche. Les journaux se voient interdire de publier les avis de souscription de l'emprunt rebelle. Les exemplaires qui passent outre sont saisis et envoyés au pilon, certains journaux voient même leurs presses démantelées, leur matériel d'imprimerie confisqué. Le *Cork Examiner,* principal quotidien du sud de l'île est interdit. Il sera autorisé à reparaître quelques semaines plus tard, mais, à Dublin, plusieurs hebdomadaires nationalistes ou travaillistes comme *Nationality, The Republic, The Voice of Labour,* sont définitivement supprimés.

Heureusement, Collins n'est jamais à court d'idées. Il fait tourner un film de propagande en faveur de l'emprunt, donnant toutes ses caractéristiques et expliquant la façon de souscrire. Des escouades de Volontaires font irruption, armes au poing, dans les salles de cinéma et obligent les propriétaires à projeter le film sur leurs écrans. Le temps que la police intervienne, les Volontaires ont disparu avec les bobines séditieuses.

Le ministre des Finances du Dail Eireann ne se contente pas de superviser le déroulement de la souscription. Il paie de sa personne, se mêle à la foule, préside des meetings à Dublin et en province. Il n'est pas rare de le rencontrer, au détour d'une rue, assis derrière une table de bois blanc, la mèche en bataille, encaissant les billets froissés et signant les reçus en gaélique.

Il ne laisse à personne le soin d'inaugurer l'emprunt à Dunmanway, dans son West Cork natal. Il s'en faut d'un cheveu qu'il ne soit capturé à cette occasion. Un informateur avait avisé le Château que Collins voyagerait seul et descendrait en gare de Clonakilty. Au jour et à l'heure dits, la petite gare est cernée par la troupe. Mais la providence veille : épuisé par tant de nuits blanches, Mick Collins a sombré depuis Cork dans un sommeil lourd et sans rêves. Il rate Clonakilty et n'émerge qu'à la gare suivante où il trouve une escorte de Volontaires.

Pour mener à bien la souscription, il a nommé des responsables provinciaux, qui ont à leur tour désigné des délégués locaux.

Aux uns et aux autres, il a recommandé avec insistance :

— Travaillez surtout les campagnes. Ne ménagez pas votre peine. Je connais les paysans. Ils sont méfiants, besogneux, près de leurs sous. S'ils donnent leur argent, le reste suivra inévitablement. Le reste, c'est-à-dire l'appui moral, l'abri et la nourriture pour les hommes, et le silence sans lequel un mouvement révolutionnaire dépérit et s'éteint.

Et l'argent afflue bientôt, de tous les coins du pays, et de tous les coins du monde où le sang irlandais crie vengeance pour les siècles d'oppression, de mépris et d'exil. Il en vient d'Europe, de Chine, des Indes, d'Afrique du Sud, d'Australie. Mille petits ruisseaux qui font une grande rivière, impétueuse et violente.

Entre août 1919 et juillet 1920 il ne réunira pas moins de trois cent soixante-dix-huit mille huit cent cinquante-huit livres sterling [1]. Un véritable exploit politico-financier. Ce n'est pas tout de collecter cet argent, il faut le cacher. Des sommes importantes sont virées aux comptes de paisibles bourgeois au-dessus de tout soupçon. D'autres sont enfouies dans les nombreuses caches aménagées à cet effet dans la capitale irlandaise. Vingt-cinq mille livres sterling, converties en lingots d'or, sont enfermées dans des boîtes et enterrées dans les sous-sols de la maison de Batt O'Connor à Donnybrook et dans le cellier du pub Kirwan, dans Parnell Street.

Pendant ce temps, la guérilla fait tache d'huile dans les campagnes. Au mois d'août, un grand nombre de cantonnements de la Gendarmerie Royale Irlandaise sont attaqués et pris d'assaut par l'I.R.A. Le 8, une véritable bataille rangée oppose, plus d'une heure durant, Volontaires et policiers. Les incidents se multiplient dans le comté de Clare et dans celui de Cork. Là l'I.R.A. est bien commandée et bien armée. Le 7 septembre, Liam Lynch, commandant de la Deuxième Brigade de l'I.R.A. de Cork, attaque une colonne militaire à Fermoy. Un soldat est tué. Le lendemain, deux cents soldats, ivres de colère, vengent leur compagnon en ravageant la petite ville de Fermoy, et en semant la terreur parmi ses habitants.

C'est un avant-goût de ce qui attend l'Irlande. Bien des villages brûleront, bien des innocents seront tués avant que soient atteintes les rives de la Terre promise.

Le Château et le gouvernement britannique, surpris d'abord par la tournure imprévue des événements et par l'instauration de

1. Aux U.S.A., trois cent neuf mille personnes souscriront aux deux emprunts successifs du Dail Eireann, qui rapporteront au mouvement nationaliste la somme, considérable pour l'époque, de cinq millions huit cent mille dollars.

ce qu'ils tiennent pour une caricature de gouvernement, décident de réagir contre les prétentions intolérables de l'Assemblée nationaliste. Au début du mois de septembre 1919, le Sinn Fein, les Volontaires, le Cumann Na mBan et le Dail Eireann, qualifiés d'organisations séditieuses, sont dissous par les autorités.

Entre le gouvernement officiel issu de la conquête et le gouvernement national issu des urnes, c'est une guerre implacable qui commence. Le mouvement nationaliste proscrit bascule dans la clandestinité. Chaque camp tombe sous la coupe des violents, le Château sous celle des champions de la répression, le Dail Eireann sous celle des partisans de la guérilla.

Le 12 septembre, l'armée et la police cernent le 6 Harcourt Street. Michael Collins travaille dans un bureau des étages supérieurs. Ameuté par le vacarme des camions et des automitrailleuses, et par le piétinement des soldats dans l'escalier, il se précipite à une fenêtre donnant sur l'arrière de l'immeuble. Mais l'issue est bouchée, aucune gouttière salvatrice n'est à portée de la main, et les soldats ont déjà contourné le bâtiment.

Mick Collins rentre précipitamment dans son bureau, se débarrasse de son revolver et saisit une liasse de documents compromettants. Au même moment, la porte s'ouvre violemment. Un inspecteur de la « Division G », Webley au poing, ordonne sèchement :

— Remettez-moi immédiatement ces papiers.

Risquant son va-tout, le jeune homme marche droit sur le détective, qu'il apostrophe d'un ton cinglant.

— Il n'y a rien là qui vous intéresse, Inspecteur. Mais vous devriez avoir honte d'accomplir une si ignoble tâche, espionner vos propres compatriotes...

Le policier baisse son arme et s'efface, interloqué.

Collins ne lui laisse pas le temps de se raviser. Il bondit sur le palier, escalade quatre à quatre les escaliers, pénètre en trombe chez le concierge qui habite au dernier étage, et se hisse sur le toit par une trappe minuscule. De là, il gagne le toit de l'Hôtel Ivanhoe tout proche et s'embusque derrière une cheminée pour reprendre son souffle et surveiller la scène. Une heure se passe. Puis, soldats et policiers quittent l'immeuble et remontent dans les camions, emmenant avec eux Padraig O'Keeffe, secrétaire intérimaire du Sinn Fein, et Ernest Blythe, député au Dail Eireann.

Ses compagnons adjurent Collins de ne pas s'exposer inutilement.

— Pense aux hommes, Mick. C'est à cause de toi qu'ils sont devenus ce qu'ils sont. Tu as pris des paysans, des ouvriers, des boutiquiers, des employés, et tu en as fait des soldats, fiers de leur courage et de leur discipline. Tu n'as pas le droit de t'exposer. Si tu es capturé ou tué, ils douteront d'eux, ils perdront pied.

— O'Donovan, mon vieux, tu parles comme un intellectuel de Trinity College, ironise Collins.

— Non, Mick, et tu le sais mieux que personne. Tu t'es imposé comme leur chef et ils t'ont reconnu comme tel. Peut-être parce que tu crois en toi et parfois aussi en eux, et, bien que tu n'aimes pas en parler, en la vieille Irlande aussi. Pour toi, ils iront jusqu'en enfer.

— C'est justement là où je veux les mener, dit Collins, l'air rêveur. Trêve de discours, trouve-moi Batt O'Connor. Il va m'arranger cela.

Dans un coin du bar de l'Hôtel Vaughan, Collins met son compagnon à contribution.

— Mon vieux Batt, j'ai besoin de toi. Jusqu'ici j'étais recherché, mais je pouvais travailler sans trop de soucis. Maintenant tout le cabinet républicain est dans la nature. Les meetings de souscription sont dispersés à la matraque. Nos gars sont arrêtés et les flics font main basse sur tous les fonds dont ils peuvent se saisir. Il me faut un lieu sûr pour coordonner le mouvement et assurer le succès de l'emprunt.

Batt O'Connor se met en chasse. Après avoir visité de nombreuses maisons, il jette son dévolu sur le 76 Harcourt Street, qu'il s'emploie aussitôt à truffer de fausses cloisons, d'abris secrets, de caches aménagées dans la maçonnerie, les parquets et les plafonds.

Il prévoit également un système d'alarme. Une sonnerie relie directement la loge du concierge, au dernier étage, au bureau de Mick Collins. Une échelle mobile est dressée près de la trappe du toit qui est elle-même munie de deux solides verrous extérieurs. En cas de raid, Collins n'aura qu'à tirer l'échelle, verrouiller la trappe, et rejoindre tranquillement le toit de l'Hôtel Standard, dont le gardien, sympathisant, a promis de laisser la trappe d'accès aux étages ouverte en permanence.

Collins se partage entre les bureaux du 76 Harcourt Street, et ceux des 21 et 22 Henry Street, du 29 Mary Street, et du 3 St. Andrew Street. A chacune de ces adresses, des caches sont aménagées pour dissimuler en un clin d'œil les archives secrètes de l'emprunt national.

Mais la police et l'armée connaissent la première de ces adresses. Un matin, ils investissent le 76 Harcourt Street sans crier gare. Les secrétaires n'ont que le temps d'empiler précipitamment les reçus, livres de compte et listes de souscripteurs dans les fausses cloisons aménagées dans les murs de la maison. Alerté par la sonnerie qui relie la loge du concierge à son bureau, Collins bourre une mallette de documents et bondit jusqu'au dernier étage. En un clin d'œil, il se retrouve sur le toit. Après avoir retiré l'échelle et verrouillé la trappe, il s'assure que personne ne l'a vu et s'élance, courbé en deux, jusqu'au toit de l'Hôtel Standard. Batt O'Connor a bien fait les choses, la lucarne n'est pas fermée. Mais Collins s'aperçoit avec stupeur qu'elle s'ouvre sur une cage d'escalier dont l'extrémité se perd dans l'obscurité. Le portier de l'hôtel a simplement oublié de laisser une échelle. Pourtant il n'y a pas d'autre issue et le temps presse : les soldats ont enfoncé la trappe du 76 Harcourt Street, une silhouette en uniforme kaki se profile déjà sur le toit.

Collins sent son cœur battre à tout rompre. Il jette sa mallette dans l'escalier et se glisse dans le trou béant. Suspendu au rebord de la lucarne, il se balance dans le vide et rassemble ses forces. D'un puissant coup de reins il s'élance par-dessus la rampe de l'escalier. Mais il se blesse en touchant les marches. Grimaçant de douleur, il récupère sa mallette et sort posément de l'hôtel.

Les « Douze Apôtres », prévenus aussitôt, ont pris position autour de la maison pour libérer leur chef. Collins leur fait signe de déguerpir et s'engouffre dans un tramway.

Les hommes arrêtés lors du raid sur le 76 Harcourt Street sont condamnés à deux mois de prison. Mais les forces de l'ordre ne cachent pas leur désappointement : aucun papier important n'a été saisi, et Collins est encore passé à travers les mailles du filet.

Le Château le talonne cependant sans répit. Une descente de police à la pension de miss Mac Carthy, 44 Mountjoy Street, l'oblige à changer, une fois de plus, de domicile. Les détectives semblent trop bien renseignés pour que ce soit purement l'effet du hasard. Collins commence à soupçonner la présence d'un traître dans les rangs du mouvement. Il se tient sur ses gardes.

Au début de l'année, il est venu en aide à un certain Quinlisk, ancien caporal de l'Armée britannique passé Volontaire dans l'éphémère « Brigade Irlandaise » recrutée par sir Roger Casement dans les camps de prisonniers allemands. Bien bâti, le visage pâle, intelligent et cultivé, Quinlisk n'a qu'un seul défaut, il est incroyablement vaniteux. Il persuade Collins que sa connaissance de l'allemand et son expérience militaire peuvent être utiles au mouvement. L'adjudant-général des Volontaires, impressionné par la faconde du personnage, l'accueille imprudemment dans son entourage. Réalisant bientôt que le dénommé Quinlisk est un vulgaire mythomane, Collins lui fait remettre une petite somme d'argent et lui recommande d'aller au diable. L'ancien caporal ne se le tient pas pour dit. Il fait le siège des bureaux de Collins et tempête comme un beau diable.

En désespoir de cause, il harcèle plusieurs nationalistes influents, accuse Collins de l'avoir traité d'une manière scandaleuse, et menace de passer en Amérique pour se plaindre à John Devoy, chef du tout-puissant Clan na Gael.

Le 11 novembre, aiguillonné par le dépit et le besoin d'argent, Quinlisk offre ses services au sous-secrétaire pour l'Irlande. Il est convoqué et interrogé dans les locaux de la « Division G » de Brunswick Street, puis au Château par le superintendant O'Brien de la Dublin Metropolitan Police. Le premier interrogatoire est dactylographié par Eamon Broy qui avertit immédiatement Michael Collins.

Confondu, Quinlisk ne perd pas son sang-froid.

— C'est vrai, je suis allé à la « Division G » et j'ai même rencontré le superintendant O'Brien au Château. Mais pas pour ce que vous croyez. Maintenant que je suis dans la place, il me sera facile de vous renseigner sur les moindres faits et gestes de la police. Moyennant quelques informations anodines, je vous tiendrai informé de ce qui se trame contre Mick Collins.

Quinlisk obtient un répit. Financièrement aux abois, il tente de soutirer quelques livres sterling à Collins et au superintendant O'Brien. Il se heurte de part et d'autre à un refus catégorique. Sous le coup de la colère, il expédie une lettre virulente au

*Freeman's Journal,* accusant O'Brien d'avoir voulu le soudoyer pour capturer Michael Collins. La direction du journal ne juge pas à propos de publier cette harangue suspecte dont un exemplaire est communiqué à Collins, de plus en plus méfiant.

Acculé, Quinlisk ne voit plus qu'une solution pour se procurer de l'argent : vendre Collins aux Britanniques. Il renoue avec les milieux nationalistes, relance les collaborateurs les plus proches du ministre des Finances rebelle, supplie Joe O'Reilly de lui obtenir une audience, harcèle les uns, presse les autres de questions.

Il s'abouche finalement avec Eamon Fleming, responsable de l'emprunt républicain pour la province du Leinster. Celui-ci rapporte la conversation à son chef.

— Quinlisk veut te voir. Il a des renseignements importants à te communiquer, paraît-il. Et il ne les confiera à personne d'autre qu'à toi.

— Ouais, tu parles, je connais sa chanson. Ce type est complètement fou. Il lui faut du fric, toujours plus de fric. Dis-lui que je ne suis pas à Dublin.

Eamon Fleming est sur le point de sortir, lorsque Collins se ravise.

— Non, attends. Il faut que je sache s'il est prêt à trahir pour de l'argent. Laisse-le t'arracher le tuyau que je suis à Cork, au Wren's Hotel, dans Winthrop Street.

Apparemment fort réticent, Fleming livre l'information à Quinlisk. Le lendemain matin, un message chiffré du Château de Dublin à l'Inspecteur de la Gendarmerie Royale Irlandaise à Cork, est intercepté et décodé par Liam Tobin. Il fait état de la présence de Collins au Wren's Hotel, Winthrop Street.

Quinlisk a sauté dans le train de Cork pour assister à l'hallali et toucher la récompense. Son corps, criblé de balles, est retrouvé dans un fossé, à quelques kilomètres de la ville. Un carton épinglé au revers de sa veste porte cet avertissement : « Mouchards et espions, prenez garde. I.R.A. »

Quinlisk, c'était le menu fretin. A l'hiver 1919 les Anglais font appel à un officier de police subtil et retors, l'inspecteur William Forbes-Redmond. Muté de Belfast à Dublin, et nommé assistant commissioner de la Dublin Metropolitan Police, Forbes-Redmond est un homme de belle prestance, d'environ quarante ans, habillé avec recherche et perpétuellement coiffé d'un chapeau melon. Il réorganise la « Division G » neutralisée par le S.R. rebelle. Les détectives de la « Branche politique » sont transférés de Brunswick Street au Château de Dublin. Ned Broy et Joe Kavanagh sont mis sur la touche. C'est un rude coup pour Collins. Par chance, il apprend qu'un autre détective, David Neligan, vient de remettre sa démission de la « Branche politique » par sympathie pour la cause nationaliste. Il le contacte et lui donne ordre de revenir sur sa décision.

Jusqu'en 1921, ce jeune homme d'une vingtaine d'années, au visage régulier, au regard clair, sera l'espion de Collins dans le Château de Dublin.

Un soir de novembre 1919, Forbes-Redmond rassemble ses hommes et laisse percer son irritation :

— Vous connaissez Dublin comme le fond de votre poche, les informateurs ne manquent pas, qui seraient prêts à vendre leur mère pour une poignée de shillings, et vous êtes incapables de capturer Collins, alors qu'un homme qui vient tout juste d'arriver en Irlande l'a déjà rencontré plusieurs fois.

L'homme auquel Forbes-Redmond fait allusion est un personnage haut en couleur. Petit, grassouillet, toujours en mouvement, affublé de knickerbockers et de bottes crottées, il raconte à qui veut l'entendre sa jeunesse mouvementée dans les plaines du Far West. Il a loué une chambre à l'Hôtel Granville sous le nom de Jameson, représentant en instruments de musique. Il a deux passions : les œuvres d'Edgar Wallace et les oiseaux. Il n'a pas moins de quatre cages dans sa chambre d'hôtel.

Cet excentrique affable, ornithologue à ses heures, convoite cependant un oiseau de haut vol. Il est à Dublin pour arrêter Michael Collins. Fils d'un inspecteur de police de Limerick, Burn de son vrai nom, il a servi sous l'uniforme britannique aux Indes et en Allemagne, avant d'entrer dans les services secrets de Sa Majesté.

En 1918, il joue les agents-provocateurs lors de la grève des policiers à Londres. Se prétendant agent communiste et délégué en chef d'un soviet de soldats, marins et aviateurs, il essaie de provoquer des incidents. Mais la Commission Desborough donne satisfaction aux « bobbies » londoniens, et Burn en est pour ses frais. Il s'introduit alors dans les rangs de la « Ligue pour l'autodétermination de l'Irlande » et gagne la confiance de son secrétaire, Art O'Brien, qui le recommande imprudemment à Collins.

Burn, alias Jameson, débarque à Dublin et approche Joe O'Reilly. D'emblée celui-ci flaire quelque chose de louche. Il s'en ouvre à Collins qui balaye ses soupçons.

— Tu vois des espions partout, Joe. Ce type nous propose une aide inespérée. Préviens immédiatement le Quartier Général que l'on s'occupe de lui.

O'Reilly s'exécute de mauvaise grâce. Les membres du Q.G. de l'I.R.A. fixent rendez-vous au soi-disant Jameson dans l'arrière-salle d'un restaurant de Camden Street.

— Camarades, annonce-t-il aux Irlandais médusés, je suis un agent du gouvernement soviétique. A Moscou, on suit avec intérêt votre lutte courageuse contre l'impérialisme et le capitalisme britanniques. Le camarade Lénine est décidé à vous aider à réaliser vos aspirations légitimes. Pas par pure générosité d'ailleurs. Nous avons un compte à régler avec les impérialistes anglais qui ont financé et équipé les Armées Blanches en vue d'écraser la glorieuse Révolution d'Octobre.

— Venons-en au fait, monsieur Jameson, quelle aide nous apportez-vous ?

— Ceci, camarades. Je suis en mesure de vous annoncer que, dans très peu de temps, des mutineries vont éclater dans toutes les casernes du Royaume-Uni. L'Armée anglaise est noyautée, des soviets de soldats s'apprêtent à désarmer les officiers réactionnaires. Pour prouver ce que je dis, voici une liste des soldats cantonnés en Irlande qui marchent avec nous. Ils vous donneront toutes les armes dont vous avez besoin. A propos d'armes, nous avons également des partisans dans l'usine d'armes légères de Birmingham. Nous sommes en mesure de vous approvisionner en pistolets, fusils et mitrailleuses. Et nous pouvons, il va sans dire, vous apporter une aide financière importante.

Les membres du Q.G. rebelle sont impressionnés. Collins passant outre aux objurgations de Tobin, Cullen et O'Reilly, décide de rencontrer l'émissaire soviétique.

Il lui fixe rendez-vous chez Batt O'Connor, à Donnybrook, où il prend régulièrement ses repas. Jameson s'empresse de passer l'information à Forbes-Redmond qui tend une souricière à Collins. Par le plus grand des hasards, l'affaire échoue. James Mac Namara qui était de l'expédition prévient immédiatement Joe O'Reilly.

Le Big Fellow se fâche.

— C'en est assez. Un jour ou l'autre, ce damné policier finira par m'avoir. Il faut lui régler son compte avant.

Le « Squad » est mis en alerte, Forbes-Redmond est placé sous surveillance. Ce n'est pas chose facile, il est méfiant, toujours armé et muni d'un gilet pare-balles. Il a loué une chambre à l'Hôtel Standard en attendant qu'un logement soit disponible à l'intérieur du Château de Dublin. Un soir, deux hommes le prennent en filature à la sortie du Château. Au moment propice, ils dégainent leurs armes et visent à la tête. Une première balle fracasse la mâchoire du policier, une seconde lui fait éclater la boîte crânienne. Précaution tout à fait inutile. Ce soir-là, l'assistant commissioner Forbes-Redmond n'avait pas enfilé son gilet pare-balles.

Jameson quitte prudemment Dublin quelques jours plus tard. Collins, qui ne se résout à ordonner une exécution qu'à la dernière extrémité, pousse un soupir de soulagement.

— Je suppose qu'on n'entendra plus parler de ce bolchevique d'opérette. Bon débarras. Si toutefois, il avait l'audace de refaire surface, je veux qu'on l'évite comme la peste.

De fait, le soi-disant Jameson revient à Dublin avec un cadeau inattendu pour ses anciens amis : une malle-cantine pleine d'armes.

Tobin et Thornton en prennent livraison. Jameson les voit descendre le précieux chargement dans les sous-sols d'une boutique de Bachelors Walk. Par précaution les armes sont déménagées dans l'heure qui suit par les Volontaires de la Brigade de Dublin. Lorsque la police et l'armée, renseignées par Jameson, arrivent sur les lieux, elles ne trouvent rien et doivent quitter la boutique après avoir sondé tous les murs et remué de fond en comble le sol de la cave.

Ce n'est pas la dernière déconvenue de Jameson. Quelques jours plus tard, Tobin lui confie que des documents ultra-secrets sont cachés chez J. J. Farrell, l'ancien lord-maire de Dublin.

— Ils sont en lieu sûr. Farrell passe pour un des plus ardents loyalistes de la capitale. Il ne rate jamais une occasion de vanter les mérites de l'union avec la Grande-Bretagne, et il ne boit jamais une coupe de champagne sans porter le toast traditionnel à la Couronne. On ne se douterait jamais qu'il est en réalité un fervent Sinn Feiner.

Jameson téléphone immédiatement l'information aux détectives de la « Division G ».

Au beau milieu de la nuit, J. J. Farrell est brutalement tiré de son sommeil par des coups sourds frappés à sa porte. Il descend précipitamment sans même prendre le temps d'enfiler sa robe de chambre. A peine a-t-il entrebâillé la porte qu'une douzaine de policiers se ruent dans la maison. Tandis qu'ils passent chaque pièce au peigne fin, l'ancien maire, transi de froid dans son mince pyjama, est tenu en joue par un détective dans l'embrasure de la porte d'entrée.

Sa mésaventure fait des gorges chaudes à Dublin. Mick Collins et ses hommes ne sont pas les derniers à se gausser bruyamment.

— Il devait en faire une trombine, ce bon Farrell. Cette petite visite nocturne a dû tempérer son loyalisme. Cela lui apprendra à lécher les bottes du roi d'Angleterre.

Jameson, de plus en plus nerveux, sent le sol se dérober sous ses pieds. Avec des mines de conspirateur, il annonce un jour à Tobin :

— Mon cher ami, je suis appelé en Angleterre. Une mission spéciale pour saboter les envois de troupes et de matériel à destination de la Russie.

Tobin ne cille pas. Bon débarras, pense-t-il. Nous ne reverrons pas notre bon ami Jameson de sitôt. Un câble de Southampton, expédié par l'agent anglais, ne le fait pas changer d'avis.

Mais, une fois n'est pas coutume, l'infaillible Tobin s'est trompé. Jameson, toujours aussi pétulant et plein d'aplomb, revient à Dublin. Il erre dans la capitale irlandaise à la recherche d'une information susceptible de le mettre à nouveau sur la piste de Collins. Au détour d'une rue, il se cogne dans Joe O'Reilly.

— O'Reilly, mon cher ami, c'est le ciel qui vous envoie. Il faut à tout prix que je rencontre Collins. Une nouvelle de la plus haute importance, comprenez-vous. Je compte absolument sur vous.

L'infortuné Joe O'Reilly balbutie une vague promesse et s'éloigne à grands pas. Mais il joue de malchance, le faux Jameson semble toujours retrouver sa trace et ne lui laisse aucun répit. En désespoir de cause, O'Reilly, tout tremblant, en informe Collins qui s'empourpre de rage :

— Je suis entouré d'incapables. Mais bon dieu de bon dieu qu'est-ce qui m'a foutu un abruti comme toi. Il y a une personne à éviter dans tout Dublin, et il faut que tu te cognes dedans à chaque instant. Comment t'es-tu sorti de ce guêpier, imbécile ?

O'Reilly courbe l'échine, accablé.

— Je lui ai donné rendez-vous, Mick, je ne pouvais pas faire autrement.

Collins lève les bras au ciel, au comble de l'exaspération.

— Rendez-vous, et avec moi je suppose. Sinon ce crabe t'aurait suivi à la trace. Eh bien bravo, on peut dire que tu as autant de cervelle qu'un bouc du Kerry.

Il griffonne quelques mots sur un bout de papier et le tend à son subordonné. Son visage se contracte tout à coup.

— Dieu m'est témoin que j'ai tout fait pour éviter ça. Mais s'il n'y a rien d'autre à faire...

Joe O'Reilly retrouve Jameson dans un pub tout proche d'O'Connell Street. Il n'est pas seul, quatre hommes l'accompagnent.

— Monsieur Jameson, ces gentlemen sont chargés de vous conduire jusqu'à la retraite actuelle de Michael Collins.

L'espion anglais ne se méfie pas. Au contraire, il serre la main du jeune homme avec effusion.

— Ah, mon cher ami, merci de vous être donné autant de peine. A très bientôt j'espère.

Les cinq hommes prennent le tramway de Glasnevin. Ils descendent en vue du cimetière. Jameson, tout à la joie d'avoir renoué le contact avec Collins, ne s'alarme nullement du mutisme de ses compagnons. Ce n'est que dans l'impasse sombre et déserte qu'il pressent le sort qui l'attend. Il joue son va-tout et, d'un air hautain et courroucé :

— Prenez garde, Messieurs, s'il m'arrivait quelque chose, Collins ne vous le pardonnerait pas. Et Liam Tobin non plus, je suis un de ses amis.

Impassibles, les hommes du « Squad » sortent lentement leurs revolvers.

— Monsieur Jameson, souhaitez-vous faire une prière avant de mourir ?

L'agent anglais se redresse fièrement. Il comprend que la comédie est terminée et qu'il ne lui reste plus qu'à mourir dignement, en soldat.

— Non, dit-il d'une voix calme.

— Désolé, monsieur Jameson, mais nous ne faisons que notre devoir.

— Et j'ai fait le mien, tout est en ordre. Faites vite, je vous prie.

Il se raidit dans un garde-à-vous impeccable. Les quatre revolvers crachent la mort. Dans les poches du faux Jameson, les membres du Squad trouvent un roman d'Edgar Wallace, et dans sa chambre d'hôtel, deux cassettes remplies de bijoux et une cage contenant quatre canaris.

A la fin du mois de décembre 1919, Lloyd George dépose à la Chambre des Communes son projet de loi pour un « meilleur gouvernement de l'Irlande ». Il prévoit l'instauration de deux parlements irlandais étroitement dépendants de Westminster. Ainsi se trouve matérialisée dans un texte cette fameuse partition concoctée en secret par les ministres anglais, au mépris du droit et de la plus élémentaire justice. Si le Bill séduit les parlementaires britanniques, il se heurte à l'opposition unanime des députés irlandais, nationalistes et unionistes. Les premiers n'en sont plus à mendier une autonomie rognée qui laisse intacte la « British Rule » en Irlande et consacre la division du territoire national. Les seconds tiennent pour un cadeau empoisonné ce Parlement pour les six comtés de colonisation du nord-est de l'île, et réclament le maintien du statu quo, c'est-à-dire le rétablissement pur et simple de la loi et de l'ordre britanniques sur l'ensemble du sol irlandais.

Au vrai, l'édifice colonial s'écroule. Le gouvernement du Château de Dublin, supplanté progressivement par les services correspondants du Dail Eireann, se vide peu à peu de sa substance jusqu'à n'être plus qu'une enveloppe vide, pâle souvenir d'une réalité enfuie à jamais. Les pronostics les plus audacieux d'Arthur Griffith sont en train de se réaliser. L'Irlande s'émancipe avant même d'avoir donné congé à ses anciens maîtres.

La police républicaine supplante ici et là la traditionnelle Constabulary. Pour régler les affaires civiles et criminelles et surtout les différends agraires, devenus fréquents et graves, notamment dans l'Ouest, des tribunaux républicains d'arbitrage sont organisés dans chaque paroisse et dans chaque district, sous l'autorité d'Austin Stack, ministre de l'Intérieur du Dail Eireann. Les *solicitors* anglais et irlandais, qu'ils soient nationalistes ou unionistes, plaident devant ces tribunaux improvisés, tandis que les compagnies d'assurances et les maisons de commerce les plus réputées du Royaume-Uni n'hésitent pas à s'adresser à eux. Il n'est pas rare de voir, dans les campagnes, un juge en perruque se morfondant dans son tribunal désert, protégé par des soldats en armes, tandis que la cour d'arbitrage, présidée par les notabilités Sinn Feiners, refuse du monde et expédie les procès avec compétence et célérité.

Dans les campagnes, l'I.R.A. fait la loi. Les baraques de la Royal Irish Constabulary sont attaquées quotidiennement, les plus exposées doivent être abandonnées. La gendarmerie se replie sur les villes et les gros bourgs, abandonnant l'intérieur du pays au « Shinners [1] ».

A Dublin, la situation est chaotique. Les G-Men du Château sont traqués sans relâche par le « Squad » de Collins. Les détectives chargés de faire la lumière sur les meurtres de leurs collègues et de traquer les chefs de la conspiration nationaliste se gardent bien de commettre le moindre excès de zèle.

Le 19 décembre 1919, le secrétaire en chef pour l'Irlande trouve sur son bureau un rapport secret de Scotland Yard. Il ne peut détacher son regard de cette phrase qui confirme les informations de ses propres indicateurs :

« Nous avons la preuve formelle que Michael Collins est à l'origine des assassinats de policiers. D'aucuns prétendent que la police se garde bien de l'inquiéter, si grande est son influence, et que la moindre tentative faite pour l'arrêter précipiterait un soulèvement armé en Irlande. »

Le chef de l'administration britannique s'empourpre de rage :

— Cet homme est donc un démon. Il se déplace librement dans tout Dublin tandis que nous nous terrons dans cette forteresse sinistre et glacée, n'osant plus en sortir sans escorte de peur de nous faire canarder comme des lapins. Cette situation est intolérable.

De fait, l'audace des terroristes ne connaît plus de bornes. Le 20 décembre, lord French échappe miraculeusement à un attentat. Revenant de sa résidence par le train de Roscommon, il avait pourtant pris la précaution de descendre en gare d'Ashtown, plus sûre

1. Shinners : contraction péjorative de Sinn Feiners.

pour lui que la gare dublinoise de Broadstone. Plusieurs voitures l'y attendaient afin de le conduire à Phœnix Park par la route.

A un carrefour, le convoi tombe dans une embuscade tendue par le « Squad » de Collins et quelques Volontaires du Tipperary. Les balles et les grenades pleuvent. Le vice-roi ne doit son salut qu'au fait d'avoir pris place dans la voiture de tête, contrairement à son habitude.

Après cet incident, il ne sort plus du Château qu'en voiture blindée, flanquée d'une escorte impressionnante.

Pour les Dublinois, moqueurs, les précautions du représentant de la couronne sont éloquentes. Entre Mick Collins, qui se meut librement sans armes et sans escorte, et Son Excellence, à qui il faut un véritable corps d'armée pour traverser Dublin, le fugitif n'est pas celui qu'on croit.

## X

## *LES FRÈRES ENNEMIS*

A la fin de l'année 1919, le gouvernement britannique se ressaisit. La Constabulary est armée de grenades, ses fortins sont protégés par des sacs de sable, des chevaux de frise, des plaques de blindage. Certains postes sont dotés de mitrailleuses Lewis, de fusées éclairantes et d'émetteurs radio.

Des comtés entiers sont mis en état de siège. Pour les paysans, c'est l'arrêt absolu des transactions, l'interdiction des foires et des marchés, l'asphyxie économique des campagnes.

En vertu d'une ordonnance promulguée en décembre, nul ne peut conduire ou posséder une auto sans une autorisation que la police octroie ou refuse sans appel. L'adoption de cette mesure draconienne destinée à restreindre la liberté de mouvement de l'I.R.A. atteint toute la population et déclenche une grève de protestation marquée d'incident violents.

Les perquisitions, suivies d'arrestations et d'emprisonnements sans jugement, se multiplient. En janvier 1920, les forces de la Couronne effectuent plus de mille raids et arrêtent deux cent vingt suspects; en février, elles exécutent plus de quatre mille raids et appréhendent deux cent quatre-vingt-seize nationalistes.

Les tièdes sont écartés : sir Joseph Byrne, chef populaire de la Royal Irish Constabulary, est révoqué. La police reçoit des consignes de fermeté. Les récompenses promises aux mouchards sont doublées, la législation de guerre est prorogée, le couvre-feu est instauré à Dublin.

Dans le même temps, la répression prend un visage nouveau. La police et quelquefois même l'armée se livrent à des représailles. Un détachement de soldats saccagent Fermoy. A Cork, à Kinsale, à Athlone, et plusieurs fois à Thurles, des militaires lâchent des rafales sur la population terrorisée.

Après le sac de Thurles, à la fin du mois de janvier, le *London Daily Chronicle,* qui passe pour exprimer les vues du Premier ministre, écrit :

« On ne peut que déplorer de tels agissements, mais ils ne doivent pas étonner. Si des clubs d'assassins continuent à faire couler le sang, il est évident que l'on assistera tôt ou tard à l'éclosion de contre-associations, et alors la vie des chefs du Sinn Fein sera aussi menacée que celle des fonctionnaires du Château. »

Cet appel au contre-terrorisme ne tombe pas dans l'oreille de sourds. Le 20 mars 1920 à deux heures du matin, quelques hommes de haute taille, le visage barbouillé de suie, envahissent la maison du lord-maire de Cork, Thomas Mac Curtain. Après l'avoir insulté et roué de coups, ils l'abattent sous les yeux de sa femme.

Le Château se lance dans des explications embarrassées. Lloyd George insinue que le lord-maire de Cork a été assassiné par les « extrémistes » de son propre camp.

Le jury d'instruction, pourtant sélectionné par la police, rétablit la vérité :

« Le meurtre de Thomas Mac Curtain a été conçu et exécuté par la Royal Irish Constabulary, officiellement subordonnée au gouvernement britannique. Nous accusons de meurtre David Lloyd George, Premier ministre anglais; lord French, vice-roi d'Irlande; l'inspecteur de district Swanzy et plusieurs membres non identifiés de la R.I.C. »

L'affaire est aussitôt classée, l'enquête étouffée et l'inspecteur Swanzy muté en sûreté à Lisburn, au cœur de l'Ulster orangiste.

Tobin pousse la porte du pub de Phil Shanahan et secoue la pluie qui ruisselle de son manteau et de son feutre cabossé. L'odeur chaude de la Guinness et du tabac emplit ses narines. Affairé derrière son bar, le vieux remplit les verres de bière brune, raclant la mousse dorée avec une spatule en bois.

— Salut Phil, vieux forban, sers-moi une pinte avant que toute cette flotte ne me rentre dans le sang.

— Par la Sainte Vierge, toute l'eau du ciel ne pourrait troubler l'alcool que tu as dans le corps.

Le vieux est très connu à Dublin. Il a combattu pendant l'insurrection de Pâques et siégé au Dail en 1918. Son pub est le rendez-vous de tous les gars du Tipperary. D'un geste vif, il pousse la pinte de stout vers Tobin, grommelant entre ses dents :

— Tout est calme. Rien que des habitués... La table au fond à gauche. Il t'attend.

Attablé devant un verre de sherry, Collins est en grande discussion avec un homme au teint olivâtre. Apercevant Tobin, il écourte l'entretien.

— Alors ?

— Alors ça se confirme ! Tim Kennedy a vu Neligan. Il connaît un des G-Men qui escorte notre homme chaque matin jusqu'au Château. Il s'appelle Alan Bell, c'est un *resident magistrate*. Environ soixante-cinq ans, le genre vieux fonctionnaire bien tranquille. Mais il a été inspecteur dans la R.I.C., à ce qu'il paraît. Et il connaît bien son boulot. Dans le temps, c'est lui qui avait été chargé de localiser les fonds de la Ligue agraire.

Collins jette à Tobin un regard aigu et fourrage dans ses cheveux d'un geste nerveux et contrarié.

— Ainsi, le banquier disait vrai. Il faut agir vite. C'est la semaine prochaine que tous les directeurs doivent comparaître devant lui avec leurs livres comptables et les documents relatifs aux transactions suspectes.

Tobin, qui n'a rien perdu de son flegme, s'enquiert d'un ton neutre :

— Qu'est-ce que tu suggères ?

— Tobin, mon vieux, il ne faut pas que ce maudit fouineur découvre ce qu'il cherche. Cet argent appartient à la nation. Il représente la contribution des hommes et des femmes d'Irlande à la lutte pour la liberté. Certains se sont saignés aux quatre veines pour nous donner leurs dernières économies. Ce type doit disparaître. Me suis-je bien fait comprendre ?

— Descendre un vieillard inoffensif, sale boulot pour nos petits gars, hein Mick !

— Je sais bien, soupire Collins, mais je n'ai pas le choix. Non, je n'ai pas le choix.

Un silence.

— Je peux bien te l'avouer, chaque fois que je donne l'ordre de descendre un bonhomme, cela me rend malade. Mais, grands dieux, que pouvons-nous faire d'autre ?

Tobin pose la main sur le bras de son chef.

— Je ne disais pas cela pour te blesser, Mick. Ne te casse pas la tête, les gars comprendront. C'est la guerre. Nous n'y pouvons rien.

Alan Bell ne se méfie pas. Chaque matin, à Monkstown, il monte dans le tram de Dublin. Seul. Il descend à Nassau Street, où un groupe de détectives l'attend pour l'escorter au Château.

Le 26 mars 1920, zélé et ponctuel, le *resident magistrate* s'assied à sa place habituelle et s'absorbe aussitôt dans la lecture de l'*Irish Times*. A Sandymount Avenue, deux jeunes gens s'installent sur la banquette en face de lui. Il les remarque à peine. Le tram poursuit sa route en cahotant dans un grand bruit de ferraille couvert par les éclats de voix des passagers matinaux. En vue de Merrion, le tram ralentit et s'immobilise en grinçant. Avant que le sexagénaire ait pu esquisser un geste, les deux garçons ont bondi sur lui.

— Suivez-nous, mister Bell, votre heure a sonné.

Les passagers refluent dans le fond du tram. Deux hommes dévalent l'impériale pour prêter main-forte aux agresseurs du fonctionnaire anglais. Il est comme pétrifié. Son visage est devenu blanc comme de la cire, ses yeux hagards fixent les quatre hommes sans comprendre. Soudain les revolvers jaillissent.

— Allons, pressons, s'impatiente le chef du commando.

Alan Bell est projeté hors du tram sans ménagement. Deux coups de feu claquent. Un passager saute sur la chaussée.

— Bonté divine, faites quelque chose. On ne peut pas laisser ce malheureux comme ça.

Passants et voyageurs se détournent, gênés, sans un regard pour le misérable corps recroquevillé qui mêle un sang épais et noir à la poussière du trottoir.

L'assassinat d'Alan Bell ne met pas fin à l'enquête sur les fonds secrets du mouvement révolutionnaire. Mais il tempère considérablement le zèle des fonctionnaires chargés du contrôle des banques.

Collins respire : le trésor de guerre du mouvement de libération est en sûreté. L'infortuné *resident magistrate* n'encombre pas longtemps ses pensées. Le Big Fellow n'a pas le temps de s'apitoyer. Ses journées se dévident à un rythme frénétique, insoutenable.

Tôt levé, il gagne son bureau de Mespil Road, centre nerveux du S.R. Républicain. Il y dépouille la presse du jour, expédie le travail en souffrance et dicte une cinquantaine de lettres brèves et cursives : admonestations brutales aux officiers qui ne se sont pas montrés à la hauteur de leur tâche, demande de renseignements sur la situation financière de la famille d'un Volontaire emprisonné, instructions aux officiers de renseignements de province. Neuf heures trente : il saute sur sa vieille bicyclette Raleigh et fonce au 29 Mary Street. Là, il dicte à Susan Mason les lettres intéressant son activité de ministre des Finances : reçus, réponses aux souscripteurs de province, demande d'éclaircissements sur les sommes perçues ou à percevoir, sarcasmes sur la faculté contributive de certaines régions « réticentes ». Il ne laisse rien au hasard. Toutes les questions relatives à l'emprunt et aux finances du mouvement révolutionnaire sont passées au crible. Il en traite avec l'agilité et la compétence d'un homme habitué aux chiffres et rompu aux exercices comptables. Heureuse conséquence de ses stages successifs à la City de Londres. Onze heures : Collins présente son rapport au Conseil de cabinet. Midi trente : attablé devant un *steak and kidney pie,* il écoute Cullen qui lui apporte des preuves accablantes sur un dangereux mouchard. Treize heures trente : de retour au bureau de Mespil Road, il signe les lettres qui partent aussitôt par courrier spécial. Seize heures : il entre en coup de vent dans le bureau de Mary Street et signe les lettres tapées par Susan Mason. Dix-sept heures : il pousse la porte du pub de Jim Kirwan, s'attable devant un petit verre de sherry et s'entretient successivement avec un geôlier de Mountjoy, un employé du télégraphe, un agent de la Dublin Metropolitan Police, un docker de Liverpool qui apporte des armes et un député du Dail en cavale à la recherche d'un gîte. Dix-huit heures trente : il pénètre dans l'Hôtel Vaughan, avale quelques sandwiches et une gorgée de thé dans la salle de restaurant avant de gagner la chambre qui lui est réservée en permanence. Jusqu'à vingt-deux heures, c'est un défilé continuel d'officiers de province, de responsables de l'emprunt, de journalistes, de cheminots, de marins.

Aussi frais qu'à son déjeuner du matin, le Big Fellow explique, conseille, tranche, donne des ordres et tire d'une main experte les fils de la révolution qui mettent quotidiennement en échec la dictature aveugle et tâtillonne du Château.

Même les plus blasés restent stupéfaits devant la vitalité et l'énergie emmagasinées dans ce corps en mouvement perpétuel.

Exubérant, facilement accessible, toujours disponible, il donne à chacun l'impression d'être un homme transparent, sans mystère. Mais ses interlocuteurs ne voient jamais qu'une facette de sa personnalité déroutante et multiple.

Sous les dehors les moins dissimulés, Collins est en effet un personnage énigmatique. S'il épanche volontiers ses craintes et ses espérances, il lève rarement le voile sur ses activités, ses contacts, ses rendez-vous. « Que le côté droit de ton cerveau ignore toujours ce que manigance le côté gauche », dit-il un jour à Broy, pourtant expert en double jeu. Rien d'étonnant, par conséquent, à ce que certains aspects de la personnalité du Big Fellow restent impénétrables et certaines de ses actions obscures et mystérieuses.

Conspirateur dans l'âme, il préfère la nuit complice au grand jour, l'I.R.B. au Dail Eireann, les intrigues tortueuses aux débats publics, l'exercice solitaire d'une autorité absolue au partage démocratique des responsabilités.

Ce parti pris de duplicité lui a sauvé la vie en maintes circonstances, mais il fait courir de grands risques au mouvement révolutionnaire. Personne ne peut le remplacer, ni lui succéder. Qu'il soit arrêté ou tué, et ce sera la catastrophe.

Sa dissimulation compromet également la sûreté de ses agents. Tobin et Cullen ignorèrent longtemps que les détectives Broy et Mac Namara travaillaient pour Collins. Un jour ils les suivirent à leur sortie du Château et sans doute leur auraient-ils fait subir le sort des autres G-men si les deux détectives, se sentant filés, ne les avaient semés dans le lacis de ruelles entourant le Château et le City Hall.

Un constable de province eut moins de chance. Collins avait donné ordre aux Volontaires locaux de l'enlever, mais il n'avait pas précisé dans quel but. Le malheureux gendarme fut kidnappé et abattu par l'I.R.A. qui croyait avoir affaire à un tortionnaire, alors qu'il s'agissait en réalité d'un informateur précieux que Collins voulait mettre en sûreté.

Le mystère le plus complet plane toujours sur les relations de Collins avec un mystérieux lieutenant anglais dont David Neligan, encore aujourd'hui, persiste à nier l'existence, alors qu'elle est attestée par quelques témoignages et plusieurs billets écrits de la main même de Collins.

Il en est de même de ses relations avec les femmes. On prête au Big Fellow beaucoup d'aventures amoureuses, on parle à mots couverts à Dublin d'une idylle avec la femme d'un peintre célèbre. Mais, dès que l'on essaye d'en savoir davantage, les certitudes se diluent, les rumeurs se dissipent, le secret s'épaissit. Collins a voulu couvrir du manteau de la nuit toute une partie de son existence cloisonnée, foisonnante et tragique.

Il est moins secret sur ses amitiés. Peut-être parce qu'elles lui sont plus nécessaires, à défaut d'être plus sereines. Les formidables bordées du Big Fellow sont légendaires. Les nuits passées en compagnie de Beasley, Tobin, O'Sullivan, O'Hegarty, dégénèrent souvent en pugilats homériques. Collins est le premier à chercher la bagarre. Une fois lancé, rien ne l'arrête. Les chaises et la vaisselle volent à travers la pièce. Il frappe comme une brute. Ses compagnons n'ont d'autre ressource que de l'étendre knock-out sur-le-champ ou de se replier dans une autre pièce. Encore faut-il que la porte soit solide, car l'impétueux Corkman a vite fait de la faire voler en éclats d'un formidable coup d'épaule.

Un soir la bagarre éclate, pour une peccadille insignifiante, pour le plaisir. Mick frappe comme un sourd, envoyant au tapis plusieurs de ses compagnons. Prudents, O'Hegarty et quelques autres battent en retraite sous une volée de projectiles et se barricadent dans une pièce voisine. Exultant et riant comme un enfant, Collins grimpe sur une chaise, brise le vasistas et les asperge sans pitié avec l'extincteur de service.

Les logeurs, complices, haussent les épaules avec philosophie. Devlin, un des plus sûrs, lui trouve toujours quelque excuse :

— Bah, ça soulage son esprit !

Collins s'amuse aussi à faire courir sur ses lieutenants les bruits les plus extravagants. Il les affuble de sobriquets ridicules, les harcèle sans trêve, les rudoie avec un plaisir sadique.

Cullen et O'Reilly sont ses têtes de Turc préférées. Les sarcasmes les plus féroces pleuvent sur leurs têtes. Stoïques, ils plient l'échine et laissent passer l'orage, exutoire par où s'épanche et se libère la volonté tendue à se rompre du chef de la révolution irlandaise.

Vite apaisé, Collins redevient tendre, amène, charmeur. Malgré le régime de douche écossaise auquel il les soument en permanence, O'Reilly, Cullen, Tobin et les gars du Squad se feraient tuer sur un geste de lui.

Il est surtout aimé des petites gens qui viennent le voir pour lui donner un renseignement ou une poignée de shillings pour l'emprunt. Il se concentre sur chacun avec un parti pris de compréhension et de tendresse bourrue qui leur donne l'illusion exaltante d'être un rouage indispensable de la machine révolutionnaire.

Mais ses sautes d'humeur, ses sorties féroces et sa pétulance lui aliènent aussi les idéalistes intransigeants, froids et susceptibles qui assurent avec lui la lourde tâche de faire fonctionner le gouvernement rebelle.

L'austère Cathal Brugha est de ceux-là. Il a voué à l'Irlande et à la révolution un amour crispé et exclusif, totalement dénué d'humour, aux antipodes de la désinvolture enjouée de Michael Collins. Ce n'est pas le seul motif de son ressentiment. Ministre de la Défense, il a été dépouillé de ses fonctions par Collins, qui demeure pourtant, en titre, son subordonné. Il en a conçu une telle amertume qu'il assiste de plus en plus rarement aux réunions du grand Quartier Général de l'I.R.A. Sincèrement convaincu que la guérilla doit s'appuyer sur le peuple et sur lui seul, il s'inquiète de l'emprise ténébreuse de l'Irish Republican Brotherhood aveuglément soumise au Big Fellow. A chaque séance du Cabinet rebelle, les deux hommes se heurtent avec violence. Collins avec cette vivacité narquoise et insolente qui fait mouche à tous les coups, Brugha avec une ironie contenue et glacée qui tient la comptabilité de tous les pas de clerc de son brillant rival.

Née du choc de deux caractères profondément opposés, l'antipathie se creuse et les rancœurs s'enveniment. Impénétrable et glacé, Brugha attend son heure. Collins se contente de hausser les épaules. A quoi bon se tempérer, pense-t-il à tort, la Révolution ne s'accommode pas de vaines susceptibilités.

Mais, trop souvent, il lui arrive de dépasser les bornes. Sous prétexte qu'Austin Stack se révèle piètre ministre de la Justice, il multiplie à son endroit les sarcasmes les plus cruels et les brimades les moins justifiables. Après avoir fait tout ce qui était en son pouvoir pour éviter la rupture, Stack tourne brutalement le dos à Collins, mettant au service du clan Brugha toute la virulence hautaine de son amour-propre blessé.

Des hommes comme Brugha et Stack ne manquaient pourtant pas de noblesse. Ils ne s'appartenaient pas, ils appartenaient corps et âme à l'Irlande et à la « Cause ». Incapables de poser un regard froid sur la réalité, ils fixaient de leurs yeux enfiévrés un ailleurs impossible. Ils étaient les véritables héritiers de Pearse, Christ de la nouvelle Eglise révolutionnaire fondée sur les ruines de la Grand-Poste de Dublin.

Par son origine paysanne et son tempérament, Collins était bien trop près du réel pour laisser divaguer son imagination. Entre Pearse et Connolly, il avait depuis longtemps opté pour le second, non pour ses convictions socialistes, mais parce que le chef ouvrier ne s'était à aucun moment bercé d'illusions, et qu'il savait le prix du sang.

C'est parce qu'il ne veut pas sacrifier inutilement la vie de ses hommes qu'il ne prise guère l'arme de la grève de la faim.

Le 5 avril 1920, une soixantaine de détenus irlandais, emprisonnés sans jugement, ont entamé une grève de la faim à la prison de Mountjoy à l'effet d'obtenir le statut de prisonniers de guerre. Ce n'est certes pas la première fois que des Irlandais font la grève de la faim, mais le recours à cette forme ultime de lutte contre l'oppression pénitentiaire est encore exceptionnel.

La fièvre monte rapidement à Dublin au fur et à mesure que les jours passent et que s'affaiblit la résistance physique des détenus. Les promesses, le chantage, les visites des parents et des amis ne parviennent pas à fléchir la détermination farouche des nationalistes prostrés dans leurs cellules, comme autant de cadavres en sursis. Les pétitions circulent, les manifestations de soutien se multiplient, la presse s'émeut, des parlementaires interpellent le gouvernement. Bonar Law, l'intraitable leader des Communes, répond sèchement :

— Le gouvernement estime qu'il est de son devoir de prévenir le crime en arrêtant les personnes suspectes. Il serait parfaitement futile d'agir ainsi, si ces mêmes hommes devaient être libérés sous prétexte qu'ils se refusent à prendre toute nourriture.

Collins n'estime guère cette forme de protestation. Il devine qu'elle procède de ce goût morbide des Celtes pour le martyre et enrage de voir que certains de ses hommes préfèrent encore le beau geste au geste efficace.

Néanmoins il lui arrive de pédaler jusqu'aux abords de la sombre prison pour assister, plus ému qu'il ne veut bien se l'avouer, à la célébration quotidienne du rite sauvage et pathétique inventé spontanément par le petit peuple de Dublin pour soutenir l'énergie vacillante des prisonniers agonisants.

Chaque jour une foule compacte s'agglutine aux portes du pénitencier. Elle semble animée d'une existence propre, forgée par l'attention douloureuse et recueillie des centaines d'hommes, de femmes et d'enfants, assemblés en ce lieu nouveau de dévotion et de prière. Des vieillards en longue houppelande, des ouvriers en casquette, des étudiants de l'Université nationale, des enfants pieds nus vibrent à l'unisson dans l'air frais du soir. Mais ce sont les femmes qui donnent le ton de ce pèlerinage quotidien aux portes de la mort. Jeunes filles, mères portant leur nouveau-né, ou vieilles en guenilles, elles sont drapées de noir et forment comme une espèce de chœur antique venu en cet endroit précis clamer une malédiction jaillie du fond des âges.

Un capucin dont la robe de bure claque comme un drapeau dans le vent et la pluie brandit au-dessus des têtes inclinées un crucifix en chêne massif. Les hommes se découvrent, les femmes tombent à genoux, les rosaires jaillissent dans les poings crispés. Et soudain éclatent en vagues puissantes et larges les hymnes de supplication et la prière des mourants.

Un aéroplane tourne inlassablement au-dessus de la prison comme un oiseau de mauvais augure. Fourgons cellulaires et automobiles blindées fendent la foule comme l'étrave d'un navire dans la tempête. Des soldats coiffés du casque de guerre, baïonnette au canon, le doigt crispé sur la détente de leur arme, tentent d'endiguer le flot hostile et menaçant. Les lourdes portes de la prison se referment lentement tandis que jaillit des poitrines convulsées l'incantation tragique pour les soldats mourants de la vieille Irlande.

Le 12 avril, le Parti Travailliste et les Trade Unions irlandais décrètent la grève générale. La hiérarchie catholique, prompte à condamner les meurtres de l'I.R.A., emboîte le pas aux syndicats. Belfast excepté, le pays est paralysé. Jamais l'opinion irlandaise n'a été aussi unanime et résolue depuis l'opposition à la campagne de conscription en 1917. Le Château cède. Les prisonniers de Mountjoy sont relâchés au douzième jour de leur grève de la faim. C'est une victoire morale sans précédent.

Une semaine plus tard, cent trente prisonniers irlandais entament une nouvelle grève de la faim à la prison de Wormwood

Scrubs à Londres. Le gouvernement s'incline. « Les Sinn Feiners ont découvert un argument sans réplique », écrit le *New Statesman*. L'argument sera utilisé tout au long de l'année 1920. Et les foules agenouillées continueront d'assiéger sans répit de leurs prières lancinantes le cercueil de pierre des geôles britanniques.

# XI

## *LE TEMPS DES JANISSAIRES*

L'administration anglo-irlandaise, bafouée, démoralisée et réduite à l'impuissance, fournit chaque jour la preuve de son impéritie, tandis que l'I.R.A. alterne les coups de main audacieux et les piqûres d'épingles qui mettent en rage le haut commandement britannique.

La Royal Irish Constabulary évacue ses cantonnements isolés. Dans la nuit du 3 au 4 avril 1920, les Volontaires boutent le feu à une centaine de bureaux de perception et à cent quatre-vingt-deux postes de police abandonnés par la R.I.C. Geste symbolique qui démontre que les unités rebelles sont capables d'organiser des opérations simultanées aux quatre coins du pays. C'est un coup très rude pour l'administration civile. L'Income Tax ne rentre plus. La gendarmerie doit renoncer à reprendre pied dans les régions libérées.

La hardiesse des commandos républicains ne connaît plus de bornes. A Midleton, une patrouille écossaise est neutralisée sans coup férir. A Queenstown, l'I.R.A. s'empare d'une station de garde-côtes. A Bantry, un aviso est pris d'assaut. Même à Dublin, les agents de la Couronne ne sont pas à l'abri : la garnison de King's Inn est désarmée, la Post-Office attaquée et le courrier du vice-roi réexpédié à son destinataire avec la mention « Visé par le Censeur de l'I.R.A. »

Les rebelles multiplient leurs coups de main contre les postes armés, les blockhaus et les casernes. Ils font sauter ou dérailler les trains de troupes, attaquent au fusil ou à la grenade les camions chargés de soldats ou de constables.

Pour peu que l'affaire en vaille la peine, ils détruisent les ponts, creusent des tranchées ou abattent des arbres en travers des routes, coupent les fils téléphoniques et isolent une région ou un village avant de livrer de véritables batailles qui durent parfois plusieurs heures.

Le lendemain les petits crieurs de journaux d'O'Connell Street clament jusque sous le nez des soldats anglais, les titres des dernières éditions :

DARING RAID

AMAZING ASSAULT

Les nouvelles sont accueillies avec jubilation par cette foule irlandaise, si amoureuse de prouesse et d'audace, si imbibée de haine et de mépris contre la lourdeur et la brutalité saxonnes, si celte en son besoin de railler, de défier l'autorité quelle qu'elle soit.

La justice ne se porte guère mieux. Un grand propriétaire terrien, lord Monteagle, écrit dans le quotidien unioniste *Irish Times :*

« Les tribunaux du Sinn Fein étendent progressivement leur juridiction et administrent équitablement la justice entre les plaideurs quels qu'ils soient, catholiques et protestants, fermiers et commerçants, éleveurs et voleurs de bétail, propriétaires et tenanciers. La police du Sinn Fein arrête les cambrioleurs, punit les voleurs de bétail, patrouille dans les rues, contrôle les débits de boissons, avec, en certains endroits, l'accord tacite des autorités militaires locales, qui se montrent en l'occurrence plus avisées que les fonctionnaires du Château ou les membres du gouvernement britannique. On peut tirer deux conséquences de cet état de fait. Il révèle l'impuissance du gouvernement sans le consentement des gouvernés. Et il prouve l'aptitude croissante et proprement remarquable des Irlandais à se gouverner eux-mêmes. »

Rien de plus typique que cette autorité de la justice républicaine. Plus que les attaques de casernes et que les agressions contre la police, elle est le coup le plus grave porté au gouvernement, car elle montre à qui les gens épris d'ordre et de paix donnent désormais leur confiance. La situation est quasiment retournée.

Ce sont les forces de l'ordre qui font figure de « rebelles » et l'opposition nationaliste qui exerce les fonctions du gouvernement légitime.

Si les autorités ont encore des doutes à ce sujet, deux consultations électorales successives leur ôtent toute illusion. En janvier, malgré la répression et le rétablissement du scrutin à la représentation proportionnelle, les élections municipales traduisent un nouveau recul de l'influence britannique. Onze des douze plus importantes villes d'Irlande passent sous contrôle nationaliste. Dublin, Cork, Limerick, Galway, Sligo désignent des conseils municipaux républicains. Même le Nord loyaliste est entamé : deux des six comtés de l'Ulster, prétendument unionistes, le Tyrone et le Fermanagh, votent pour la sécession. Pour la première fois depuis 1689, la mairie de Londonderry échappe aux protestants pro-britanniques. Villes et villages s'affranchissent de la tutelle du Local Government Board, émanation du Château, et prêtent serment d'allégeance au Dail Eireann. Même désaffection en ce qui concerne les autorités locales, lors des élections de mai 1920. Sur trente-trois conseils de comtés, le Sinn Fein obtient la majorité dans vingt-sept, et dans deux autres la majorité appartient à l'alliance Sinn Fein-Nationalistes réformistes. Il en est de même aux élections des conseils ruraux et des bureaux de bienfaisance. Sauf en Ulster, le gouvernement local de l'Irlande passe aux mains des républicains. Et comme l'avaient fait avant eux les municipalités Sinn Feiners, les conseils locaux reconnaissent officiellement le Dail Eireann, ils refusent d'imposer leurs compatriotes pour payer les amendes et indemnités dont sont frappées les villes.

Le Cabinet anglais réagit brutalement. Il fait voter par le Parlement une loi répressive instituant des tribunaux d'exception. Pour ramener les villes et les comtés à la raison, le Château de Dublin cesse de verser les sommes réservées aux services publics, allocations de chômage, pensions de vieillesse, retraites, etc. Un ordre en Conseil donne pouvoir au vice-roi de suspendre dans tout ou partie de l'Irlande le cours normal de la loi civile.

La reprise en main de la situation se traduit par une refonte brutale de l'administration anglo-irlandaise aux abois. Les tièdes sont révoqués, déplacés ou mis à la retraite. Une équipe nouvelle, composée uniquement d'Anglais qui n'ont ni les préjugés ni la retenue de la vieille caste coloniale, prend les rênes du gouvernement. Lloyd George, suprême pragmatiste, l'a dosée habilement, nommant des politiciens conciliants pour dégager une solution viable et des militaires intraitables pour « écraser la rébellion par tous les moyens jugés nécessaires ».

Un libéral bon teint d'origine canadienne, sir Hamar Greenwood, est nommé secrétaire en chef pour l'Irlande. Favorable aux aspirations autonomistes complètement dépassées en 1920, il est loin d'imaginer le climat de violence qui règne dans l'Ile Verte. Il a tôt fait d'en mesurer la portée exacte : le jour même de son arrivée, le corps d'un policier ligoté et criblé de vingt-six balles de revolver est retrouvé dans un fossé du Kerry, tandis qu'un nationaliste est abattu sans sommation par la police de Dundalk, et qu'à Milltown-Malbay ont lieu les funérailles de trois manifestants tués par l'armée.

Sir Nevil Macready, fils d'un comédien célèbre, et militaire de carrière de la vieille école — il participa à la bataille de Tel-El-Kebir, où les Anglais se battirent pour la dernière fois en habit rouge — est nommé commandant en chef des forces britanniques en Irlande. Le général Tudor, un battant, protégé par Winston Churchill, est chargé de coordonner l'action de la police et de l'armée contre l'I.R.A. Le brigadier général Ormonde Winter, petit homme sémillant et monoclé, se voit attribuer la lourde tâche de reconstituer les services de renseignements du Château, complètement neutralisés par Michael Collins.

Il ne faut pas plus d'une semaine à Macready pour se rendre à l'évidence.

— La police est foutue, claironne-t-il.

Ce n'est pas tout à fait exact. Les gendarmes, loyaux à leur serment de servir la Couronne, résistent avec courage aux assauts des Volontaires de l'I.R.A., qu'ils repoussent souvent avec succès. Mais ils se savent à la merci constante des francs-tireurs, qui n'hésitent pas à les abattre dans le dos, alors même qu'ils déambulent sans arme, après leur service. Pire que tout, ils souffrent de se sentir honnis par une population qui les boycotte impitoyablement : les jeunes filles ne veulent pas sortir à leur bras, les commerçants refusent de les servir, les paysans crachent sur leur passage. Barricadés dans leurs postes fortifiés, accablés de solitude, exilés dans leur propre pays, ils s'abandonnent à la boisson et attendent nuit après nuit l'attaque qui rompra la monotonie des jours creux sans espoir. Décidés à vendre chèrement leur peau, ils ont perdu tout instinct de chasseurs et vivent tapis au milieu de villes et villages, à peine moins sûrs que la campagne qu'ils ont abandonnée aux rebelles en évacuant les postes isolés et difficiles à défendre.

L'impuissance de la Constabulary est telle que la nouvelle administration anglo-irlandaise exige des moyens accrus pour faire face à la situation.

Macready n'y va pas par quatre chemins.

— Il faut absolument reconnaître qu'il existe en Irlande un état de guerre, et décréter l'application de la loi martiale sur tout l'ensemble du territoire. La tâche de l'armée sera facilitée dans la mesure où les rebelles devront se battre, à visage découvert, en uniforme, s'ils ne veulent pas être passés par les armes comme francs-tireurs. Mais il faut que l'opinion britannique soit derrière le gouvernement.

Lord French approuve sans restriction le plan de son subordonné. Lors d'une conférence ministérielle il souligne l'urgence de ces mesures.

— Le Sinn Fein est devenu tellement puissant qu'il ne peut être réduit que par la force. Les rebelles ont l'avantage de pouvoir employer des méthodes de combat auxquelles il ne nous est pas permis de recourir. Il faut proclamer l'état de guerre et, comme pendant la guerre des Boers, s'emparer des rebelles et les jeter dans des camps de concentration. Oui ou non le gouvernement est-il décidé à déclarer la guerre à l'I.R.A. et à franchir le pas ?

— Impossible, tranche Lloyd George sans appel, on ne déclare pas la guerre à des rebelles.

Le Premier ministre sait pertinemment que l'Angleterre est lasse de la guerre. Il y a eu des mutineries dans l'armée. Les radicaux et les syndicats s'agitent. Les ministres n'écartent pas la possibilité d'un coup de force communiste. Trois bataillons ont été envoyés d'urgence à Liverpool, des chars d'assaut sillonnent les rues du grand port, un cuirassé et deux destroyers gardent l'estuaire de la Mersey, la Home Guard se tient prête à intervenir.

Une double préoccupation guide Lloyd George : ne pas effaroucher l'opinion publique en Amérique et dans les Dominions, et empêcher qu'en Angleterre même l'Irlande ne devienne un nouvel abcès de fixation embarrassant pour le Cabinet. Pour cela, une seule solution : éviter que l'armée s'enlise dans la tourbière irlandaise et faire en sorte qu'on ne parle jamais de guerre, mais de pacification. Il n'y a pas de prisonniers de guerre, mais seulement des détenus de droit commun en rébellion contre la loi du Royaume. Et puisque rébellion il y a, c'est à la police, et à elle seule, de rétablir l'ordre et la tranquillité dans cette partie troublée du Royaume-Uni.

Par ordre du gouvernement, les bureaux de chômage anglais et écossais se couvrent d'affiches de recrutement invitant les anciens soldats du front à reprendre du service dans la Royal Irish Constabulary pour « exécuter une tâche rude et difficile ». Une solde de dix shillings par jour est promise aux volontaires. Pour bon nombre d'anciens combattants, cette offre est une planche de salut inespérée.

Au plus fort des combats, Lloyd George leur avait promis un pays où les héros seraient fiers et heureux de vivre. La paix revenue, les démobilisés, dont certains n'ont d'autre expérience que la rude fraternité des tranchées des Flandres, sont purement et simplement abandonnés à leur sort. Tandis que le Soldat inconnu est inhumé en grande pompe dans l'abbaye de Westminster, les survivants de Paschendaele et de Gallipoli tendent la main dans les rues de Londres. Pour gagner un quignon de pain, certains se font plongeurs, laveurs de carreaux, camelots. D'autres tournent inlassablement la manivelle d'un orgue de Barbarie sur lequel étincelle une Victoria Cross gagnée au front. D'autres encore perdent pied, échouent piteusement sur un banc d'infamie, accusés de menus larcins. « Il faut bien vivre », répondent-ils invariablement aux magistrats emperruqués et sourcilleux qui n'ont pas vécu, eux, l'hécatombe tragique.

Ces guerriers blessés dans leur âme et dans leur chair, hier encore choyés et encensés par l'Empire menacé, commencent à peser à l'Angleterre en paix. Poussés par la nécessité et le goût de l'aventure, certains ont pris le chemin du Mexique, où gronde la révolution. Voilà qu'on propose aux autres l'Irlande toute proche. Nombreux sont ceux qui, sans s'interroger sur la nature de la tâche rude et difficile qui les attend, s'exclament « Why not ? ».

Il n'y a pas assez d'uniformes pour habiller tous ces anciens soldats, aigris par le chômage et la misère, qui débarquent par centaines sur les quais de Dublin, persuadés qu'ils vont balayer la rébellion irlandaise en un tournemain. On les affuble d'un pantalon kaki de l'armée et de la veste vert sombre de la gendarmerie. Cette tenue bigarrée leur vaut, très vite, d'être surnommés « Black and Tans », du nom d'une meute de chiens noirs et fauves du comté de Limerick. Le sobriquet les séduit, ils l'adoptent. Leur bulletin, le *Weekly Summary,* définit bien leur attitude provocante, dans un texte au lyrisme sauvage :

« *Les Black and Tans* ».

Ils savent ce qu'est le danger
Ils ont déjà vu la Mort en face, et ils n'ont pas flanché
Ils ne flancheront pas maintenant
Ils iront jusqu'au bout de leur tâche, la tâche qui consiste
à rendre l'Irlande sûre pour ceux qui craignent la loi et
à en faire l'Enfer qui convient aux agitateurs et aux assassins. »

Douze mille « Black and Tans » sont ainsi recrutés en Angleterre et en Ecosse. Ils sont casernés à Gormanstown, dans le comté de Meath, et au dépôt de la R.I.C., dans Phoenix Park, à Dublin. On les instruit sommairement sur leur mission, avant de les expédier en renfort aux quatre coins du pays.

Ils n'ont de policiers que le nom. Leur armement est celui de l'infanterie classique, revolvers, fusils, grenades, mitrailleuses. Ils se déplacent avec rapidité dans les camions et automitrailleuses, libéralement mis à leur disposition. Ils n'obéissent qu'à leurs chefs et ignorent délibérément la hiérarchie officielle et tout ce qui peut ressembler à la plus élémentaire discipline.

Soldats de fortune, lâchés sur une population sans défense par un gouvernement dont le mot d'ordre est de faire régner la terreur, enragés par les incessantes piqûres d'un ennemi insaisissable, les « Black and Tans » sont bien décidés à semer l'épouvante sur leur passage.

A l'instigation de Winston Churchill, une « Division auxiliaire de la Royal Irish Constabulary » est mise sur pied quelques mois plus tard. C'est un corps d'élite, ouvert uniquement aux anciens officiers ayant exercé un commandement effectif sur le front. Ces volontaires, rapidement surnommés « Auxies », ont rang de sergent et reçoivent une livre sterling par jour, soit dix shillings de plus que les « Black and Tans ».

La nouvelle formation attire des recrues en provenance de tous les coins du monde : officiers anglais et écossais, anciens cow-boys américains ou canadiens, trappeurs de l'Alaska, fermiers sud-africains et même un champion de boxe poids lourds d'Australie et un moine défroqué.

La plupart conservent leur ancien uniforme et arborent toutes leurs décorations. En guise de couvre-chef, ils adoptent le *glengarry*, béret de laine écossais incliné sur l'oreille. A la taille, ils bouclent la ceinture de cow-boy à double étui attaché à la cuisse. Dans chaque étui, une énorme Webley, calibre 45. Ils sont plus redoutés encore que les « Black and Tans », et la population se disperse en un clin d'œil, lorsque surgissent leurs puissantes automobiles blindées, équipées de moteurs Rolls Royce, et dotées de mitrailleuses Vickers, ou les vieux camions Crossley ventrus de la R.A.F. sur la plate-forme desquels les « Auxies », dos à dos, le doigt sur la détente de leur arme, hurlent à pleins poumons le refrain de marche de la R.I.C.

« *We are the boys from the R.I.C.*
*We are as happy as happy can be.* »

Ils sont répartis en quinze compagnies comprenant chacune de soixante à soixante-dix hommes. La caserne de Beggars Bush à Dublin leur sert de Q.G. Une compagnie est cantonnée au Château. Leur chef, le brigadier général Crozier, est un officier coléreux, fantasque et franc buveur, vétéran du Corps expéditionnaire britannique contre les bolcheviks.

Les « Auxies » connaissent toutes les ficelles du métier des armes et ignorent la peur. Mais ils ont la détente facile, et font rarement des prisonniers, si ce n'est pour leur faire avouer, sous la torture, les cachettes et les plans de l'I.R.A.

Les Volontaires irlandais ne sont pas de force à lutter contre ces hommes aguerris et pugnaces. Ordre leur est donné d'éviter à tout prix les engagements avec les détachements de la « Division Auxiliaire ». A part quelques escarmouches, la Brigade de Dublin ne montera aucune opération d'envergure contre les « Auxies ».

L'I.R.A. est contrainte de s'adapter aux nouvelles conditions de lutte, imposées par les opérations de ratissage de ces vétérans dangereux et combatifs.

Jusqu'ici l'Armée Républicaine Irlandaise était organisée par comté en compagnies, bataillons et brigades à effectifs variables, en fonction de la population et du terrain. Dans certains comtés la brigade était squelettique. D'autres parvenaient à mettre sur pied jusqu'à trois brigades. Les officiers de compagnie étaient élus par la troupe. Ils élisaient ensuite les officiers du bataillon. Chaque bataillon était supposé avoir ses services de transport et de ravitaillement, de renseignements, de transmissions et son antenne médicale.

Les Volontaires de l'I.R.A. étaient le plus souvent inexpérimentés, ignorants du maniement d'armes et de notions de tactique élémentaire. Le matériel faisait cruellement défaut : l'armement de la brigade du West Cork, qui compta près de trois mille hommes, se réduisait à trente-cinq fusils en état de service, vingt pistolets ou revolvers, environ trente cartouches par fusil et dix balles par pistolet ou revolver.

Enfin les Volontaires étaient principalement des paysans, vaquant à leurs occupations pendant le jour, faisant le coup de feu pendant la nuit. Ils n'étaient pas toujours disponibles, et ils pouvaient difficilement recevoir l'instruction militaire requise.

L'Armée républicaine était une armée démocratique, révolutionnaire et paysanne.

Après les premiers heurts avec les « Black and Tans » et les « Auxies », le Quartier Général Républicain sent la nécessité de constituer un noyau de soldats de métier, entraînés, mobiles et engagés en permanence dans la lutte contre les troupes anglaises, la gendarmerie royale et les supplétifs de la police.

Dick Mac Kee, commandant de la Brigade de l'I.R.A. de Dublin, suggère la création de « Colonnes Volantes ». Son plan est adopté avec enthousiasme. Collins suit de près la constitution des nouvelles unités.

En quelques semaines, ces fameuses « Colonnes Volantes » deviennent le fer de lance de la guérilla contre les Anglais. Elles comptent d'ordinaire une trentaine d'hommes, parfois plus, mais uniquement des Volontaires aguerris et permanents.

Tom Barry, commandant de la Colonne Volante du West Cork et ancien soldat de l'armée britannique, a dessiné les contours de la nouvelle unité rebelle : le commandant de la Colonne Volante est investi d'une autorité absolue sur ses hommes. Ses ordres ne se discutent pas. Il est en droit de mobiliser toutes les ressources de la Brigade. Les Volontaires qui constituent son unité devront être triés sur le volet, capables d'endurer des marches longues et pénibles en rase campagne, de mener une vie rude et frugale, de se battre contre un ennemi supérieurement armé et entraîné.

— Pour ce qui est de la tactique, ajoute Tom Barry, la Colonne Volante attaquera chaque fois qu'elle pourra infliger plus de pertes à l'ennemi qu'elle n'en subira. Elle choisira son propre champ de bataille et prendra bien soin de refuser le combat si les circonstances lui sont défavorables.

L'Armée démocratique, révolutionnaire et paysanne, succédané du mythe de la levée en masse, est reléguée au rôle de réserve. Contre les mercenaires aguerris, la lutte pour l'indépendance repose maintenant sur une armée de métier, hiérarchisée, disciplinée, mobile et entraînée.

L'efficacité de la nouvelle unité rebelle dépend essentiellement de la qualité des hommes qui en assument le commandement. Michael Collins choisit sans demander leur avis les officiers républicains les plus entreprenants et les plus agressifs.

L'arrivée de supplétifs anglo-écossais et la politique de « pacification » à outrance inaugurée par la nouvelle administration britannique en Irlande ne font que jeter de l'huile sur le feu. La situation se détériore brutalement. En mai, les syndicats entrent dans la danse. Pour commencer, les dockers refusent de décharger le matériel de guerre à Dublin. D'autres se croisent les bras, à Queenstown, à l'arrivée d'un contingent de mille Ecossais. Ils sont imités par les cheminots. Dès que la troupe ou les Black and Tans montent dans un train ou dès que des armes et des munitions sont chargées dans un wagon, les conducteurs des locomotives relâchent la pression et abandonnent leur machine.

Ce n'est pas une grève à proprement parler, mais plutôt un boycott dans la meilleure des traditions irlandaises. Cinq mille mécaniciens récalcitrants sont mis à pied. Les syndicats tiennent bon. Les révoqués reçoivent immédiatement les indemnités prélevées sur un fonds de secours alimenté par de nombreuses souscriptions. Quelques « jaunes » reçoivent des avertissements qui leur enlèvent le goût de faire du zèle : une équipe surprise sur sa locomotive par les Sinn Feiners est enduite de goudron des pieds à la tête, à la mode américaine.

C'est une guerre d'usure où l'entêtement des cheminots n'a d'égal que la détermination des autorités. Peu à peu, surtout en direction de l'ouest, les communications s'espacent. Pour se rendre dans le Kerry ou à Limerick, il faut parfois attendre un train trois ou quatre jours.

Le Labour Party et les Trade Unions Irlandais appellent à leur rescousse travaillistes et syndicats britanniques. En mai, les dockers anglais avaient, eux aussi, refusé d'embarquer des armes à destination de la Pologne pour ne pas précipiter leur pays dans une guerre contre les Soviets. Partagés entre leurs idéaux progressistes et l'intérêt de l'Empire, qui l'est beaucoup moins, les ouvriers britanniques choisissent, comme ils l'ont toujours fait par le passé, le parti de l'Empire. La National Union of Railwaymen britannique, qui compte pourtant un grand nombre de cheminots irlandais en son sein, exprime mollement sa sympathie, demande vaguement une enquête, mais refuse toute espèce de soutien.

Le Labour britannique laisse froidement la classe ouvrière irlandaise se débattre comme elle peut contre les forces d'occupation.

Galvanisées par l'arrivée des renforts, et débarrassées de leurs éléments les plus tièdes, la gendarmerie et l'armée frappent de plus en plus fort.

La bataille de Dublin s'engage, rapide, sournoise, meurtrière.

Camouflés en paisibles représentants de commerce, des agents anglais débarquent individuellement dans la capitale irlandaise et s'installent dans des garnis, des pensions de famille, des hôtels modestes.

Le jour, ils vaquent aux activités nombreuses et diverses qui leur servent de couverture. La nuit tombée, lorsque le couvre-feu a vidé les rues obscures de la capitale irlandaise, ils passent à l'action, exécutant les suspects, ou désignant aux détachements de « Black and Tans » et d' « Auxies » les maisons de sympathisants nationalistes.

Le contre-terrorisme devient monnaie courante.

Michael Collins et les principaux membres du Sinn Fein reçoivent des menaces de mort dactylographiées sur le papier à lettres officiel du Dail Eireann, saisi par la police lors d'une descente inopinée dans les bureaux de l'assemblée dissoute. L'avertissement est sans ambages :

« Un œil pour un œil
Une dent pour une dent
En conséquence, une vie pour une vie. »

S'il affecte d'en rire, le Big Fellow n'en prend pas moins très au sérieux cette vague de menaces dont l'infortuné Thomas Mac Curtain a été une des premières victimes.

Le piège de la répression se referme brutalement sur le mouvement républicain. Tortures, chantages, exécutions sommaires, représailles proclament que la chasse aux « Shinners » est ouverte. En lâchant sur l'Irlande la violence de ses reîtres, le Château espère bien débusquer les « gunmen » et leurs chefs. Collins, surtout, dont la tête est mise à prix dix mille livres sterling.

# XII

## *TIREZ A VUE*

Listowel, dans le comté de Kerry, est une petite ville de marché comme il en existe des centaines en Irlande. Dominée par les vestiges pittoresques du Château des Fitzmaurices, dernier bastion de résistance contre les troupes d'Elisabeth Ire, elle se pique en outre de posséder l'unique train monorail des îles Britanniques qui serpente en suivant la grand-route jusqu'à Ballybunion et l'estuaire du Shannon.

Miraculeusement épargnée par la guerre, la petite ville coule des jours paisibles. La population vaque à ses occupations en feignant d'ignorer les « troubles » qui ravagent le reste de l'île. Les vingt-six constables du poste de Listowel vivent en bonne intelligence avec les paysans et les boutiquiers du village. A Ballyruddy, à deux miles de là, il y a bien un campement de soldats et de Black and Tans. Le récit de leurs exploits parvient quelquefois jusqu'au pub de Listowel. Mais on évite d'en faire un drame et on se félicite que les gendarmes de Listowel ne se soient jamais commis avec les tommies et les supplétifs anglo-écossais. En somme, fermiers et constables ne demandent qu'à vivre en paix comme ils l'ont toujours fait.

Le 19 juin 1920, en fin de matinée, la douce quiétude du petit village est troublée par une cavalcade inhabituelle. Escortées par une automitrailleuse et un camion bourré de soldats, deux voitures officielles se rangent le long du trottoir du poste de Listowel.

En descendent des « huiles ». Rien moins que le général Tudor, inspecteur général de la Police Irlandaise; le major Letham, préfet de police de Dublin, et plusieurs officiers supérieurs de l'armée et de la police, responsables de la sécurité du comté.

Le but de cette inspection protocolaire : présenter aux gendarmes de Listowel le nouveau commissaire de police divisionnaire de la province de Munster, qui a été investi de ses fonctions au début du mois de juin.

— Messieurs, annonce le général Tudor, j'ai le plaisir de vous présenter le lieutenant-colonel Ferguson Smyth, votre nouveau commissaire divisionnaire. C'est un brillant officier qui a servi avec distinction dans la dernière guerre, où il a perdu un bras. J'espère que vous vous entendrez bien et que vous ferez du bon travail ensemble pour ramener la paix dans cette province du Royaume-Uni. Sans plus attendre, je lui cède la parole, afin qu'il vous instruise de la façon dont il compte procéder.

Le lieutenant-colonel Ferguson Smyth s'avance. Il promène sur l'assistance un regard suffisant et ironique.

— J'ai quelque chose d'important à vous communiquer, mes enfants, quelque chose qui, certes, n'est pas à répéter dans vos familles. Avec vous, je vais jouer cartes sur table.

Le lieutenant-colonel Smyth observe son auditoire, l'air patelin, et insiste nonchalamment sur les mesures nouvelles de « pacification ».

— La loi martiale va être appliquée explique-t-il; des renforts importants vont être envoyés d'Angleterre, la chasse aux « Shinners » ne fait que commencer. Maintenant, à nous de nous amuser. Voici mes ordres. Si un fortin de police est incendié ou si un fortin actuellement occupé ne fait pas l'affaire, on s'emparera du meilleur bâtiment de la localité en jetant les occupants à la rue. Qu'ils y meurent; plus il en périra, mieux ça vaudra. Soldats et agents de police feront des patrouilles au moins cinq nuits par semaine. Ils ne suivront pas seulement les grandes routes, mais ils prendront aussi les chemins de traverse. Ils devront s'embusquer et crier « haut les mains » à tous les civils qui s'approcheront. Si ces derniers n'obéissent pas immédiatement, faites feu et ne manquez pas votre but. S'ils gardent les mains dans les poches, ou s'ils paraissent le moins du monde suspects, abattez-les : il vous arrivera de vous tromper, vous tuerez des gens inoffensifs, tant pis, vous êtes sûrs de tomber juste une fois ou l'autre. Plus vous ferez feu, plus vous me ferez plaisir, et je vous donne l'assurance qu'aucun policier ne sera inquiété pour avoir abattu qui que ce soit. Quant aux grévistes de la faim, on les laissera désormais mourir en prison, plus il en périra, plus on rira. Il y en a qui ont déjà succombé, et c'est une mauvaise affaire que de ne pas les avoir laissés périr tous. D'ailleurs le sort de quelques-uns a été réglé d'une façon que leurs amis ne connaîtront jamais. Dernièrement un transport d'émigrants a quitté un port irlandais pour un port étranger, il y avait de nombreux républicains à bord, et je vous déclare, mes enfants, que ce bateau-là n'arrivera jamais [1].

L'officier ricane, comme s'il venait de faire une fine plaisanterie. Devant ce déballage de haine, les policiers, interloqués, restent de glace. A la question : « Etes-vous prêts à coopérer ? », le constable Jeremiah Mee se lève et dit :

— A votre accent, Sir, je constate que vous êtes anglais. Vous semblez oublier que vous vous adressez à des Irlandais.

Posément il ôte sa casquette, son ceinturon et son revolver, et les jette sur la table devant le lieutenant-colonel, pourpre de rage.

— Ces instruments aussi sont anglais, je vous les rends.

L'officier britannique, écarlate, glapit un ordre :

— Arrêtez cet homme !

Deux soldats encadrent le gendarme rebelle. Les vingt-cinq constables bondissent aussitôt, et, bousculant les soldats, font un rempart à leur collègue. Mâchoires serrées, poings sur les hanches, un gendarme bâti en athlète se plante devant le colonel Smyth.

— Jeremiah Mee a parlé pour nous tous. Nous ne mangeons pas de ce pain-là. Alors ne vous avisez pas de toucher à un cheveu de sa tête. Sinon je vous jure qu'il y aura du sang.

Hors de lui, vaguement inquiet, Ferguson Smyth quitte la pièce avec les autres officiers.

La tension monte dans le poste de Listowel. Après plusieurs heures de palabres animées, le lieutenant-colonel donne sa parole qu'aucune poursuite ne sera engagée contre le porte-parole des gendarmes.

1. Discours absolument authentique. Cf. déposition des gendarmes. Mac Namara et Kelly, *The American Commission on conditions in Ireland,* New York, 1921, pp. 131-135.

Le général Tudor demande à être reçu par les mutins. Il serre la main à chacun d'eux.

— Gardez la tête froide, mes garçons. De toute façon, l'incident est clos.

Les policiers ne l'entendent pas de cette oreille. Le soir même, quatorze d'entre eux offrent leur démission et adressent une pétition au *Freeman's Journal,* exigeant l'ouverture d'une enquête sur les propos injurieux du commissaire divisionnaire du Munster. Les autorités, comme à l'accoutumée, s'efforcent d'étouffer le scandale.

Cependant, le 17 juillet, soit moins d'un mois après l'incident, deux civils pénètrent dans le Country Club de Cork, au bar duquel le lieutenant-colonel Smyth sirote tranquillement un double whisky. Ils se dirigent droit sur lui.

— Vous avez ordonné de tirer à vue, et de faire feu à la moindre occasion, pas vrai ? Alors soyez exaucé.

Abattu à bout portant, le commissaire divisionnaire s'écroule au milieu des verres et des bouteilles.

Dans le même temps, un contingent de Black and Tans prend la relève des constables démissionnaires.

Ils arrivent à Listowel un dimanche soir à bord de trois camions Crossley. Certains sont ivres. Tête nue, tunique dégrafée, assis en équilibre sur les ridelles, ils braillent des obscénités tout en lâchant de courtes rafales sur les passants et les enseignes peintes en caractères gaéliques.

A peine installés, ils arrêtent un jeune aide-chimiste de Newton Sands soupçonné d'appartenir au Sinn Fein. Ils le torturent sauvagement, s'opposent à ce que les gendarmes lui donnent à manger, et le relâchent deux jours plus tard, loque pantelante, sans excuses ni explications.

A quelques jours de là, un Black and Tan trouve la mort dans une embuscade près de Ballyduff. La nuit venue, une dizaine de supplétifs casernés à Listowel prennent leur revanche. Ils font irruption dans la ferme de James Houlihan, traînent son fils dans la cour et l'abattent. Ils s'acharnent sur le corps à coups de revolver et de baïonnette jusqu'à ce que le cadavre ne soit plus qu'une informe bouillie sanglante. Ce n'est pas encore assez. Sur le chemin du retour, ils incendient six maisons et ouvrent le feu sur les habitants qui s'enfuient à travers champs.

Ecœurés par ces procédés, les gendarmes qui n'avaient pas encore démissionné se font relever de leurs fonctions.

L'exemple de Listowel n'est pas unique. En l'espace de deux mois cinq cent cinquante-six gendarmes et trois cent treize magistrats ont refusé de servir plus longtemps la Couronne. Black and Tans et cadets de la Division Auxiliaire comblent les vides.

Jeunes, énergiques et indisciplinés, ils ont juré de venir à bout des « *irish swine* », de la chiennerie irlandaise.

Vivant au milieu d'une population en grande partie hostile où n'importe quel civil d'allure inoffensive peut tout à coup sortir un revolver ou jeter une bombe, ils se persuadent que leur sécurité n'est faite que de la peur qu'ils inspirent. L'instinct de conservation, le désir de vengeance, l'esprit de licence, les poussent à semer la terreur.

Leurs raids sont de véritables expéditions punitives. C'est un sauve-qui-peut général lorsque le ronflement des moteurs puissants de leurs camions Crossley annonce leur irruption dans une ville ou un village. Dès qu'ils sont en vue des habitations, ils ouvrent le feu sur les fenêtres et tiraillent sur les gens qui fuient à leur approche. Dans un hurlement de freins malmenés, les camions s'immobilisent devant l' « objectif ». Si les occupants tardent un peu trop à ouvrir, la porte est enfoncée à coups de crosse, la maison mise au pillage. Les habitants sont roués de coups et interrogés à la pointe du revolver. Cela se passe de jour comme de nuit, dans le plus complet arbitraire.

« C'est le régime du knout », écrit avec dégoût un correspondant de presse anglais.

En plusieurs endroits, des suspects sont jetés à la rivière et contraints de nager sous une grêle de balles. A Lahinch, les Black and Tans précipitent un homme dans les flammes de sa propre maison. A Cork, à Queenstown et dans le comté de Galway, des supplétifs traînent des jeunes gens dans la rue, les forcent à se dévêtir et les fouettent jusqu'au sang.

A l'instar de l'I.R.A., qui coupe parfois les cheveux des Irlandaises qui couchent avec les officiers anglais, les Black and Tans en font autant aux femmes et aux amies des Sinn Feiners.

Dans chaque village traversé, ils rassemblent les hommes, qu'ils forcent à cracher sur le drapeau tricolore et sur la photo de De Valera. Sous la menace de leurs armes, ils leur font entonner le chant de marche de la R.I.C., et reprendre en chœur les slogans vilipendant le pape et le Sinn Fein.

Les journaux et les reporters qui se font l'écho de ces outrages sont frappés à leur tour. Des bombes incendiaires sont jetées dans les locaux du *Freeman's Journal.* C'est par miracle que Hugh Martin, le brillant reporter du *Daily News,* échappe aux Black and Tans, qui ont juré de l'abattre.

A ce régime de licence et d'impunité, les supplétifs perdent tout respect de la propriété privée comme de la vie humaine. Ils entrent revolvers à la main dans les magasins et dans les pubs et se servent sans vergogne. Tout en fouillant les gens dans la rue, il arrive qu'ils les délestent de leur portefeuille et de leurs bijoux.

Il n'est pas rare qu'ils incendient ou dynamitent des édifices municipaux, des bâtiments commerciaux, des usines, des fermes, en réponse aux attaques contre les casernes de police ou aux meurtres d'inspecteurs de la Constabulary ou parfois sans cause connue, « just for fun ».

Le général Tudor, qui n'est pourtant pas un tendre, doit y mettre le holà. Il précise dans le *Weekly Summary :*

« Les incendies de maisons ou bâtiments qui ne se rattachent pas à des assassinats ou tentatives d'assassinats sont inadmissibles. »

Les forces de l'ordre s'acharnent tout spécialement sur les « creameries » du mouvement coopératif, les usines de bacon, les minoteries et les dépôts de produits agricoles. D'avril à novembre, quarante-deux « creameries » sont détruites.

Dans le West Clare, le Limerick et dans d'autres comtés encore, des charrettes et des instruments de labour sont brisés, des meules de foin incendiées, des bêtes abattues, des granges rasées. Par ces représailles à caractère économique, les Black and Tans ne visent pas tel individu ou sa famille, mais l'ensemble de la population rurale, considérée comme responsable collectivement de ses membres.

Pas plus que les choses, les personnes ne sont épargnées. Par esprit de vengeance ou simple suspicion, les forces de l'ordre se mettent à tuer avec autant de facilité que les républicains, à visage découvert, ou sous le camouflage d'une prétendue « Anti-Sinn Fein Society ».

La figure noircie, ou affublés de véritables masques qui, sous le nom de « goggles », leur sont fournis « pour service de nuit » par les autorités, les Black and Tans et les Auxies se glissent dans les maisons et se saisissent des hommes fichés sur les listes noires. Ils les assassinent dans leur lit, ou les traînent pour les abattre dans un champ, laissant le cadavre là où il tombe. Confusion ou erreur, c'est souvent l'innocent qui est frappé, l'homonyme infortuné d'un républicain « on the run », le passant qui proteste ou simplement l'inconnu qui a le malheur de déplaire. C'est le cas de ce John Lynch, assassiné dans sa chambre d'hôtel par six soldats en uniforme qui l'avaient sans doute confondu avec le célèbre Liam Lynch, commandant de la Deuxième Brigade Républicaine de Cork. C'est le cas de ce James Mac Carthy, abattu sur le pas de sa porte par des policiers en tenue, parce que son frère avait osé demander une enquête sur le sac de Thurles au début de l'année. C'est le cas de ce Walsh, conseiller municipal de Galway, noyé par des Black and Tans en civil, ou de ce petit garçon infirme exécuté à Bantry parce que son frère s'était engagé dans l'Armée républicaine.

Les personnes arrêtées sont fréquemment torturées. Thomas Hale, commandant de la Troisième Brigade de Cork et ami intime de Collins, et Patrick Harte, appréhendés en juillet 1920 et traînés à la caserne de Bandon, sont torturés par des officiers d'origine irlandaise. Brisé de douleur, Patrick Harte devient fou et doit être interné. Certaines personnes arrêtées sont supprimées discrètement ou « abattues alors qu'elles tentaient de s'échapper », selon la version officielle. Le clergé n'est pas à l'abri des représailles. Ainsi de ce révérend Griffin, assassiné et précipité au fond d'une tourbière parce qu'il en savait trop, et de ce chanoine Magner, abattu de sang-froid par un Auxiliaire pour avoir voulu s'opposer à une exécution sommaire.

Pour couronner l'œuvre de violence des forces anglaises en Irlande, il y a les opérations d'ensemble, les sanctions collectives et les destructions de villages. Cela commence par un attentat de l'I.R.A. dans le voisinage. Dès la tombée de la nuit surgissent les voitures blindées et les camions de Black and Tans ou de soldats, quelquefois en civil et masqués, sans officier, avec tout le matériel nécessaire, explosifs, pétroles, bombes Mills, outils de tranchée. La fusillade éclate, les habitants fuient à demi vêtus dans la campagne, quelques-uns sont tués. Les Black and Tans font sauter ou brûlent tout le village, ou tout un quartier de la ville, ou tout un lot de maisons.

En haut lieu, ces actions sont considérées comme « non officielles », « non autorisées » ou « ignorées ». Le Château essaie même de brouiller les pistes en niant contre toute évidence la responsabilité de la Couronne et en mettant les faits au compte du Sinn Fein. En réalité, on n'est pas fâché à Dublin et à Londres quand les forces de l'ordre « voient rouge ». Black and Tans et Auxiliaries savent d'ailleurs très bien qu'on ne leur fera pas d'ennuis. Les ordres et circulaires à la police sont dépourvus de sanctions, donc sans effet. Par contre, telles ou telles explications publiques du secrétaire en chef ou même du Premier ministre, par les excuses et félicitations adressées aux forces de l'ordre, constituent des encouragements au contre-terrorisme. Les journaux gratuitement distribués aux policiers et aux soldats — *The Hue and Cry, The Weekly Summary* — sont de véritables brûlots qui attisent la haine et arment le bras des éléments les plus indisciplinés de l'armée et de la Constabulary.

Comme en 1798, l'Irlande est livrée aux reîtres et aux lansquenets.

L'Ulster protestant est un baril de poudre prêt à exploser. L'exécution du lieutenant-colonel Ferguson Smyth, commissaire divisionnaire du Munster, originaire du comté de Down en Irlande du Nord, sert d'étincelle. Les émeutiers protestants, armés de barres de fer, de pelles et de pioches descendent sur les quartiers catholiques de Banbridge, Dromore et Hillsborough. L'incendie se propage à Bangor et à Newtownards.

A Lisburn, petite ville linière des environs de Belfast, un vent de folie ne tarde pas à se lever.

L'inspecteur Swanzy, identifié comme un des assassins du lord-maire de Cork Mac Curtain, avait cru y trouver un asile sûr. C'était mal connaître l'opiniâtre ténacité de Michael Collins.

Un dimanche matin, trois voitures remplies d'hommes masqués stoppent devant l'église protestante de Lisburn. Tandis que le gros de la troupe tient en respect les fidèles qui sortent de l'office, deux hommes à l'accent de Cork s'emparent de l'inspecteur Swanzy et le criblent de balles. La réaction ne se fait pas attendre. Une foule en délire envahit le petit quartier où vivent un millier de catholiques. Les maisons sont incendiées, leurs occupants chassés à coups de gourdins et de barres de fer dans la campagne environnante. Pendant toute la nuit de dimanche et toute la journée de lundi, le quartier catholique est dévoré par les flammes. Le ciel est embrasé par la lueur de l'incendie plusieurs miles à la ronde. Rien n'est tenté pour circonscrire le sinistre.

Tandis que les réfugiés affluent à Belfast, la ville sainte de l'Orangisme lève à son tour l'étendard du pogrom. Les dockers protestants, chauffés à blanc par les leaders unionistes, prennent d'assaut les chantiers navals et expulsent cinq mille ouvriers catholiques aux cris de « No Popery ». Ceux qui résistent ou essaient simplement de parlementer sont jetés dans le chenal par une foule hurlante, puis lapidés à coups de pierre et de boulons. Quelques pauvres bougres essaient de traverser Belfast Lough à la nage, d'autres périssent noyés, sous les quolibets haineux de la populace orangiste.

Dans les derniers jours de l'été, les quartiers catholiques sont attaqués en permanence. Les dégâts sont évalués à un million de livres sterling. On déplore une cinquantaine de morts. Les hôpitaux regorgent de blessés. Troupeau hagard et pitoyable, les réfugiés battent la campagne et s'entassent dans des taudis déjà surpeuplés.

Non seulement les troupes et la police n'interviennent pas, ou mollement, mais le gouvernement britannique, suivant une idée de Winston Churchill adoptée avec enthousiasme par sir James Craig, leader des Orangistes, décide d'armer une Gendarmerie spéciale ulstérienne regroupant les extrémistes les plus violents de la communauté protestante.

Avec l'institution d'un sous-secrétariat spécial pour les six comtés d'Ulster, la création de cette force de guerre civile atteste que la Partition, codifiée dans le projet de loi sur le gouvernement de l'Irlande en discussion devant la Chambre des Communes, est déjà entrée dans les faits.

Les nationalistes du Sud sont placés devant le fait accompli. L'I.R.A. n'est pas en mesure de faire régner sa loi au nord de la Boyne, et le Dail Eireann ne trouve rien de mieux à faire que de boycotter le commerce nord-irlandais en guise de représailles. Cette mesure ne sert qu'à envenimer la colère des protestants orangistes.

Collins est informé quotidiennement de la situation par des Volontaires du Nord.

— C'est l'enfer, Mick ! Là-haut notre peuple est martyrisé. Les orangistes ont ressorti les fusils allemands de Larne. Ils nous tombent dessus à la moindre occasion. Chaque embuscade chez vous les rend fous furieux. Les Anglais laissent faire, ils se croisent les bras. C'est la quatrième fois que, dans ma rue, déferle une foule hurlante armée de pelles, de pioches, de revolvers et brandissant l'Union Jack. Les pubs, les boutiques, les maisons sont pillés et incendiés. A chaque fois, il reste des hommes sur le carreau, la tête fracassée ou une balle dans le ventre. Nous ne pouvons rien faire. Nous n'avons pas assez d'hommes et pratiquement pas d'armes. C'est atroce. Plusieurs villes ont été « évacuées » comme ils disent. Il n'y a plus un seul catholique à Lisburn et à Banbridge. Nos femmes, nos enfants errent dans la campagne. Les patrons licencient tous leurs ouvriers catholiques de peur de voir leurs usines partir en fumée. Après nous avoir fait subir les violences les plus terribles, on veut nous faire crever de faim comme des chiens.

Une vague froide de désespoir submerge Collins. Son visage se contracte, ses yeux gris brillent d'un éclat métallique. Il essaie de réconforter ses interlocuteurs avec une tendresse rauque, nouée par la compassion et la colère :

— Dis-leur, dis-leur bien que nous leur enverrons des armes, des hommes, nous ne les oublierons pas. Dis-leur bien. Qu'ils ne perdent pas confiance. Et toi aussi, mon gars, aie confiance en moi. Va, maintenant.

Resté seul, Collins laisse éclater sa rage impuissante.

— Ah les pauvres gens ! Les pauvres gens ! Et dire que nous ne pouvons rien pour eux. Nous n'avons pas assez d'armes, pas assez de munitions. Quelle horreur ! Mais quand tout cela va-t-il donc prendre fin ?

Les moments de découragement ne durent pas longtemps chez Collins, qui surveille ses faiblesses comme un quinquagénaire surveille sa mauvaise graisse. Il se lève brusquement, ramène sa mèche en arrière d'un geste automatique, comme pour chasser de son esprit l'image obsédante de la minorité ulstérienne crucifiée.

Tobin et Cullen sont radieux. Mick a tout lieu d'être satisfait de leur travail. De fait, le Big Fellow exulte, rit aux éclats et allonge des claques retentissantes dans le dos de ses lieutenants.

— Bravo, les gars. Vous n'avez pas perdu votre temps. Le petit dossier que vous avez constitué sur Hardy, alias Gooding, alias Harling, alias Saville, est parfait. Même à Scotland Yard, ils ne doivent pas en avoir un aussi complet.

— Maintenant qu'est-ce qu'on fait ? On le descend ?

— Pas si vite, mon vieux Tobin, je sais bien que j'en ai fait disparaître pour moins que cela, mais j'ai ma petite idée en ce qui concerne notre ami Hardy. C'est la raison pour laquelle je t'ai demandé de venir, Desmond.

L'homme à qui s'adressent ces mots ressemble à s'y méprendre à un adolescent : des cheveux blonds frisés, un front haut, des yeux bleus très clairs, une bouche sinueuse et mobile. Lorsqu'il rit, on dirait un enfant, mais son visage peut prendre une expression grave et énergique qui révèle l'homme de caractère et de décision.

Emprisonné en 1915, libéré quelques jours seulement avant l'insurrection de 1916, Desmond Fitzgerald se bat, tout comme Michael Collins, dans la Grand-Poste de Dublin. Puis c'est à nouveau la prison, l'amnistie, la reconstitution du Sinn Fein et la guerre d'indépendance. Son physique séduisant et son intelligence acérée lui valent d'être nommé responsable de la propagande, un poste capital dans une guerre qui se gagne autant avec des mots qu'avec des fusils.

— Si tu me disais de quoi il s'agit, Mick ?

— Pour cela, il faut que je te présente une vieille connaissance. Nous l'appellerons Hardy, bien que je ne sois pas certain du tout que ce soit là sa véritable identité.

Assis de travers sur sa chaise, un sourire narquois accroché au coin des lèvres, Michael Collins extrait une lettre dactylographiée du dossier épars devant lui.

— Commençons par le commencement. Le 3 décembre 1918, notre oiseau, qui se fait appeler « J. H. Gooding », s'apprête à passer devant les assises de Belfast. Comme il n'est pas très rassuré, il écrit une confession détaillée au juge Gordon, en sollicitant son indulgence. Il y a de quoi : abus de confiance, détournements, falsifications de chèques, publicité frauduleuse, rien n'y manque. Il a écumé toutes les grandes villes anglaises avant d'exercer ses talents en Irlande.

— En quoi cet escroc nous intéresse-t-il ?

— Patience, que diable, laisse-moi terminer !

Collins prend une autre feuille de papier.

— Le juge Gordon ne se laisse pas impressionner par le repentir tardif de notre filou. Voici la copie du jugement. Je te passe les attendus, et j'en arrive immédiatement à la sentence : trois ans de travaux forcés.

— Il ne les a pas volés.

— Je te crois. Seulement, là où l'affaire se corse, c'est que moins de huit mois plus tard notre ami Hardy est élargi. Libération conditionnelle. Voici une copie de la levée d'écrou signée par Macpherson, le secrétaire en chef pour l'Irlande de l'époque.

— Je ne vois pas en quoi cela est surprenant. Il s'est tenu peinard et il a obtenu une remise de peine.

— Admettons ! Mais veux-tu me dire ce que fiche notre ami Hardy avec une carte de policier au nom de « Frank Harling », signée par le général Macready, chef de la police de Londres. Le même Macready qui nous est expédié peu de temps après comme chef des forces britanniques en Irlande.

— Tu es sûr de ce que tu avances ?

— Tiens, voilà sa carte de flic. Mes gars sont arrivés à la lui subtiliser. Elle porte la date du 11 septembre 1919.

Collins se frotte les mains, enjoué.

— Ça t'en bouche un coin, pas vrai ?

— J'avoue, articule Desmond Fitzgerald.

Collins repousse sa chaise en brandissant au-dessus de sa tête un jeu de feuilles dactylographiées sabrées de coups de crayon rouge.

— Ouais, eh bien ça c'est encore plus fort. Trois lettres de notre flic-escroc. Trois lettres datées respectivement de mai, juillet et août 1920. Et adressées à qui, je te le demande ? A lord French en personne. Oui mon vieux, au vice-roi, pas moins.

— Ça alors. Je comprends maintenant. Et je suppose que sa chanson doit furieusement ressembler à celle de Quinlisk.

— Tout juste, mon bon Desmond, tout juste. Tiens j'ai souligné les passages les plus intéressants. « Je suis en possession de certaines informations qui vous permettront de mettre la main sur une quantité considérable d'armes, de munitions et d'explosifs, entreposés en des endroits secrets du sud de l'Irlande, et destinés à être employés contre la Couronne. Et je suis également en mesure de réunir d'autres informations sur les mouvements du Sinn Fein qui seront certainement utiles aux autorités. »

— Rien que ça !

— Attends, il y a mieux. Ecoute ça : « Si vous le désirez, je ferai un saut jusqu'à Dublin et travaillerai sur place. Il y a peu de risque pour que j'éveille les soupçons et, si nous y prenons garde, je peux conserver l'anonymat jusqu'à la fin et vous rendre d'inestimables services. » Et c'est signé J. H. Gooding, « citoyen anglais, ancien combattant, loyaliste fervent, journaliste de profession ».

— Et canaille patentée !

— Oui, mais, en se faisant passer pour journaliste, il a peut-être sauvé sa peau. Cela m'a donné une idée. Ce forban est à Dublin depuis deux jours. Mes gars ne le lâchent pas d'une semelle. Il essaie de nouer des contacts. Tu vas te laisser approcher et tu lui promettras de le présenter au président par intérim du Dail Eireann. Arthur est prévenu. Tu fixeras les derniers détails de l'affaire avec lui.

Fitzgerald fait la connaissance du pseudo-Hardy au pub de Jim Kirwan. L'homme lui est d'emblée antipathique : corpulent, sanglé dans un imperméable jaune, de physionomie joviale et vulgaire, le front dégarni et les yeux perpétuellement clignotants sous d'épais sourcils roux. Une véritable caricature d'agent double. En soupirant, Fitzgerald fait mine de se laisser prendre au soliloque volubile de l'Anglais, et lui fixe rendez-vous pour le lendemain matin, de bonne heure.

Frétillant d'aise, le faux journaliste retrouve son mentor dans O'Connell Street et s'engouffre avec lui dans un taxi qui gagne la banlieue. Il s'arrête devant une maison de briques dans le quartier populaire. Sur le seuil de l'immeuble, un ouvrier en manches de chemise lit le *Freeman's*. Par-dessus son journal, il adresse un clin d'œil à Desmond Fitzgerald, puis, d'un signe de tête à peine perceptible, invite les deux hommes à le suivre. Au second étage, ils pénètrent dans un bureau commercial d'apparence quelconque. A la porte d'une autre pièce, leur guide frappe quelques coups espacés. On ouvre précautionneusement. Ils entrent. La porte se referme. L'ouvrier a disparu.

La pièce spacieuse ne comporte pour tout mobilier que deux

tables chargées de livres, de dossiers, de verres et de bouteilles. Derrière la plus petite se tient un homme de taille moyenne, trapu, aux traits anguleux, au visage austère barré par une moustache fournie, semée de poils gris. Derrière le lorgnon brille un regard plein de malice et de finesse. C'est Arthur Griffith, le père du Sinn Fein, président intérimaire du Dail Eireann en l'absence d'Eamon de Valera.

Derrière l'autre table, beaucoup plus longue, qui va d'un mur à l'autre, une dizaine d'hommes fument en échangeant des regards silencieux. Adossés à la porte et aux fenêtres quelques jeunes gens montent la garde, la main dans la poche de leur trench-coat.

Desmond Fitzgerald fait les présentations.

— Messieurs, je vous présente Frank Hardy. Il vient nous offrir ses services.

L'agent anglais s'incline en souriant, dévisageant un à un les hommes présents comme pour graver leurs traits dans sa mémoire.

— Monsieur Hardy, vous avez la parole, déclare Arthur Griffith en guise de bienvenue.

Sans se faire prier, l'homme entame un monologue interminable d'une voix nasillarde.

— Je suis anglais. A quoi bon le nier ? Je ne vous en servirai que mieux. Mais, si je suis anglais de naissance, je ne le suis pas de cœur. J'ai beaucoup voyagé, particulièrement dans les colonies, et ce que j'y ai vu m'a révolté.

Le regard étrangement clignotant de Frank Hardy court sur l'assistance impassible.

— La guerre est venue. Je me suis battu. J'ai été décoré plusieurs fois. Et puis la paix a été signée. Les affaires m'ont amené dans le nord de l'Irlande. Là j'ai eu la chance de me lier avec des Irlandais patriotes, de vrais Irlandais qui luttaient pour la noble cause du Sinn Fein, votre cause. Ils m'ont ouvert les yeux et je me suis décidé, à mon tour, à lutter contre l'impérialisme anglais.

Hardy s'anime, son visage se colore d'émotion et de fierté avant de prendre une expression dolente et pitoyable.

— Mes amis irlandais m'ont fait l'honneur de me prendre avec eux dans un raid contre un poste de police. Mais je n'ai pas eu de chance. J'ai été blessé, arrêté, condamné. Toutefois, on m'a relâché au bout de quelques mois. A cause de mes états de service, a-t-on prétendu. En vérité, c'était pour autre chose.

Le visage des hommes alignés derrière la longue table de bois reste de marbre. De temps en temps, ils allument des pipes ou des cigarettes, sans proférer la moindre parole. Le chant d'un orgue de Barbarie monte de la rue et mêle ses accords à la voix nasillarde de l'agent anglais. Un pâle rayon joue sur le papier à fleurs de la pièce.

— A ma sortie de prison, reprend Frank Hardy, on me conduisit chez un capitaine anglais, le capitaine Thompson. C'est le chef des services d'espionnage britanniques en Irlande. Il dirige tout de Belfast. Il m'a proposé, contre ma libération, et deux livres sterling par jour, d'entrer dans ses services. J'ai accepté tout de suite de façon à pouvoir vous renseigner, de l'intérieur, sur les agissements de l'espionnage britannique en Irlande.

Frank Hardy esquisse un pas en avant, et poursuit d'une voix assourdie.

— Ils m'ont donné pour mission de découvrir Michael Collins, qu'ils recherchent en vain depuis deux ans. En cas de réussite, Thompson m'a promis une récompense de vingt mille livres. C'est pour cela que le bateau de Holyhead m'a débarqué l'autre jour sur les côtes de la libre et généreuse Irlande. Cependant, je ne ferai pas ce qu'ils attendent. Au contraire je serai, avec votre accord, un espion du Sinn Fein dans les rangs ennemis.

L'allégresse illumine le visage du gros homme qui se fait malicieux, débonnaire.

— Il me sera peut-être nécessaire d'apporter aux bureaux de la Military Police quelques renseignements, mais uniquement ceux que vous voudrez bien me donner. Maintenant, gentlemen, je me permets de vous faire observer que je cours de grands risques en faisant cela. Je serais pendu, n'est-ce pas, si j'étais pincé ?

Arthur Griffith ajuste son lorgnon et se lève posément. En lissant sa moustache, il observe, ironique.

— Vous avez raison de vous inquiéter. Vous courez effectivement de grands risques.

L'Anglais bombe fièrement le torse, comme si le président du Dail lui avait décoché un compliment.

— Seulement, continue doucement Arthur Griffith, ces risques ne viennent pas du côté des Anglais.

— Plaît-il, monsieur le Président ? demande vivement l'homme aux sourcils roux.

— Jouons cartes sur table, Hardy, voulez-vous. A moins que vous ne préfériez que je vous appelle Gooding, ou Harling, ou Saville.

— Je... Je ne vous comprends pas, balbutie l'homme.

— Vous avez prétendu être allé en prison à Belfast. C'est vrai, Hardy, mais pour vols, escroqueries et abus de confiance. Voici d'ailleurs une confession écrite de votre main.

Les épaules de l'homme s'affaissent de plus en plus. Il est saisi d'un tremblement nerveux.

— Vous êtes un faussaire et un escroc, Hardy. Vous vous proposez en outre de devenir un assassin. Car c'est pour faire arrêter ou assassiner Michael Collins que vous êtes ici, ne niez pas plus longtemps.

Se voyant démasqué, l'agent porte la main à sa poche-revolver. Il est maîtrisé par les Volontaires en faction près de la porte.

— Enlevez-lui son arme et lâchez-le, ordonne Griffith.

Vaincu et résigné, l'homme s'affale sur une chaise. Il ne cherche même pas à demander grâce. Il sait trop bien que les dix hommes assis derrière la longue table se sont déjà prononcés sur son sort. On le retrouvera dans quelques heures, une balle dans la tête, avec, au revers de son imperméable jaune, le petit carton traditionnel : « Spies and informers beware. I.R.A. »

Dans un état second, il s'entend dire par Arthur Griffith :

— Hardy, l'air de Dublin est mauvais pour votre santé. Il vous faut prendre, ce soir, le bateau de neuf heures.

Interdit, l'espion britannique regarde stupidement les dix hommes attablés devant lui.

— Ne vous inquiétez pas, Hardy, les messieurs que voici ne sont pas les juges impitoyables d'un obscur tribunal Sinn Feiner. Ce sont les reporters de quelques grands journaux du globe.

Et Griffith présente ironiquement à l'agent démasqué les correspondants du *New York Times,* du *Corriere della Sera,* du *Journal de Genève,* du *Peuple de Bruxelles,* du *Zürcher Nachrichten,* de la *Frankfurter Zeitung,* du *Svenska Dagbladet* suédois, et du *Daily Mail* anglais.

— Enfin, ces trois messieurs que vous avez pris pour de féroces Sinn Feiners ne sont autres que Ricardo Baëza d'*El Sol* de Madrid, Joseph Kessel de *La Liberté* de Paris, et Henri Béraud du *Petit Parisien.*

Sur un geste de Griffith, la porte s'ouvre. Hardy boutonne son imperméable, saisit son chapeau. Il essuie de sa manche la sueur qui lui coule sur les paupières et qui noie ses petits yeux luisants de renard pris au piège. Puis, sans demander son reste, il se précipite vers le corridor et dévale quatre à quatre les escaliers, poursuivi jusque dans la rue par les éclats de rire des correspondants de presse [1].

1. Cet épisode est rapporté par Henri BÉRAUD, dans *Le flâneur salarié,* Paris, 1927, pp. 120-125; *Les derniers beaux jours,* Paris, 1953, pp. 66-69, et Joseph KESSEL, dans *Le temps de l'espérance,* Paris, 1968, pp. 81-90.

# XIII

## *TERENCE MAC SWINEY*

Michael Collins aime trop les hommes, et trop peu les idées, pour ne pas être douloureusement affecté par les représailles qui s'abattent quotidiennement sur les villes et les villages de son pays. Parfois, une immense lassitude le submerge et il se prend à douter de l'issue d'un combat dans lequel tant de vies innocentes sont fauchées par un destin aveugle.

A l'automne 1920, deux pertes cruelles sont bien près de briser sa fougue légendaire.

Premier revers : l'arrestation de Terence Mac Swiney.

Intellectuel au visage d'ascète, religieux jusqu'au mysticisme, auteur prolifique d'essais, de pièces de théâtre et de poèmes, Terence Mac Swiney a embrassé la foi républicaine avec toute la ferveur idéaliste d'un nouveau Padraic Pearse. Elu lord-maire de Cork après l'assassinat de Thomas Mac Curtain, il est aussi la cheville ouvrière du mouvement nationaliste dans le Sud : président local de la Ligue gaélique et du Sinn Fein et, plus discrètement, commandant de la Première Brigade de Cork de l'I.R.A.

Organisateur né, il est constamment sur la brèche, assurant le succès de l'emprunt rebelle et menant la vie très dure aux soldats et aux supplétifs de la Constabulary.

Mais il prend trop de risques. Le 12 août 1920, il se fait arrêter dans l'Hôtel de Ville en possession du chiffre de la police. En manière de protestation, il refuse de s'alimenter, et réplique avec hauteur au major Perceval qui préside la Cour martiale chargée de statuer sur son cas :

— Je suis lord-maire de Cork et premier magistrat de cette ville. Je déclare cette cour illégale et ceux qui la composent passibles d'arrestation, conformément aux lois de la république d'Irlande.

Haussant le ton, il ajoute :

— C'est moi qui déciderai de la durée de mon emprisonnement. Quoi que fasse votre gouvernement, je serai libre, vivant ou mort, sous un mois.

Condamné à deux ans de travaux forcés, il est envoyé à la prison de Brixton dans la banlieue sud de Londres. Très vite la sombre bâtisse devient un lieu de pèlerinage pour tous les Irlandais de la capitale, et, ce qui est autrement important, pour les reporters du monde entier. Les bulletins de santé du lord-maire de Cork sont publiés quotidiennement dans les grands journaux de Paris, Rome, Genève, Canberra, New York.

Tandis que les forces du prisonnier déclinent de jour en jour, des manifestations éclatent un peu partout en sa faveur. Les églises, les syndicats, les grands journaux de Fleet Street conjurent le gouvernement d'éviter le pire. Le roi George V lui-même exprime son émotion.

Mais le Cabinet anglais reste inflexible.

— Le lord-maire de Cork a annoncé sa décision de périr de faim, commente Winston Churchill, sarcastique, mais, après deux mois de grève de la faim, il est toujours vivant.

Soutenu par une foi intense, Terence Mac Swiney gravit le chemin de croix de sa douloureuse agonie. Il continue de refuser toute nourriture, acceptant seulement un peu de jus de citron pour empêcher le scorbut et quelques gouttes d'eau salée. Il est torturé par des maux de tête incessants, des douleurs dans les bras, dans le dos, dans les épaules, puis dans les nerfs. Pâle, efflanqué, il ne supporte plus le poids des draps et des couvertures. Il manque d'air, suffoque. Peu à peu, sa vue décline, il commence à délirer. Il se débat faiblement, persuadé qu'on cherche à le nourrir de force. On est obligé de lui faire des piqûres de morphine.

Sur le tard, les infirmières essaient de lui faire absorber du jus de viande et du lait. Il se recroqueville, gémit faiblement et vomit tout ce qu'on lui fait ingurgiter. Puis il retombe inanimé sur sa couche. La vie s'écoule goutte à goutte de son corps épuisé.

Le 25 octobre 1920, à quatre heures et demie du matin, le

médecin de garde envoie chercher un prêtre qui administre au moribond l'indulgence plénière *in articulo mortis* arrachée par Mgr Mannix au pape Benoît XV. Terence Mac Swiney réussit à esquisser une grimace douloureuse suivie d'un bref relâchement des traits. Son agonie aura duré soixante-quatorze jours.

L'annonce de sa mort soulève une vague de fond en Irlande, mais aussi en Angleterre, en France, en Italie et en Amérique. Le gouvernement de Lloyd George est mis en procès dans les deux hémisphères.

Au 10 Downing Street et au Château de Dublin, on ne se montre guère affecté par le verdict de l'opinion publique internationale. L'heure n'est plus aux atermoiements.

Kevin Barry, un jeune étudiant en médecine de Dublin, âgé de dix-huit ans à peine, est bientôt menacé de connaître le même sort que Terence Mac Swiney. Capturé lors de l'attaque meurtrière d'un camion militaire dans North King Street, il est conduit dans les locaux de la North Dublin Union, réquisitionnés par l'armée, et interrogé sous la torture par deux officiers et trois sergents du First Lancashire Fusiliers. Malgré la douleur, le jeune homme refuse de dénoncer ses compagnons. En désespoir de cause, il est traduit en Cour martiale.

Devant son obstination têtue, l'officier anglais présidant la Cour s'emporte :

— Mais enfin, réfléchis. Donne-nous les noms de tes chefs. C'est ta seule chance de t'en tirer.

Le jeune homme se tait, impavide. L'officier hausse les épaules et, d'une voix sarcastique :

— Que peuvent-ils pour toi maintenant ?

Aiguillonné par ce trait, Kevin Barry se raidit et réplique, autant pour lui-même que pour la Cour :

— Rien assurément, mais je peux mourir pour eux.

Il est condamné à être pendu.

La sentence provoque une vive émotion dans le pays. Des pétitions demandant la grâce du jeune condamné s'accumulent sur le bureau du vice-roi. Mais le Château est décidé, une fois de plus, à ne pas céder. C'est à peine si certains émettent l'opinion qu'il serait préférable de fusiller Kevin Barry comme rebelle en application de la loi martiale plutôt que de le pendre comme un vulgaire assassin, conformément au droit commun.

Michael Collins qui ne se fait aucune illusion sur les chances d'une commutation de peine, échafaude fiévreusement un plan pour faire évader le jeune étudiant. La veille du jour de l'exécution, il mobilise la Brigade de Dublin pour une attaque-éclair sur la prison. Mais le Château est sur ses gardes. Mountjoy a été mis en état de siège. Impuissants les Volontaires de l'I.R.A. ne peuvent que se mêler à la marée humaine dont le gémissement sourd monte comme un dernier salut jusqu'à la cellule du condamné à mort.

Lorsqu'on vient dire à Collins, au soir du 1er novembre 1920, que Kevin Barry a été pendu, ses forces l'abandonnent, tout se dénoue soudainement, ses épaules s'affaissent et il se met à sangloter nerveusement.

Les chemins de la liberté sont jonchés de cadavres : amis de jeunesse, camarades de combat ou simples inconnus, tués au bord de la route, torturés au fond des caves, agonisant sous les barreaux. Combien sont-ils ? Combien en faudra-t-il encore avant que s'apaise enfin ce vent de folie et de mort qui souffle sur l'Irlande son haleine glacée ?

La chance tourne. Sir Ormonde Winter, chef de tous les services de renseignements britanniques en Irlande depuis le printemps, a réorganisé ses filières si rapidement et si complètement que les hommes de Collins n'ont pas eu le temps de s'adapter à la forme nouvelle que prend à Dublin la guerre de l'ombre. Les agents spéciaux que Collins, par euphémisme, appelle les « particular ones » marquent des points. Des papiers importants, des caches d'armes, des républicains « on the run » tombent entre leurs mains. La psychose de l'espionnite s'empare de l'organisation révolutionnaire.

Les succès de plus en plus nombreux de l'armée sont attribués aux agents d'un mystérieux « Cairo gang » qui a juré de battre Collins à son propre jeu. Des hommes sont abattus pour des raisons obscures. Un arsenal de la Brigade de Dublin, dissimulé dans une vieille étable de Great Charles Street, est découvert. L'imprimerie clandestine de l'*Irish Bulletin,* organe de propagande du mouvement républicain, est investie par la troupe. Les spécialistes britanniques de l'intoxication s'empressent de tirer plusieurs éditions falsifiées du bulletin afin de discréditer l'organisation révolutionnaire à l'étranger, et semer la discorde dans ses rangs en Irlande même.

Le fléau de la balance semble osciller en faveur de la Couronne. Il n'en faut pas davantage pour que les renseignements affluent, les langues se délient, les mouchards s'enhardissent.

L'un d'eux, surnommé « Nœud-Papillon », signale la présence de deux républicains « on the run » dans la villa du docteur Carolan à Drumcondra. Il ignore qu'il s'agit de Dan Breen et de Sean Treacy, les inséparables acteurs du lever de rideau de la guerre d'indépendance, respectivement commandant et vice-commandant de la Troisième Brigade républicaine du Tipperary, une des unités les plus combatives de l'I.R.A. Ils sont à Dublin pour une conférence de l'état-major rebelle.

Un soir, un pressentiment les effleure. Ils se couchent, oppressés par un sentiment d'inquiétude diffus et insistant. Vers une heure du matin, le bruit des camions et des automitrailleuses déchire soudain le calme traditionnel de ce quartier résidentiel cossu. Des projecteurs balayent les façades. Des officiers aboient des ordres, des soldats lourdement chargés encerclent la villa. Une grêle de coups s'abat sur la porte d'entrée. Le docteur Carolan est bousculé par un officier qui se précipite vers l'escalier.

Les deux fugitifs bondissent sur leurs armes. Après avoir déchargé son parabellum, Sean Treacy enjambe la fenêtre et disparaît dans la nuit. Colosse hirsute à demi nu, Dan Breen reste planté sur le palier, un pistolet Mauser dans chaque poing. Il fait feu sur les uniformes kakis. Un major est tué à bout portant [1].

Avant d'épuiser ses munitions, Dan Breen a le temps de voir s'écrouler un capitaine, un caporal et plusieurs soldats. L'odeur de la poudre, le cri des blessés, le crépitement des fusils emplissent la cage d'escalier. Blessé en cinq endroits, Dan Breen fait retraite dans la chambre, ferme la porte à clef et enjambe à son tour la croisée. Il atterrit sur une verrière qui cède sous son poids. Il s'en extrait à grand-peine, escalade un muret, évite de justesse une automitrailleuse lancée à sa poursuite, et gagne la grand-route. Pieds nus, haletant, perdant son sang en abondance, il escalade le mur d'enceinte du collège St. Patrick et file en direction de l'ouest. Il

1. Ce major était le propre frère du commissaire divisionnaire Ferguson Smyth, auteur du discours incendiaire de Listowell (cf. p. 148). Le major Smyth servait dans l'armée britannique en Egypte lorsqu'il apprit la mort de son frère, abattu par l'I.R.A. au bar du Country Club de Cork. Il s'était aussitôt porté volontaire pour servir en Irlande afin de le venger.

traverse la rivière Tolka, heureusement peu profonde, et, près de s'évanouir d'épuisement et de froid, frappe à la porte de la première maison venue. Les occupants ne sont pas des sympathisants, mais, signe des temps, on ne lui pose pas de questions et on accepte même de porter un message de sa part chez Phil Shanahan. Le lendemain, l'I.R.A. envoie une voiture pour le transporter au Mater Hospital.

Les soldats et les Black and Tans quadrillent la ville à la recherche des deux hommes. Les patrouilles sont renforcées, les contrôles d'identité multipliés, les perquisitions menées tambour battant.

Treacy qui s'est tiré d'affaire sans une égratignure tremble pour son camarade. Il redoute un raid sur le Mater Hospital. Il en néglige sa propre sécurité.

Deux jours après l'échauffourée de Drumcondra, un mouchard le voit pénétrer dans une boutique de confection à l'enseigne des « Republican Outfitters », au numéro 94 de Talbot Street. Il prévient immédiatement les autorités.

A quatre heures de l'après-midi, une automobile blindée et deux camions remplis de soldats, d'Auxiliaires et d'officiers en civil, surgissent au coin d'O'Connell Street et de Talbot Street. Ils remontent la rue à vive allure et bloquent ses deux extrémités. Les soldats sautent à bas des camions et se déploient en position.

Alerté, Sean Treacy sort précipitamment des « Republican Outfitters » et enfourche un vélo. Il est aussitôt ceinturé par deux officiers en civil. Une courte lutte s'ensuit, au terme de laquelle l'Irlandais parvient à dégainer son parabellum et à faire feu. Le premier assaillant est projeté violemment en arrière, sous l'impact des balles qui lui perforent les entrailles. Sean Treacy n'a pas le temps de retourner son arme contre le deuxième officier. Un troisième homme en civil a surgi derrière lui et lui a logé une balle de Webley automatique dans la tête. Il tombe, foudroyé.

Tout s'est passé très vite, trop vite. Enervés par cette ville hostile, par le danger, et par cet accrochage meurtrier dont ils ne distinguent pas très bien l'issue, les soldats sont soudain pris de panique. Le servant de l'automitrailleuse ouvre le feu. Le claquement sec des fusils Lee-Metford fait écho au tac-tac rageur de l'arme automatique. C'est un spectacle hallucinant. Les passants, nombreux à cette heure de pointe, se jettent à plat ventre dans la rue ou cherchent refuge dans les boutiques voisines, derrière les comptoirs, dans les arrière-salles, sous les tables renversées. Le cri hystérique d'une femme couvre un instant le vacarme des coups de feu. Un garçon de course s'abat sur le trottoir, le visage tordu par une grimace où se mêlent la douleur et la surprise. Un cycliste, tué de trois balles dans le ventre, gît sous sa machine dont la roue tourne encore. Un policeman tombe sans connaissance, frappé d'une balle dans le bras droit et d'une autre dans les côtes. Labourés par la mitrailleuse prise de folie, les cadavres de Sean Treacy et des deux officiers britanniques sont agités de convulsions grotesques. Le troisième officier, blessé légèrement, hurle de peur. Mais sa voix est étouffée par le fracas des balles qui claquent sur le trottoir, ricochent sur les briques et viennent se perdre dans le plafond des boutiques avoisinantes.

Après que les armes se sont tues, le corps de Sean Treacy est acheminé jusqu'au Château de Dublin, où le sergent Roche, un constable irlandais du comté de Tipperary, l'identifie en proférant des obscénités grossières qui sont rapportées à Collins dans l'heure qui suit.

L'œil étincelant, la bouche tordue en un rictus cruel, le Big Fellow éclate d'une voix féroce :

— Je veux la peau de ce fumier.

Le dimanche suivant la mort de Sean Treacy, les hommes du « Squad » reçoivent l'ordre de prendre position sur le Grattan Bridge qui enjambe la Liffey, non loin du Château. Ils aperçoivent deux hommes en civil marchant dans leur direction, la casquette rabattue sur les yeux. Le premier est un petit homme trapu au visage rougeaud typiquement irlandais. Le second est grand et filiforme. Le chef du « Squad » esquisse le signal convenu. Les hommes dégainent leurs armes et ouvrent le feu sur les deux passants qui arrivent à leur hauteur. Le grand maigre parvient à s'enfuir dans Capel Street. Mais le petit homme massif a boulé à terre, tué sur le coup. Le sergent Roche, du comté de Tipperary, vient de payer la rançon de ses intempérances de langage au chevet de Sean Treacy.

Michael Collins ignore le pardon des offenses. C'est sa manière à lui de rendre hommage au courage désespéré des combattants de l'ombre.

## XIV

## *LE DIMANCHE SANGLANT*

— Cela ne peut pas durer, s'exclame Collins en martelant ses mots. Cette ville est devenue une véritable souricière. Nous risquons tous d'y passer. Il doit bien y avoir un moyen de reprendre l'avantage. Ces agents, il faut bien qu'ils se découvrent à un moment ou à un autre. Ce sont eux qui désignent les objectifs des raids de nuit. Parfois même, ils interviennent pour conduire les perquisitions et interroger les suspects. C'est une première piste. Je veux que les habitants de toutes les maisons visitées par les Black and Tans et par l'Armée soient questionnés un par un. Il me faut la description de tous les hommes, en uniforme ou en civil, qui assuraient le commandement de ces opérations.

Collins se lève, marche jusqu'à la fenêtre, revient et se plante, jambes écartées, devant Tobin qui l'observe les yeux mi-clos en tirant à petites bouffées sur sa cigarette.

— Autre chose, poursuit Collins en jetant sa tête en arrière avec une expression crispée. Je veux le nom et l'adresse de tous les types qui se baladent en ville après le couvre-feu. Interroge les portiers d'hôtel, les garçons d'étage, les servantes, les propriétaires de meublés, les putains, tout le monde, tu m'entends. Et préviens tous tes piliers de bars qu'il me faut un compte rendu fidèle de toutes les conversations suspectes. Double leurs rations de Guinness si c'est nécessaire.

Une indiscrétion met l'I.R.A. sur une première piste.

Une jeune femme « loyaliste » à la langue bien pendue se

flatte dans tous les salons de Dublin de bien connaître un Irlandais du nom de Mac Mahon qui a participé à une exécution sommaire. L'information tombe inévitablement dans l'oreille d'un sympathisant qui alerte le G.H.Q. républicain. La jeune femme et son chevalier servant sont pourvus, à leur insu, d'une bonne escorte.

En l'espace de quarante-huit heures, Tobin est en mesure de confirmer à Collins qu'il s'agit bien d'un agent anglais, ancien membre du Corps expéditionnaire britannique en Russie, de son vrai nom Angliss. Il habite dans une maison de Mount Street avec un autre officier britannique appelé Peel. Mais le lieutenant Angliss a un vice impardonnable dans ce métier : il boit trop.

Mick Collins lui procure quelques joyeux compagnons de beuverie. Tandis que le Jameson whiskey ambré et la sombre Guinness coulent à flots, l'officier sans méfiance donne des noms, des adresses.

Charlie Dalton, un jeune volontaire de l'I.R.A., lève un autre lièvre. Il courtise l'accorte soubrette d'une « *boarding house* » des quartiers élégants du sud de la ville. La jeune fille est intriguée par les clients. Ce sont apparemment des gentlemen anglais attirés par les *horse-shows,* la pêche au saumon et la chasse à la grouse. Mais ils n'ont pas cette bonhomie tout en rondeur des *sportsmen* britanniques; au contraire, leur raideur ferait plutôt penser à des officiers, bien qu'ils ne portent jamais d'uniformes. Et d'ailleurs ils vivent cloîtrés et ne sortent qu'après le couvre-feu.

— Mais qu'est-ce qu'ils fichent de toute leur sainte journée ? demande Charlie Dalton en dardant un regard étincelant sur la jeune fille.

— Oh ça ! Ils restent bien tranquilles, ils passent leur temps à écrire. C'est même fou ce qu'ils peuvent écrire. Leurs corbeilles à papier sont pleines chaque fois que je fais leurs chambres.

Cette fois, le Volontaire dresse l'oreille.

— Rosie, est-ce que tu pourrais m'apporter le contenu de ces corbeilles à papier ?

— Bien sûr que oui, ce n'est pas bien difficile.

Avec l'aide de Frank Thornton, un des agents du S.R. de Michael Collins, Charlie Dalton reconstitue les brouillons de lettres des « gentlemen » bien tranquilles. Ce sont des documents accablants : fiches signalétiques de leaders républicains connus, listes de maisons à perquisitionner, adresses de sympathisants Sinn Feiner, rapports sur les effectifs et les mouvements de certaines unités rebelles, etc. La « Boarding House » est un véritable nid d'espions.

Elle est immédiatement placée sous bonne surveillance. Le courrier des « gentlemen » est passé au crible, leurs chambres visitées par des hommes du « Squad » déguisés en peintres ou en plombiers. Leurs relations sont filées, leurs allées et venues étroitement contrôlées.

Mais les Anglais ne restent pas inactifs.

Dans la nuit du 14 novembre 1920, Tobin et Cullen, les deux plus fidèles lieutenants de Collins, se font cueillir au saut du lit par une patrouille d'Auxiliaires. Interrogés sur place par Bennett et Ames, deux officiers particulièrement retors affiliés au « Cairo gang », ils donnent une fausse identité. Les agents britanniques s'efforcent de les confondre. En vain : Tobin et Cullen, entraînés à ce genre d'exercice, ne se coupent pas. Bennett et Ames font glisser la conversation sur les courses de chevaux, un sujet qui a toujours fait l'unanimité entre Anglais et Irlandais. Turfiste accompli, Cullen s'offre le luxe de donner un tuyau à Bennett. Les quatre hommes se quittent aux premières heures de la matinée, sur une vigoureuse poignée de main.

Quatre jours plus tard, les deux agents britanniques obtiennent la preuve qu'il s'agissait bel et bien des adjoints de Michael Collins. L'Hôtel Vaughan est cerné et fouillé de la cave au grenier. Mais Tobin et Cullen ont pris le large depuis longtemps. A quelques jours de là, la même mésaventure arrive à Frank Thornton, un autre agent de Collins.

Le temps presse. Entre sir Ormonde Winter, grand maître des services d'espionnage britanniques en Irlande et Michael Collins, c'est à qui prendra l'autre de vitesse.

Le S.R. de Collins constitue des dossiers sur trente-cinq agents opérant à Dublin. Tous ne sont pas anglais, et certains n'appartiennent pas au redoutable « Cairo gang », mais tous, à des degrés divers, travaillent pour le compte de sir Ormonde Winter.

Collins transmet les résultats de son enquête à Cathal Brugha, l'ombrageux ministre de la Défense du Dail Eireann. Les noms de quinze agents sont écartés pour insuffisance de preuves. Le cabinet rebelle, réuni pour statuer en dernier ressort, se rallie à l'opinion prudente de Brugha. Vingt agents britanniques sont condamnés à mort.

Michael Collins est chargé de régler les détails de l'opération. Avec l'assistance de Dick Mac Kee et de Peadar Clancy, le commandant et le vice-commandant de la Brigade de Dublin, il arrête un plan simple et brutal. Au jour J, plusieurs commandos formés de Volontaires de la Brigade de Dublin, encadrés par des agents du « Squad », attaqueront simultanément les pensions de famille, les meublés et les hôtels où résident les agents marqués. Après avoir exécuté leur mission de mort, les commandos se replieront sous la protection des équipes de couverture postées aux abords des objectifs désignés. Reste à déterminer le jour de la battue. Collins confie ce soin au lieutenant G..., ce mystérieux officier anglais connu de lui seul. Le 17 novembre il est en mesure d'écrire à Dick Mac Kee : « Le lieutenant G... suggère le 21 novembre. Le jour et la date me semblent appropriés. Mick. »

La veille au soir, Collins et les principaux chefs de l'I.R.A. échappent de justesse aux Auxiliaires qui ont cerné l'Hôtel Vaughan, leur Quartier Général. Plus malchanceux, Dick Mac Kee et Peadar Clancy sont arrêtés à l'aube par un détachement de supplétifs dans une maison de Gloucester Street, où ils avaient trouvé refuge.

Le dimanche 21 novembre 1920 s'annonce semblable aux autres dimanches. La matinée est resplendissante. La Liffey, grossie, palpite doucement sous un frisson de vent. Il fait presque chaud et dans leur mouvement rapide, les nuages voilent par instants le soleil qui fait miroiter les dômes des Four Courts et du Palais des Douanes. Les automobiles blindées et les camions qui ont sillonné Dublin comme toutes les nuits ont regagné leurs casernes. La foule joyeuse des dimanches se hâte vers les nombreuses églises dont le carillon grêle annonce la messe de neuf heures.

Trois hommes en trench-coat pénètrent dans l'Hôtel Shelbourne. Ils montent directement dans les étages. Au premier, ils dégainent leurs armes. Mais ils sont nerveux. Au détour d'un couloir, le chef de file croit voir une silhouette armée. Il tire. Un miroir vole en éclats. Alerté, l'officier anglais recherché par le commando saute sur son arme et disparaît dans la cage d'escalier. Les gunmen se retirent en toute hâte après avoir fait main basse sur les papiers de leur victime.

Premier échec.

La pension de famille du 28 Upper Pembroke Street s'éveille lentement. Neuf heures est une heure matinale à Dublin, surtout pour un dimanche. Matt, le portier, est occupé à cirer les parquets, tandis que monte de la cuisine une appétissante odeur de pain grillé et de bacon. On frappe à la porte. Matt se lève tranquillement et va ouvrir. Il se trouve nez à nez avec le canon d'un revolver.

Dix hommes se précipitent dans le hall et escaladent les étages. La directrice est repoussée brutalement dans sa chambre.

Parvenus au troisième, les Volontaires frappent à la porte de deux chambres contiguës occupées par le major Dowling des Grenadier Guards et par le capitaine Leonard Price de l'Army General List, un des nombreux camouflages des S.R. britanniques en Irlande. Les deux officiers s'apprêtaient à gagner la salle à manger pour prendre leur petit déjeuner. Ils sont fusillés à bout portant.

Au second, le colonel Woodcock, un vétéran de la guerre mondiale, décoré de la D.S.O., se précipite hors de sa chambre pour voir ce qui se passe. Il se heurte à un jeune homme armé qui lui crie : « Haut les mains ! » Au lieu d'obtempérer, il fait volte-face et se rue vers sa chambre. Un coup de feu claque. L'officier s'abat, mortellement frappé d'une balle dans le dos.

Le lieutenant Murray du régiment des Royal Scots dévale l'escalier. Blessé par les deux hommes qui couvrent le hall, il s'écroule, inanimé.

Le colonel Montgomery, du Premier Bataillon des Fusiliers du Lancashire, est abattu sur le pas de sa porte avant d'avoir pu faire usage de son arme. Le capitaine Keenlyside, officier dans le même bataillon, apparaît sur le palier avec sa femme. En voyant les trois hommes de l'I.R.A. braquer leurs revolvers, elle s'accroche désespérément à son mari en poussant un long cri de terreur. On essaie en vain de l'entraîner. Finalement, un des trois hommes tire sur l'officier anglais et lui fracasse le bras.

Le chef du commando hurle un ordre :

— Tout le monde en bas. On se barre.

Le carnage n'a pas duré un quart d'heure.

Au même instant, le lieutenant Mac Lean, ancien de la Rifle Brigade promu Chief Intelligence Officer des services secrets britanniques, fait la grasse matinée en compagnie de sa femme dans la très agréable maison de leurs amis Smith, au numéro 119 de Morehampton Road, paisible avenue de la banlieue sud de Dublin. En dehors de la famille Smith et de leurs trois enfants, la maison est occupée par le beau-frère écossais du lieutenant Mac Lean, qui attend d'être affecté à une unité de Black and Tans. Un gamin, âgé de dix ans, ouvre la porte aux tueurs de l'I.R.A. Ils se précipitent à l'étage et font irruption dans la chambre de l'espion anglais.

— Pas ici, pas en face de ma femme, supplie le lieutenant.

— C'est bon, acquiesce le chef du commando, montez au-dessus.

Les trois hommes de la maison sont poussés dans une chambre vacante. Une fusillade éclate suivie presque aussitôt par la dégringolade des dix justiciers. La femme du lieutenant Mac Lean n'attend pas qu'ils aient claqué la porte derrière eux pour bondir. Les yeux hagards, elle découvre les cadavres de Smith et de son mari et, baignant dans son sang, le corps de son frère, grièvement blessé.

Même scénario au 92 Lower Baggot Street, domicile du capitaine Newbury, du Royal West Surrey Regiment. Il est au lit avec sa femme enceinte lorsqu'on frappe à la porte d'entrée du petit appartement. La jeune femme enfile un peignoir et, laissant la porte de la chambre entrouverte, traverse le salon pour aller ouvrir. A la vue des quatre hommes armés, elle pousse un cri de frayeur et tente de refermer la porte sur les assaillants. Voyant qu'il n'y a aucun espoir, elle court vers la chambre. Avec l'aide de son mari, elle tente de se barricader derrière cette seconde porte. Mais un des Volontaires tire à travers le mince panneau de bois. Blessé au ventre, l'officier se rue sur la fenêtre en pyjama. Il l'a enjambée à moitié lorsque les hommes de l'I.R.A. font irruption, bousculent la jeune femme éplorée, et le criblent de balles.

Une semaine plus tard, la veuve de l'agent britannique accouchera d'un enfant mort-né.

Bennett et Ames, les deux officiers du « Cairo gang » identifiés par Tobin et Cullen, occupent deux chambres vis-à-vis au 38 Upper Mount Street, à deux pas de Merrion Square. Bennett est encore au lit lorsque les hommes de l'I.R.A. poussent la porte de sa chambre et lui intiment l'ordre de se lever. Un revolver dans les côtes, il est poussé dans le couloir et, de là, dans la chambre du lieutenant Ames. Les deux agents anglais, abattus à bout portant, s'écroulent en même temps sur la descente de lit.

A quelques yards, dans l'avenue parallèle de Lower Mount Street, au numéro 22, un autre commando de l'I.R.A. se fait conduire à la chambre du lieutenant Angliss, alias Mac Mahon, l'imprudent ivrogne qui s'était trop confié aux amis de hasard et aux femmes babillardes. Il est abattu dans son lit de cinq balles de Webley 45.

Les justiciers se font désigner la chambre de Peel, l'ombre du lieutenant Angliss. Terrifié, celui-ci a empilé des meubles contre la porte dès qu'il a entendu les détonations dans la chambre voisine. Les assaillants essayent vainement d'enfoncer la porte et, de guerre lasse, ouvrent le feu à travers la paroi.

Un cri jaillit soudain :

— Les Auxies arrivent.

Effectivement, un camion de supplétifs remonte la rue.

Alertés par le hurlement strident d'une femme, ils bondissent à terre et se déploient autour de la maison. Avant de prendre la direction des opérations, l'officier commandant le détachement envoie deux cadets chercher des renforts. Pendant ce temps, le commando rebelle s'est scindé en deux groupes. Le premier se rue à la rencontre des Auxiliaires en déclenchant un feu nourri. Un Volontaire républicain, blessé au bras, est porté par ses compagnons qui s'évanouissent dans les petites ruelles. Le deuxième groupe qui s'enfuit par la porte de derrière est pris, à son tour, sous le feu des cadets qui ont contourné la maison. La cheville fracassée par une balle, un des fugitifs roule à terre. Les autres disparaissent à toutes jambes.

Les deux Auxiliaires envoyés pour chercher des renforts à la caserne de Beggars Bush tombent sur l'équipe de protection postée près du pont de Mount Street. Ils sont poussés dans un jardin et abattus.

Au même moment, le capitaine Fitzgerald se prélasse avec délice dans la chambre qu'il occupe dans un paisible « boarding house », située au 28 Earlsford Terrace, tout près de University College, la grande université catholique rivale de Trinity College.

C'est un homme qui revient de loin.

Alors qu'il se trouvait dans le comté de Clare, il a été capturé par l'I.R.A. Un de ses ravisseurs a essayé de l'abattre avec son propre revolver, mais l'arme s'est enrayée. Perdu pour perdu, l'officier a essayé de résister. Dans la lutte il s'est démis l'épaule. Une seconde fois on a braqué un revolver sur lui et appuyé sur la détente. Le coup est parti, mais la balle a seulement frôlé son visage. Jouant son va-tout, il a fait le mort, et le commando rebelle s'est laissé prendre à son stratagème.

Lorsqu'on a vu la mort de si près, il est facile de se croire protégé par la sainte Providence. Le capitaine Fitzgerald n'a aucune raison de s'inquiéter. L'homme qui a frappé à la porte de la pension semble d'ailleurs rechercher quelqu'un d'autre.

— Est-ce que M. Fitzpatrick est là, demande-t-il, vous savez, le lieutenant-colonel ?

La bonne hoche la tête en signe de dénégation.

— Nous n'avons pas de M. Fitzpatrick, seulement un capitaine Fitzgerald.

— O.K. Conduisez-nous jusqu'à sa chambre.

La bonne s'exécute de mauvaise grâce. Elle désigne la porte. Deux hommes tournent lentement la poignée et se glissent dans la pièce. Un cri déchire l'air, tranché net par l'aboiement rauque des automatiques. Le capitaine Fitzgerald retombe sur son lit, deux balles dans la tête, une en plein cœur, et la dernière trouant la main avec laquelle il cherchait à conjurer, une fois de plus, son destin d'homme traqué.

A l'Hôtel Gresham, le commando de l'I.R.A. commet une tragique bévue en exécutant le capitaine Mac Cormack du Royal Army Veterinary Corps, de passage à Dublin pour acheter des mules pour l'armée, et un dénommé Wilde, gagné à l'idée d'une solution démocratique de la « Question d'Irlande ».

Simultanément, les hommes du « Squad » de Collins mettent fin à la carrière du capitaine Bagally, un des juges les plus implacables de la justice militaire britannique en Irlande, mêlé de surcroît à l'une des exécutions sommaires complaisamment revendiquées par le lieutenant Angliss.

Les autres commandos font chou blanc. A l'Eastwood et au Standard Hotel, ils ne trouvent pas les officiers qu'ils ont reçu mission d'abattre. L'un d'eux, bien inspiré, a passé la nuit dans les bras d'une prostituée des bas quartiers de Dublin.

Avant que retentisse l'angélus de midi, onze agents britanniques ont été passés par les armes, quatre ont été blessés plus ou moins grièvement. Deux Auxies ont été exécutés ainsi qu'un malheureux officier vétérinaire, victime innocente de cette impitoyable guerre de l'ombre.

Un formidable courant de haine, de colère et de peur, submerge alors les cantonnements de Black and Tans et d'Auxiliaires.

Toutes les victimes ne sont pas encore dénombrées qu'une rumeur folle enfle, grossit et se répand comme une traînée de poudre dans toutes les casernes de Dublin.

Le général Crozier entend un de ses officiers, hagard, affirmer :

— Environ cinquante agents ont été abattus. Collins a pratiquement liquidé tous les gars des services secrets.

Un autre prétend que des blessés ont été achevés à la hache.

C'est à qui inventera le détail le plus horrible, brossera la description la plus hallucinante, ressuscitera les phantasmes les plus terrifiants.

Inconsciente et joyeuse, la foule dublinoise ne pense qu'au match de football Dublin-Tipperary, qui doit avoir lieu sur le terrain de Croke Park l'après-midi même.

Des officiers de la Brigade de l'I.R.A. de Dublin ont tenté de convaincre les organisateurs d'annuler ou de repousser le match. Mais le comité sportif a écarté cette suggestion. La guerre s'arrête à la barrière des champs de courses et des terrains de football, où Anglais et Irlandais, enfin réunis, assouvissent en paix leur passion mutuelle pour les compétitions sportives.

A partir d'une heure et demie, les supporters de Dublin et de l'équipe du Tipperary envahissent les gradins. Des queues se forment devant les vendeurs de tickets. Des bookmakers gesticulent et enregistrent les paris. Huit mille personnes attendent dans une atmosphère de kermesse le premier coup d'envoi. A deux heures quarante-cinq, une explosion de joie retentit. Les joueurs ont pénétré sur le terrain au pas de course. L'arbitre met le ballon en jeu. Aussitôt la partie s'engage, rapide, brutale, nerveuse. Plus rien n'existe pour la foule bigarrée, qui s'anime et vibre à l'unisson des joueurs.

Même le ronronnement de l'aéroplane survolant le terrain à basse altitude ne distrait pas les regards rivés sur le ballon. Personne ne remarque la fusée rouge qui éclate dans le ciel comme une fleur menaçante. Et lorsque la silhouette des Black and Tans se profile au sommet du mur d'enceinte, le match n'en continue pas moins sous les applaudissements et les huées de la foule, au comble de l'excitation.

Les supplétifs sautent sur le terrain, l'arme à la hanche.

Un coup de feu éclate. Qui a tiré ? Un guetteur de l'I.R.A. pour prévenir ses compagnons du danger ? Un membre des forces de l'ordre ? Nul ne le sait. Mais la fusillade éclate, soudaine, drue, nourrie.

Les spectateurs ne réalisent pas tout de suite ce qui se passe.

— C'est de la frime, ils tirent à blanc, lance un organisateur.

Mais le crépitement s'amplifie au fur et à mesure que les Black and Tans et les Auxies envahissent le terrain. Les spasmes rageurs des mitrailleuses Lewis se mêlent soudain au claquement sec et péremptoire des Lee-Metford.

La foule, brutalement dégrisée, est saisie de panique. Des spectateurs sont piétinés. Un flot d'hommes et de femmes terrorisés dévale les gradins, s'aplatit sur le terrain ou se rue vers les issues. Deux joueurs portant le maillot de l'équipe du Tipperary baignent dans leur sang en travers du terrain. Un gamin perché dans un arbre pour mieux voir le match, dégringole frappé d'une balle. Une jeune fille tombe morte aux pieds de son fiancé. Un garçonnet de dix ans expire dans les bras de sa mère en gémissant. Un gamin de onze ans est piétiné par la foule devenue comme folle de terreur. Un autre, âgé de quatorze ans, est labouré par le ricochet d'une balle. La plaie est si horrible qu'on soupçonnera les Black and Tans de s'être acharnés sur lui à coups de baïonnettes.

Le tumulte est indescriptible. Les rafales de mitrailleuses soulèvent des petites mottes de gazon et ricochent sur le ciment avant de s'enfoncer avec un bruit mou dans les murs de brique des vestiaires. Les détonations sourdes des automatiques à gros calibres et le claquement des culasses couvrent les cris d'épouvante. Un Auxiliaire hurle en rechargeant son arme :

— Voilà comment nous vengeons nos camarades assassinés !

Un prêtre administre l'absolution générale à la tourbe affolée qui s'élance dans toutes les directions.

Lorsque cesse enfin la folie meurtrière des supplétifs, quatorze morts et soixante-deux blessés jonchent le terrain.

Mais ils n'ont pas encore suffisamment étanché leur soif de vengeance. Ils tiennent Dick Mac Kee et Peadar Clancy. Ils connaissent leurs grades dans l'armée rebelle. Il leur est facile d'en déduire le rôle capital joué par les deux hommes dans l'organisation du massacre des officiers britanniques. Tout les désigne comme victimes expiatoires de ce dimanche couleur de sang. Ils sont sauvagement exécutés ainsi qu'un pauvre bougre arrêté par erreur. Le lendemain, un communiqué laconique révélera que les trois hommes ont été « abattus par les forces de l'ordre alors qu'ils tentaient de s'échapper » après avoir dérobé des fusils et des grenades à la sentinelle du corps de garde.

Ce fallacieux prétexte ne trompe personne. Mac Kee et Clancy n'étaient pas assez fous pour se mesurer à l'entière Division « F » cantonnée au Château. Et les Auxiliaires, ces vétérans aguerris, n'étaient certes pas hommes à abandonner des armes et des grenades à la merci de deux hommes aussi élevés dans la hiérarchie de l'I.R.A.

L'exécution de ses deux compagnons plonge Collins dans les limbes d'une noire mélancolie dont il émerge brusquement à l'annonce que les corps, restitués à la famille, ont été déposés à la pro-cathédrale de Dublin.

Au mépris de la plus élémentaire sécurité, il se précipite à la pro-cathédrale. A la lueur vacillante des cierges, dans l'humidité grise du soir, deux médecins s'affairent autour des corps mutilés. Collins s'approche des cercueils béants. Il reste un moment immobile, pensif. Il n'y a plus dans son regard qu'une immense tendresse un peu lasse.

Le jeudi 25 novembre 1920, jour des funérailles, Collins est encore là, vêtu d'un vieux trench-coat usé. Passant outre aux supplications passionnées de ses lieutenants, ignorant résolument la présence inquiétante des détectives et des Auxiliaires qui se sont mêlés à la foule en deuil, il tient les cordons du poêle du cercueil de Dick Mac Kee.

Avant de quitter la pro-cathédrale, il épingle sur le drap une carte portant ces mots : « A la mémoire de deux fidèles compagnons, Dick et Peadar, et de deux des meilleurs soldats de l'Irlande. Michael Collins. 25.11.1920. »

# XV

## *YPRES-SUR-LA-LEE*

L'aube hivernale noie le paysage désolé dans une grisaille protectrice. Les trente-six hommes de la Colonne Volante du West Cork progressent en silence vers le centre d'un terrain plat et morne, troué de marécages glauques et parsemé de maigres bruyères et de rochers blanchâtres. Tom Barry jette un coup d'œil à son bracelet-montre qui indique huit heures quinze. D'un geste vif il ordonne à la petite troupe de faire halte.

L'endroit n'est guère propice à une embuscade, il n'offre ni fossé sur le bord de la route, ni couvert acceptable. Mais Tom Barry, qui a reconnu le terrain à cheval deux jours plus tôt, n'en a pas trouvé de meilleur entre Kilmichael et le carrefour de Gleann. C'est donc là qu'il a décidé d'attendre les Auxiliaires.

Il toise d'un coup d'œil les hommes qui ont fait cercle autour de lui. Presque tous des nouveaux. Un seul a participé à l'affaire de Toureen, où cinq officiers et soldats de l'Essex Regiment ont trouvé la mort. Les autres volontaires de la Colonne, s'ils semblent vigoureux et décidés, n'ont jamais été au feu. Trois, à peine, ont reçu l'instruction militaire pratique dispensée dans les camps d'entraînement de l'I.R.A. Mais Tom Barry n'est pas inquiet. Il a bien monté son opération. Et il sait, d'expérience, que les soldats anglais ne sont pas invincibles.

Engagé volontaire à dix-sept ans, ne s'était-il pas retrouvé en 1916 avec le Corps Expéditionnaire Britannique, encerclé par les forces germano-turques dans la nasse de Kut El Amara en

Mésopotamie ? Il y avait connu la faim, la soif, le découragement. Il y avait vu des tommies pleurer comme des enfants. Surtout, il avait acquis une solide expérience militaire, parachevée sur les champs de bataille d'Egypte, de Palestine, d'Italie et de France.

De retour en Irlande, il avait senti confusément qu'il s'était trompé de guerre.

Emporté par la lame de fond du nationalisme triomphant, il avait aussitôt rejoint les rangs de l'I.R.A. Lorsque la Colonne Volante du West Cork avait été constituéee, il en avait pris le commandement, bien décidé à en faire une unité d'élite, insaisissable et agressive.

Depuis le début, il y avait eu un point noir : les armes.

L'équipement de la Colonne est plus que sommaire. Des fusils, trente-cinq cartouches par homme, quelques revolvers, et deux grenades récupérées sur l'ennemi à Toureen. Pas de mitrailleuses. Une misère. Avec un armement pareil, il faut frapper par surprise et s'assurer l'avantage immédiatement. Tout dépend en définitive du nombre d'Auxiliaires qui déboucheront au tournant de la petite route sinueuse. C'est la seule question qui préoccupe Tom Barry.

Les cent cinquante « Auxies » casernés au Château de Macroom ne sont pas des adversaires négligeables. Ce sont des hommes de guerre, rompus au métier des armes. Anciens officiers de l'armée britannique, ils ont pour la plupart connu l'enfer des tranchées des Flandres. La violence et l'horreur de cette guerre ont tué en eux toute pitié. On les paye pour détruire une bande d'assassins plus ou moins protégés par la population. Ils n'y vont pas par quatre chemins. Ils tuent, pillent, incendient, terrorisent la région. Ecumant une zone après l'autre, ils poussent leurs incursions toujours plus au sud. Sur leur passage, des paysans sont abattus, pour rien, pour l'exemple. Des villageois sont déshabillés en public et battus à coups de crosses et de ceinturons. Des pubs et des épiceries sont pillés, des fermes saccagées, des récoltes incendiées.

Sous les coups de boutoir des Auxiliaires, l'I.R.A. décroche.

Pendant quatre mois, aucun coup de feu n'est tiré sur les supplétifs, réputés invincibles. La confiance de la population et le moral de l'Armée Républicaine elle-même s'en trouvent ébranlés.

A la mi-novembre, les chefs rebelles, sentant la situation leur échapper, décident de contre-attaquer.

Tom Barry est chargé d'accrocher les redoutables « Auxies ».

La Colonne Volante, basée dans le Nord du comté, fait mouvement vers le sud à marche forcée. Le dimanche 28 novembre 1920, à deux heures du matin, elle atteint Ahilina. A trois heures, les hommes sont avertis qu'ils vont affronter les Auxiliaires quelque part entre Macroom et Dunmanway.

La petite troupe s'ébranle sous une pluie battante. Empruntant d'étroits sentiers, longeant les routes désertes, coupant à travers champs, elle parvient après cinq heures de marche exténuante à la position choisie pour l'attaque, à un mile et demi environ au sud de Kilmichael.

Trempés jusqu'aux os, maculés de boue, complètement éreintés, les Volontaires, passablement perplexes, se serrent frileusement autour de leur chef.

— Voilà, nous sommes arrivés, les enfants.

Un silence. Tom Barry laisse passer le premier mouvement de surprise.

— Oui, je sais, ce n'est pas l'endroit idéal. Le terrain n'offre aucune position de repli. Et c'est justement la raison pour laquelle je tiens à vous prévenir : le combat d'aujourd'hui se terminera par l'anéantissement des Auxiliaires ou par la destruction de la Colonne Volante. Nous sommes acculés à la victoire. Nous livrerons combat jusqu'au dernier homme, jusqu'à la dernière cartouche. Nous n'avons pas le droit de flancher, car l'issue de cet engagement est vitale, non seulement pour le West Cork, mais pour la nation tout entière. Si les Auxiliaires sortent vainqueurs de ce premier combat avec l'I.R.A., tout est perdu. Les souffrances et l'humiliation de la race irlandaise continueront au moins pour une génération. Nous sommes ici pour tuer ou être tués. J'espère que vous serez à la hauteur.

Après avoir harangué ses hommes, Tom Barry désigne à chacun son rôle et sa position. La route nord-sud tourne brusquement ouest-est pendant cent cinquante yards. Elle reprend ensuite sa direction nord-sud.

Tom Barry installe son P.C. à l'extrémité est du dispositif, à l'abri d'un petit mur de pierres sèches qui permet de prendre la route en enfilade. Il garde avec lui trois tireurs d'élite. Le reste de la Colonne est scindé en quatre groupes dissimulés derrière quelques maigres rochers en bordure de la route. Des guetteurs non armés sont postés à deux cents yards au nord et au sud du P.C.

A neuf heures, le dispositif est en place. L'attente commence, interminable, angoissante. Les vêtements des Volontaires, trempés par la pluie de la nuit précédente sont moites et pesants. La température est glaciale. Même le thé offert par un fermier du voisinage ne parvient pas à réchauffer les hommes transis, étendus à plat ventre dans la bruyère, les yeux rivés sur la silhouette furtive des guetteurs.

Grelottant de froid, Tom Barry inspecte les positions l'une après l'autre. Il ranime l'enthousiasme fléchissant de ses jeunes recrues, vérifie les angles de tir, répète une dernière fois ses instructions. Chaque heure qui passe accroît l'inquiétude et le découragement des membres de la Colonne. La fatigue se fait brutalement sentir. Trente heures sans sommeil et sans nourriture, et une marche forcée de vingt-six miles, ont usé les hommes les mieux entraînés. La petite troupe cède petit à petit à l'engourdissement et au froid piquant de novembre. Avec le soir, la tristesse du paysage devient plus poignante. Elle pénètre insidieusement les hommes recroquevillés derrière leurs rochers.

Soudain, à seize heures, le guetteur le plus éloigné signale l'approche d'un convoi d'Auxiliaires.

— Couchez-vous ! Que personne ne bouge avant que j'aie donné le signal, ordonne Tom Barry.

Au même moment une charrette, tirée par un cheval gris, et montée par cinq hommes armés de pied en cap, débouche à l'improviste à l'entrée de la position.

— Nom de Dieu, qu'est-ce que c'est que cette bande d'énergumènes ? Ils vont tout faire foirer.

Ce sont des Volontaires de la Colonne Volante qui n'ont pas reçu leur ordre de mobilisation en temps voulu. Depuis vingt-quatre heures, ils cherchent leur unité au risque de tomber sur un détachement d'Auxiliaires. Un des hommes embusqués bondit sur la route, saisit le cheval par la bride et ordonne au conducteur de la charrette de fouetter la bête jusqu'à une ferme avoisinante. Les cinq hommes disparaissent au grand galop.

Quinze secondes plus tard, le premier camion aborde le tournant à vive allure. Tom Barry saute sur la route en uniforme de volontaire de l'I.R.A. Intrigué par cette tenue insolite, le chauffeur passe en troisième. Le camion émet un grincement sinistre. A vingt-cinq yards du muret, une grenade vole, un pistolet crache. Un coup de sifflet donne le signal de l'attaque.

La grenade fait voler le pare-brise en éclats, tuant net le chauffeur et le passager. Tanguant sur sa lancée, le camion s'immobilise à quelques mètres des volontaires de l'I.R.A. Un furieux corps à corps s'engage sur la route. Les revolvers tirent à bout portant, les coups de crosse remplacent les coups de fusil. Les combattants sont si rapprochés que l'artère sectionnée d'un Auxiliaire lance un jet de sang au visage de son adversaire. Les Anglais jurent et hurlent en essayant de se dégager. Les Volontaires luttent en silence, les dents serrées.

Tom Barry enjambe le corps d'un Auxiliaire transpercé d'un coup de baïonnette. Cramponné à son revolver, le supplétif bande ses dernières forces et tire sur le commandant de la Colonne Volante. Il le rate de quelques centimètres et s'écroule, la tête fracassée par une balle tirée à bout portant. En cinq minutes, les neuf occupants du premier camion ont été tués ou blessés mortellement.

Après avoir ramassé les armes des soldats morts ou agonisants, Tom Barry et ses hommes s'élancent, courbés en deux, vers l'extrémité nord du petit muret de pierres sèches où les Auxiliaires du second camion, à plat ventre sur la route, ripostent au feu nourri des Volontaires. Ils ont fait cinquante yards lorsqu'un supplétif lève les bras et crie :

— Cessez le feu, nous nous rendons.

Quelques soldats jettent leurs fusils sur la route. La fusillade s'arrête aussitôt. Deux Volontaires sortent à découvert.

La vieille ruse éculée a marché. Les Auxiliaires ouvrent le feu avec leurs revolvers. Les deux Volontaires sont tués de plein fouet. Un troisième est mortellement blessé.

Tom Barry et sa petite troupe débouchent au même instant sur les arrières des supplétifs. Le commandant de la Colonne Volante hurle :

— Feu ! Feu sans arrêt.

Plusieurs soldats sont fauchés par la mitraille avant d'avoir réalisé qu'ils sont encerclés. La confusion est totale. Deux Auxiliaires essayent de prendre la fuite. Une giclée de balles les cueille au vol. Ils boulent dans le fossé comme des pantins désarticulés. Un autre gesticule en criant :

— Nous nous rendons.

Le cri s'étrangle dans sa gorge. Il crache un flot de sang, transpercé de part en part.

Les hommes de l'I.R.A. sont maintenant sur la route. Ils tiraillent, l'arme à la hanche, en avançant jusqu'à toucher les Auxiliaires.

— Halte au feu, ordonne Tom Barry en rengainant son arme.

Un silence lourd succède au dernier coup de fusil. L'odeur âcre de la poudre et des grenades se dissipe dans le vent frais du soir. L'I.R.A. compte ses morts. Trois Volontaires, abattus bêtement comme des « bleus ». Mais des dix-sept occupants des deux camions militaires, il n'y a aucun survivant.

— Ramassez toutes les armes, récupérez les papiers des soldats et foutez le feu aux camions, tonne le commandant de la Colonne Volante.

Il sent que ses hommes sont sur le point de craquer. Certaines recrues, les yeux fixes et remplis de larmes, sont au bord de la crise nerveuse. Tom Barry se fait brutal pour les reprendre en main. Il éructe ses ordres d'une voix tranchante, impérieuse :

— Garde à vous.

— Présentez armes.

— En avant marche.

— Demi-tour à droite, droite.

— Demi-tour à gauche, gauche.

La Colonne défile en ordre impeccable au milieu des flaques de sang et des cadavres, tandis que les camions en flammes, semblables à deux immenses torches, illuminent violemment le paysage désolé et les visages crispés des hommes à l'exercice.

A deux mille ans de distance, ce spectacle barbare évoque l'hommage des guerriers de l'antique Celtie à la mémoire des dieux cruels endormis sous les tertres.

En une semaine Collins a repris l'avantage sur son formidable adversaire.

Bloody Sunday a décapité le S.R. anglais en Irlande. Ce véritable coup de pied dans la fourmilière de l'espionnage britannique a jeté le désarroi dans le monde interlope où s'agitent espions patentés, agents doubles, informateurs d'occasion et mouchards stipendiés.

Dès le dimanche soir, un flot de taxis, de cabs, de « jaunting cars » déverse devant les grilles du Château tout ce que Dublin compte d'agents anglais et d'auxiliaires irlandais des S.R. militaires ou civils. Les survivants du « Cairo Gang » ne sont pas les derniers à se mettre à l'abri, avec femmes et enfants. Ils ne s'estiment en sécurité qu'à l'abri des murs épais de la vieille forteresse anglo-normande.

Hier encore, siège orgueilleux du gouvernement colonial, aujourd'hui refuge surpeuplé d'une société à l'agonie, le Château ressemble à un immense radeau à la dérive.

En quelques heures, Michael Collins a déchiré la toile d'araignée patiemment tissée par le tenace Ormonde Winter. S'il en subsiste des lambeaux épars, cellules d'espions d'autant plus dangereux qu'ils n'ont pas cédé à la panique générale, il n'y a plus de coordination entre les différents services, et, surtout, la confiance des agents britanniques a été ébranlée. La conviction se répand que Collins l'insaisissable sait tout, et peut tout, dans Dublin, la ville-piège.

Autre certitude en miettes : l'invincibilité des Auxiliaires de la Royal Irish Constabulary. Dix-sept de ces anciens officiers de Sa Majesté, vétérans de la Grande Guerre, ont été anéantis en bataille rangée par une poignée de paysans du West Cork. L'absence de survivants et le manque de témoignages probants sur l'engagement de Kilmichael aggravent encore l'inquiétude mortelle des partisans de la « British Rule » en Irlande. Une chose est certaine : l'I.R.A. a brutalement desserré l'étau qui menaçait de la broyer.

Prises au dépourvu, les autorités ripostent lourdement.

Des forces importantes convergent vers Kilmichael et se livrent à des représailles tout autour de la position d'embuscade. Des magasins, des maisons, des granges sont incendiés à Kilmichael, Johnstown et Inchigeela.

La loi martiale est proclamée dans plusieurs comtés.

Une impitoyable répression s'abat sur Cork.

Nonchalamment posée au creux d'un bras de mer fiché dans une campagne verdoyante, se déroulant comme un ruban gris-bleu sur les douces collines et les rives paisibles de la Lee, la vieille cité rebelle chère au cœur de Collins fait songer par instants à Marseille, en plus ramassé et en plus agreste. Même exubérance débraillée chez cette population chaleureuse et exaltée, même laisser-aller méridional, même loquacité chantante.

Mais la guerre est passée par là. Les sourires se sont figés. La belle insouciance a disparu pour faire place à la peur, la misère et la haine. Là-haut, sur le terre-plein de Shandon, la tour Sainte-Anne n'égaye plus la ville de son carillon joyeux. Elle égrène les heures troubles d'un temps funeste et dur, temps des mercenaires et des poseurs de bombes.

Les trois boulevards auxquels aboutissent une multitude de ruelles étroites et sordides, exhibent les stigmates de cet affrontement chronique qui n'ose pas dire son nom. Ce ne sont que boutiques éventrées, vitrines défoncées à coups de crosse, devantures obstruées par des planches, façades griffées par les rafales de mitrailleuses.

Mais les Auxiliaires se trompent s'ils croient que l'on brise aussi facilement la résistance de Cork, la rebelle du Sud. Les murs barbouillés de slogans affirment le contraire.

Le 11 décembre 1920, l'Armée Républicaine frappe aux portes de la ville. Un camion d'Auxiliaires traversant Dillon's Cross saute sur une bombe. Un feu de salve rapide et meurtrier balaye le véhicule et ses occupants. Un supplétif est tué, douze autres grièvement blessés.

Les ambulances ramènent les corps aux Cork Military Barracks, cantonnement de la Compagnie K de la Division Auxiliaire de Gendarmerie.

Les cadets se ruent à l'infirmerie. La vue des corps lacérés par les balles et les éclats de bombe déchaîne leur fureur.

— Bloody Shinners, on va leur faire payer ça, grogne un officier, livide, en serrant les poings.

Ses camarades approuvent bruyamment.

Dans le soir qui tombe, la caserne est soulevée par un ouragan de haine et de folie meurtrière. Echevelés, parfois en civil, les cadets jaillissent des baraquements en bouclant leurs ceinturons. Le moteur d'une automobile blindée rugit sous les coups d'accélérateur exaspérés du chauffeur. Le pinceau de ses phares illumine la sarabande infernale des policiers qui galopent entre le dépôt de carburant et le magasin de munitions.

Deux Auxies en manches de chemise hissent une mitrailleuse sur un camion Crossley bardé de plaques de blindage qui le font ressembler à une tortue géante. D'autres entassent des haches, des outils de tranchée et des bidons de pétrole sur la plate-forme des véhicules alignés dans la cour, moteurs allumés, prêts à bondir en avant. Un officier distribue les pistolets Verey et les fusées éclairantes.

— Grouillez-vous, nom de Dieu, hurle un sergent, écarlate.

Les hommes, fusil Lee-Metford au poing, les poches bourrées de cartouches, une ou plusieurs bombes Mills au ceinturon, grimpent dans les camions qui s'élancent dans toutes les directions.

Premier objectif : Dillon's Cross.

Arrosées de pétrole, deux maisons s'embrasent comme des torches. Tandis qu'elles flambent en dégageant une nappe de fumée noire, les Auxiliaires patrouillent dans les rues avoisinantes, l'arme haute, interdisant l'accès au quartier en feu. L'occupant d'une maison léchée par les flammes tente de déménager quelques meubles. Les balles miaulent à ses oreilles. Trois Auxies le traînent dans une cour et le couchent en joue. Une horde de femmes éplorées parvient à le tirer des griffes des supplétifs.

Au même instant, le tramway poussif et cahotant de Summerhill est pris d'assaut par les Black and Tans et les Auxies. Les passagers sont jetés à bas du véhicule, fouillés brutalement, insultés et frappés à coups de crosse. Les policiers, vociférant et gesticulant, leur ordonnent de courir sans se retourner. Tandis qu'ils s'exécutent, les balles sifflent en ricochant sur la route tout autour d'eux.

Parmi les passagers, les supplétifs découvrent un prêtre. Ils s'acharnent sur lui. L'homme est collé au mur sous les quolibets et les insultes. On lui arrache son col en celluloïd et ses vêtements. Un cadet lui balance un coup de crosse dans l'abdomen. Le malheureux ecclésiastique s'effondre en gémissant.

— Chacun son tour d'être à genoux, hein Padre, susurre le policier d'un ton mielleux.

Il le force à ramper.

— Et maintenant crie avec moi : « Que le pape aille au diable. »

— Jamais, répond le prêtre dans un souffle.

Un coup de pied dans les reins ponctue son refus. Alignés sur deux rangs, les Black and Tans et les Auxies font pleuvoir sur l'homme à demi nu les coups de crosse et les coups de pied.

— Fous le camp à présent, salaud, ordonne un policier en jetant les vêtements en boule dans un fourré.

L'ecclésiastique n'a plus la force de courir. Il se traîne comme un somnambule vers ses vêtements. Les soldats lui tirent dessus. Maculé de sang et de boue, torse nu dans le froid mordant de décembre, le prêtre s'enfuit en clopinant à travers champs.

Vers neuf heures, les soldats et les Auxiliaires de la police investissent le centre de Cork. Bien que ce ne soit pas encore l'heure du cessez-le-feu, les rues déjà plongées dans la nuit sont presque désertes. De longues rafales de mitrailleuses auxquelles fait écho le claquement sec des Lee-Metfords disperse les derniers badauds.

La rue appartient aux « Forces de la Couronne ». Soldats, Black and Tans et Auxiliaires affluent de toutes parts.

Au début, tout se déroule dans l'ordre et la discipline, selon un plan qu'on dirait concerté.

Près de Patrick's Bridge un tramway est renversé et incendié. Il brûle comme une torche en dégageant une violente odeur d'essence et de tôle recuite. Un peu plus loin, dans St. Patrick Street, un détachement d'Auxiliaires, la plupart en civil, défonce la porte de Grant's, un grand magasin de tissus. Le sol, les murs et les étalages garnis de coupons multicolores sont inondés de pétrole. Le dernier « Auxie » jette une grenade Mills en se retirant. Le grand magasin s'allume en ronflant avec la soudaineté d'une boîte d'allumettes.

Suivis par les camions qui roulent au pas, Black and Tans et Auxiliaires progressent méthodiquement en mettant le feu à tous les magasins. Ils transpirent abondamment sous le poids des bidons de pétrole et de la chaleur qui monte de la rue où crépite l'incendie.

Mais la belle discipline du début s'évanouit bientôt. Des hôtels, des pubs et des marchands de spiritueux sont mis au pillage avant d'être livrés aux flammes. Les caisses de gin et de whiskey s'entassent au milieu de la rue. Les bouteilles volent de mains en mains. L'alcool décuple la rage de destruction des supplétifs. Les officiers perdent le contrôle de la situation.

Un capitaine gesticule en vain devant un magasin que les Auxies ont aspergé de pétrole.

— Pas celui-là Bon Dieu, le propriétaire est un loyaliste.
— On s'en fout, il payera pour les autres, répond un policier en jetant une bombe incendiaire dans la vitrine défoncée.

Dans Maylor Street, les Auxiliaires jettent plusieurs grenades dans le magasin Cash, qui s'embrase.
— Au tour des Munster Arcade maintenant, crie une espèce d'hercule déchaîné.

La vitrine vole en éclats, la porte est enfoncée à la hache. Un des hommes jette une bombe incendiaire dans le couloir.
— Pitié, il y a des femmes dans la maison, hurle un homme par la fenêtre du magasin surplombant Elbow Lane.
— Si vous ne voulez pas être rôtis comme des poulets, sortez de là-dedans les mains en l'air, lance un officier armé d'un énorme Webley 45.

Une demi-douzaine d'hommes et de femmes sortent de la maison en file indienne, les mains levées au-dessus de la tête. Parqués contre la grille de Wood's, tenus en respect par quatre Auxiliaires armés de revolvers, ils voient un des policiers escalader l'escalier, un bidon de pétrole dans chaque main. L'immeuble s'embrase en libérant une immense gerbe noire sous-tendue de flammes rouges.

Les Black and Tans et les Auxiliaires courent en tous sens, l'arme à la hanche. Certains se sont affublés de masques pour ne pas être reconnus. D'autres traînent derrière eux d'énormes sacs où ils enfournent pêle-mêle lingerie, bijoux, vêtements, alcools, raflés dans les magasins détruits.

Des policiers ivres titubent en vidant leurs chargeurs sur les habitants des maisons incendiées.

Alertés au début de la nuit, les pompiers casernés dans Grattan Street ont essayé de rallier Dillon's Cross. En vue de Patrick Street, ils rebroussent chemin et foncent vers la caserne de Sullivan's Quay, Quartier Général de la Fire Brigade de Cork. De là, ils appellent l'Armée.
— Allô, Military Barracks. Il y a un feu dans Patrick Street. C'est sérieux. On y envoie tous nos hommes. On nous a signalé un autre incendie à Dillon's Cross. Pouvez-vous vous en charger ?

Au bout de la ligne, un homme ricane :
— T'en fais pas mon gars, on s'en occupe.

Les voitures de pompiers foncent en hurlant de toutes leurs sirènes vers St. Patrick Street. A peine ont-elles franchi le pont qu'elles essuient des coups de feu. Un pompier, blessé par balles, est évacué sur la North Infirmary. Les Auxies ouvrent le feu sur l'ambulance qui parvient, en zigzaguant, à sortir du quartier abandonné à l'émeute policière. Des pompes sont brisées à la hache. Près de la General Post Office, les tuyaux sont sectionnés à coups de baïonnette par les Black and Tans.

Bravant tous les périls, la Fire Brigade s'efforce de contenir le sinistre. Mais la pression est insuffisante. L'eau manque. L'incendie progresse en ronflant.

Les étincelles giclent du brasier en gerbes d'étoiles dorées. Les nappes de fumées opaques qui montent vers le ciel charrient des milliers de flammèches tourbillonnantes. Le quartier brûle comme un soleil allumé sur l'horizon étincelant.

Les camions Crossley remplis de supplétifs traversent le centre-ville à un train d'enfer. Leur silhouette ventrue se détache entre deux écrans de flammes. Fusils braqués sur les fenêtres, les hommes qui ont pris place à leur bord interpellent les patrouilles incendiaires.

— Bravo les gars, continuez.

— Brûlez tout, qu'il ne reste pas pierre sur pierre.

— Grillez-moi tous ces salauds de Shinners, ça leur apprendra à nous tirer dans le dos.

Après s'être acharnés sur St. Patrick Street, les supplétifs essayent de bouter le feu aux magasins de deux grandes artères adjacentes, Grand Parade et Washington Street. Les riverains réussissent à grand-peine à éteindre un début d'incendie menaçant l'église et le prieuré St. Augustin.

Dans Grand Parade, la vitrine d'un joaillier est défoncée à coups de barres de fer. Les policiers font main basse sur les bijoux avant de regagner leur poste d'Union Quay. Dans Marlboro Street il n'y a plus une vitrine intacte. La rue est jonchée d'objets hétéroclites et de verre brisé. Dans Winthrop Street le bottier Tyler's est méthodiquement pillé par les incendiaires.

La horde furieuse ne tarde pas à déferler de l'autre côté du bras de la Lee qui sépare le quartier commerçant du City Hall. Ce n'est pas la première fois que les forces de l'ordre s'en prennent à l'édifice municipal, considéré, non sans raison, comme le foyer principal de l'agitation séditieuse.

Pour les Sinn Feiners, l'Hôtel de Ville est un symbole de la résistance aux « forces d'occupation ». Les premiers Volontaires furent recrutés dans ce hall qui abrite également les réunions de la Ligue gaélique. Et c'est encore sous les lambris de cette grande salle que furent investis des plus hautes fonctions municipales Tomas Mac Curtain et Terence Mac Swiney, tous deux officiers de l'Armée républicaine et martyrs de la Cause. Par prudence, des barreaux de fer ont été scellés aux fenêtres. Et un détachement de pompiers veille en permanence sur l'édifice, prêts à intervenir à la moindre alerte.

A deux heures du matin, un violent tir de mousqueterie dirigé contre l'Hôtel de Ville en chasse les quelques occupants qui se replient sur la Bandon Railway Station toute proche. Une douzaine de Black and Tans escaladent le mur de la Bibliothèque Carnegie et se faufilent jusqu'à une petite porte donnant sur l'arrière du City Hall. A coups de haches et de barres de fer, ils ont tôt fait de l'enfoncer et de pénétrer dans l'Hôtel de Ville déserté par ses gardiens. Les vantaux de la porte principale s'ouvrent brutalement, libérant l'accès au bâtiment municipal.

— Allons-y maintenant, crie un sergent à moitié ivre.

— Prévenez les copains d'Union Quay qu'ils apportent le matériel.

Du poste de police tout proche, accourent bientôt d'autres supplétifs, lourdement chargés d'explosifs et de bidons d'essence.

La Bibliothèque Carnegie et l'Hôtel de Ville sont minés de la cave au grenier. Les piliers de soutènement sont ceints de cartouches de dynamite. Les livres, les dossiers, les meubles et les rideaux sont aspergés de pétrole. Des foyers d'incendie, reliés les uns aux autres, sont préparés avec un soin méticuleux. Après deux heures de préparatifs minutieux, un ordre claque, rageur et triomphant :

— All clear !

Les supplétifs dégringolent les escaliers et se ruent à l'abri, ne laissant dans les bâtiments condamnés que la poignée d'hommes préposés à la mise à feu.

Peu après quatre heures du matin, une formidable déflagration ébranle l'Hôtel de Ville, suivie à quelques minutes d'intervalle par une dizaine d'explosions moins fortes. Tandis que les détonations se répercutent en cascade, une immense flamme orange enveloppe soudain la Bibliothèque Carnegie et l'Hôtel de Ville.

A travers l'éclatement des bombes et le crépitement de l'incendie, la sirène de la Fire Brigade fait entendre son hululement strident. Les pompiers essayent de mettre leurs lances en batterie. Ils n'ont pas plus tôt ouvert l'eau qu'un détachement d'Auxiliaires ferme les vannes. Le manège dure une bonne demi-heure. Excédés, les pompiers hèlent un officier de police.

— Voulez-vous ordonner à vos hommes de s'écarter des vannes et de nous laisser faire notre boulot ?

— Désolé, je n'ai aucune autorité sur eux.

Sous le regard hilare des supplétifs, les pompiers doivent rouler leurs lances et reprendre le chemin de Patrick Street, abandonnant aux flammes sifflantes les deux édifices prestigieux qui faisaient la gloire de Cork.

L'horloge sertie dans la tour de l'Hôtel de Ville continue imperturbablement à sonner les heures au-dessus du brasier qui progresse furieusement. Au dernier coup de six heures, la tour et son horloge s'écroulent dans les ruines fumantes de l'édifice public.

Une aube triste et sale se lève sur Cork dont le centre en ruines achève de se consumer en lâchant des volutes de fumée hachées par le vent de la mer toute proche.

En ce dimanche 12 décembre 1920, la grande cité méridionale fait irrésistiblement penser à ces villes martyres de la Belgique et du nord de la France dont les moignons de pierre jalonnent le passage des grandes invasions.

— C'est Ypres-sur-la-Lee, s'écrie un tommie en arpentant les ruines de St. Patrick Street.

Attaqué de toutes parts, le gouvernement britannique s'empêtre dans une fable grotesque. Sir Hamar Greenwood, penaud, essaye de faire croire que le sac de Cork a été perpétré par les Sinn Feiners. Il est hué, même par les loyalistes fidèles à l'Empire. Le rapport de la Commission d'enquête militaire présidée par le major-général Strickland, gouverneur militaire de Cork, est enterré discrètement.

« A quoi bon le publier, écrira le général Macready, commandant en chef des forces britanniques en Irlande, il aurait alimenté la propagande rebelle, et personne, de toute façon, n'ignorait, en ville, qui étaient les coupables. »

Un certain nombre d'Auxiliaires furent mutés à Dublin où ils adornèrent leur béret écossais d'un bouchon brûlé en signe de participation au sac de Cork [1]. L'officier supérieur qui les commandait regagna précipitamment l'Angleterre, où il se suicida quelques semaines plus tard.

En couvrant délibérément les opérations contre-terroristes de ses troupes déchaînées, Lloyd George achevait de noyer dans le sang de l'Irlande sa réputation usurpée de libéral épris de justice et de morale évangélique.

L'horreur feinte qu'il avait manifestée sur les bancs de l'opposition pendant la guerre des Boers n'avait guère résisté à l'enchaînement fatal d'une répression coloniale guère plus justifiable que celle du Transvaal vingt ans plus tôt.

1. « Burnt cork » signifie à la fois Cork incendié et bouchon brûlé.

# XVI

## *UN PAS EN AVANT, DEUX PAS EN ARRIÈRE*

Le 24 novembre 1920, Arthur Griffith est arrêté par l'Armée et incarcéré à la prison de Mountjoy.

Michael Collins succède au fondateur du Sinn Fein comme président par intérim du Dail Eireann. Cette nouvelle promotion irrite passablement Brugha, à qui le titre et les fonctions auraient dû normalement échoir. Mais, de bonne ou de mauvaise grâce, tous les chefs rebelles s'inclinent devant le dictateur incontesté du mouvement révolutionnaire irlandais.

A Londres, Lloyd George ne cache pas sa mauvaise humeur :

— Encore une fois les militaires n'en font qu'à leur tête. Quelle bande d'idiots ! Si nous n'avions pas pour principe d'accorder un soutien sans faille à l'armée, il faudrait condamner ce geste stupide. Enfin, c'est inconcevable : arrêter le président d'un groupe de soixante-dix membres du Parlement sans même consulter le secrétaire en chef. Cela ne se serait jamais produit dans le cas de Parnell lorsque vous étiez secrétaire en chef, n'est-ce pas Balfour ?

L'ancien Premier ministre conservateur hoche la tête :

— Maintenant nous allons avoir bonne mine si de Valera rentre en Irlande.

Sir Hamar Greenwood acquiesce :

— Je ne pourrais garantir sa sécurité à présent. Comment voulez-vous que nous le laissions en liberté maintenant que Griffith est sous les barreaux ?

— Pourtant il le faut, riposte Lloyd George. Est-ce que nous voulons la paix, oui ou non ? Faute d'être en mesure d'extirper les ferments de rébellion, nous devons poursuivre une double politique consistant à réduire les assassins par la force et faire la paix avec les modérés.

— Est-ce possible ?

— Bien sûr. Je sais de source certaine qu'Arthur Griffith a favorablement réagi au « plan de paix » suggéré par le brigadier général Cockerill dans le *Times* du 6 octobre : un cessez-le-feu réciproque accompagné d'une amnistie générale, suivi par une négociation sans conditions préalables entre les plénipotentiaires des deux nations.

Bonar Law fronce les sourcils.

— N'est-ce pas aller trop loin ?

— Sans doute, mais l'attitude de Griffith révèle une certaine lassitude chez les Sinn Feiners. Nous devons en profiter, ne serait-ce que pour prouver à nos alliés américains que nous voulons sincèrement la paix.

La valse hésitation des émissaires secrets commence entre Londres et Dublin.

Le docteur Clune, archevêque de Perth en Australie, débarque dans la capitale irlandaise, muni d'une lettre officielle du gouvernement anglais. Sa première visite est pour Arthur Griffith, au pénitencier de Mountjoy. Il rencontre ensuite Michael Collins dans St. Stephen's Green. Le Big Fellow pose ses conditions. La dynamique de la paix est engagée. Mais c'est une mécanique fragile. Le moindre cachot peut lui être fatal.

Justement, certains nationalistes irréfléchis ou pusillanimes s'impatientent. Le Père Flanagan, vice-président du Sinn Fein et tête politique un peu fêlée, croit le moment bien choisi pour adresser à Lloyd George un télégramme ainsi libellé :

« Vous avez déclaré que vous souhaitiez faire la paix immédiatement, sans attendre Noël. L'Irlande souhaite également la paix. Quel premier pas suggérez-vous ? »

Simultanément, six membres du Conseil du comté de Galway votent une motion condamnant l'action des Volontaires et exigeant l'ouverture de négociations immédiates.

La presse s'en mêle. Les spéculations sur la « Mission de paix » de l'homme d'Eglise vont bon train.

Collins est furieux.

— De quoi se mêlent ces abrutis ? Ils ne représentent rien et se mêlent de vouloir tout régenter. En attendant ils viennent de rendre un fier service aux militaires du Château. Ils auront beau jeu maintenant de prétendre que nous sommes au bout du rouleau. Adieu la trêve sans condition.

En effet, Lloyd George qui n'est pas à un retournement près, s'avise qu'il s'est sans doute un peu trop avancé. Fort d'une victoire qu'il suppose imminente, il ne tarde pas à troquer son masque conciliant contre l'uniforme de foudre de guerre. Plus question de trêve sans condition. Les rebelles devront préalablement remettre au gouvernement armes, munitions, uniformes et explosifs. Et seuls les députés du Sinn Fein non compromis dans la campagne de terrorisme seront autorisés à se réunir. Les chefs militaires comme Collins et Mulcahy devront s'exiler pendant quelque temps.

A moins, bien sûr, qu'ils ne soient capturés entre-temps, ce dont le rusé Gallois ne désespère pas.

Désinvolte jusqu'à la distraction, d'une sérénité confinant à l'indifférence, sir Ormonde Winter semble traverser la vie avec la nonchalance ennuyée des fils de famille sortis d'Oxford ou de Cambridge à qui tout est dû et que rien n'étonne ici-bas. La bouche moqueuse aux lèvres finement ourlées, l'œil narquois prisonnier du monocle, le front haut et dégarni sous les cheveux soigneusement plaqués conservent une allure étrangement juvénile qui accentue encore sa ressemblance avec les jeunes aristocrates de Londres ou de Bath.

Tout brigadier général qu'il soit, sir Ormonde Winter affecte les manières d'un « country squire », plus que d'un soldat. Mais d'un « squire » qui collectionnerait les décorations pour services exceptionnels rendus à son pays : chevalier de l'ordre de l'Empire britannique, compagnon du Bain, compagnon de St. Michel et de St. George, Distinguished Service Order.

Ce parfait homme du monde est en effet l'un des plus redoutables spécialistes du renseignement jamais formé par l'Intelligence Service. De son bureau du Château de Dublin, il coiffe tous les services d'espionnage et de contre-espionnage britanniques en Irlande. A la liste déjà longue des titres qui sont venus récompenser son habileté et ses succès, s'ajoute maintenant le surnom que les Irlandais lui ont donné et qui dit assez leur crainte, voire leur admiration : « Holy Terror ».

En ce début de décembre 1920, sir Ormonde Winter est pourtant loin de s'estimer satisfait de la situation à Dublin.

— Collins a réussi à imposer le silence par la peur. Des mouchards qui auraient vendu leur mère pour quelques shillings sont devenus tout à coup muets comme des trappistes.

Sir Ormonde Winter allonge une main fine et soignée vers la boîte en argent posée devant lui. Il en extrait une cigarette égyptienne qu'il allume à l'aide d'un briquet en or.

— De surcroît, il nous couvre de ridicule. Il n'a pas fallu plus de vingt-quatre heures à Mgr Clune pour trouver Collins, alors que nos meilleurs agents le traquent sans succès depuis plus d'un an.

Enchâssé dans l'orbite droite, le monocle divise étrangement le regard impénétrable et lointain. Mais une certaine impatience dans la voix trahit la colère.

— Nous savons qu'il était aux funérailles de ses amis Mac Kee et Clancy. Un reporter a même réussi à prendre une photo de lui qui s'étalait dans le *Freeman's* du lendemain. Mais avant que nous ayons pu intervenir, les rebelles avaient déjà fait le tour de tous les crieurs de journaux de Dublin, saccagé l'imprimerie et raflé tout le tirage.

Dans un silence glacé, Holy Terror laisse tomber l'ordre cent fois répété, jamais exécuté.

— Retournez tout le pays si cela vous chante. Mais trouvez Collins et ramenez-le-moi. Mort ou vif.

Rien n'y fait. Le Big Fellow demeure introuvable.

Mac Guire, le propriétaire de l'Hôtel Vaughan se voit offrir quarante mille livres sterling pour trahir Collins. Christy Harte, le gardien de nuit, est arrêté, traîné au Château et menacé des pires représailles par un officier anglais. En pure perte.

Mark Sturgis, un des adjoints du sous-secrétaire d'Etat pour l'Irlande, note dans son *Journal* les péripéties rocambolesques de cette longue traque.

Le jeudi 4 novembre 1920 :

« Tudor me fait savoir qu'ils ont capturé à Longford un homme qui pourrait être Michael Collins. Ils ont câblé à Dublin afin qu'on leur envoie un fort détachement pour l'identifier. Ça a l'air trop beau pour être vrai. »

Le vendredi 5 novembre, il note laconiquement :

« Ils n'ont pas capturé Michael Collins à Longford. »

A la mi-décembre :

« Sir Hamar Greenwood a donné ce soir l'autorisation de perquisitionner dans deux monastères dans l'un desquels on espère, sur la base d'informations apparemment sérieuses, capturer l'insaisissable Michael. L'opération est pour cette nuit. »

Le lendemain, de déchanter : « Pas de trace de Michael. »

Quelques jours plus tard, il note avec un certain scepticisme :

« Il paraît que Michael se déguise souvent en curé avec un col blanc très montant. Je me méfie de ces histoires de déguisements. »

Et le 22 décembre 1920 :

« Notre agent dit que la plupart des hommes recherchés se promènent en ville presque quotidiennement. Quant à Michael Collins, il ne l'a vu qu'une seule fois, mais il est certain de l'avoir rencontré il y a deux jours dans Dame Street, sans déguisement. »

Lord French est tenu informé des poursuites dirigées contre le jeune ministre des Finances du Dail Eireann.

— Vous savez, Sturgis, remarque-t-il avec philosophie, cette guerre me fait irrésistiblement songer à la guerre des Boers. Et tout ce qu'on raconte sur Collins, je l'ai déjà entendu dire de Smuts. Aujourd'hui, Smuts est Premier ministre d'Afrique du Sud. Et personne n'ignore qu'il est un des conseillers les plus écoutés de Sa Majesté. Pourtant, lui aussi nous a joué de sales tours.

Lord French savoure ce rapprochement incongru. Il a trop l'expérience de la guerre pour ignorer qu'entre le chasseur et sa proie s'établit toujours une secrète connivence. Collins a failli avoir sa peau à Ashtown, il risque la sienne tous les jours. Tuer ou être tué, c'est la loi commune acceptée par tous ceux qui font métier de se battre. Smuts était un soldat, et Collins aussi dans son genre. Et quel soldat ! A Londres, les ministres peuvent bien maudire son nom et déplorer ses hauts faits. Lui s'en réjouirait presque, en connaisseur. Il est tellement stimulant de trouver un adversaire digne de soi. Ces politiciens bornés ne comprendront décidément jamais la lucidité désabusée des soldats de métier, leur affrontement exempt de haine, leur orgueilleuse complicité.

De fait, le Big Fellow évolue sans masque, ne comptant que sur ses réflexes et son assurance enjouée pour échapper à la meute accrochée à ses basques. Il se soumet de bonne grâce aux fouilles et aux contrôles, et ne rate jamais une occasion de plaisanter avec les soldats et les Auxiliaires. Mais il s'en faut parfois d'un cheveu qu'il ne soit arrêté.

A cette époque, le Big Fellow passe le plus clair de ses nuits chez Batt O'Connor. Il y mène un semblant de vie de famille, s'amusant comme un gamin avec les enfants de son hôte. Mais il sait le danger qu'il fait courir à toute la maisonnée.

Passant la veille de Noël en compagnie de Gearoid O'Sullivan, Rory O'Connor, Tom Cullen et Batt O'Connor, il prend une soudaine résolution.

— Batt, je veux au moins que tes gosses passent la soirée de Noël en paix sans avoir à guetter derrière les rideaux l'arrivée toujours possible des chiens courants de sir Ormonde Winter.

Il se gratte la tête avec application, réfléchit les yeux mi-clos, puis avec un sourire où perce le défi :

— J'ai trouvé, dit-il, on va tous aller réveillonner au Gresham.

A demi suffoqué par cette suggestion fantasque, Gearoid O'Sullivan proteste :

— Tu es dingue, Mick, l'hôtel est bourré de soldats anglais.

— Bah ! Des soldats il y en a partout, de toute façon. On prendra un salon particulier comme des nababs, voilà tout.

Le Big Fellow s'amuse follement à voir la mine consternée de ses lieutenants. Il se tourne vers Cullen en riant :

— Tom, mon vieux, ne fais pas cette tête. Va plutôt au Château inviter Neligan à se joindre à nous.

Un silence. Redevenu soudain sérieux :

— Et demande-lui quand même si ce n'est pas trop dangereux.

Deux heures plus tard, le jeune homme revient avec la réponse de l'agent secret.

— Neligan te remercie, mais il dit qu'il n'est pas encore mûr pour le suicide. Il dit aussi que tu ferais bien de renoncer à ce caprice stupide.

Mains sur les hanches, Collins éclate de rire et hoche la tête avec un air de profonde commisération :

— Dave est un foutu dégonflé. Et vous, tas de poules mouillées, êtes-vous prêts à me suivre, oui ou non ?

Gearoid O'Sullivan, Rory O'Connor, Tom Cullen et Liam Tobin se résignent à contrecœur.

Le soir de Noël, les cinq hommes remontent O'Connell Street en liesse et pénètrent dans le grand hall vivement illuminé de l'Hôtel Gresham. Toute la gentry anglo-irlandaise semble s'y être donné rendez-vous. Des femmes en perles et robe du soir devisent joyeusement avec des officiers britanniques en grand uniforme. Les conversations roulent sur le tennis, les chevaux, les spectacles de Londres, la dernière réception du vice-roi. Des rires frais et cristallins fusent de toutes parts.

En ce soir de Noël 1920, le Gresham donne l'illusion de la paix, comme ces transatlantiques en fête au milieu de l'océan déchaîné sur le point de les engloutir.

Un maître d'hôtel en frac se précipite sur Collins et ses lieutenants.

— Gentlemen, je suis absolument désolé. Tous nos salons particuliers ont été retenus. Mais je vous ai préparé une table à l'écart dans la salle à manger. Vous y serez tout à fait à votre aise.

Rory O'Connor et Gearoid O'Sullivan échangent un regard contrarié, tandis que Collins, haussant les épaules, emboîte résolument le pas au maître d'hôtel.

— Allons, vous autres, lance-t-il par-dessus son épaule, vous dormez. Si vous ne vous grouillez pas, je vais manger votre part de dinde.

Les cinq hommes prennent place autour d'une table où scintillent les cristaux et les couverts en argent. La chaude ambiance de la salle à manger a raison de leur méfiance. Collins, parfaitement détendu et heureux, commande ce qu'il y a de meilleur.

— Et pour boire, donnez-nous une bouteille de bourgogne !

Se tournant vers ses compagnons :

— C'était le vin préféré de Wolfe Tone. Autant y faire honneur... à sa mémoire, et à la santé de la nouvelle Irlande.

A la fin du repas, un des garçons se penche vers lui et murmure à son oreille :

— Peut-être serez-vous intéressé, sir, d'apprendre que les Auxies ont envahi le hall. Ils sont, paraît-il, à la recherche de Michael Collins.

— Merde, on a été donné ! glapit Tom Cullen.

Un coup d'œil rapide a tôt fait de convaincre les cinq hommes que toute tentative de fuite est vouée à l'échec. On entend déjà les éclats de voix des supplétifs. Quelques secondes plus tard, ils font irruption dans la salle de restaurant, arme au poing. Ayant posté des hommes à toutes les issues, ils entreprennent de fouiller méthodiquement les convives.

Arrivé à la hauteur des cinq révolutionnaires, un des Auxiliaires ordonne sèchement :

— Vous là, debout, les mains en l'air.

Le Big Fellow s'exécute en poussant un soupir à fendre l'âme.

— Décidément, sergent, nous vivons une époque bien misérable pour que la police soit obligée de sortir un soir de Noël au lieu de se réjouir autour de la dinde et du pudding familial.

Comme s'il n'avait pas entendu, le supplétif palpe consciencieusement les poches de Michael Collins. Il sent tout à coup quelque chose de dur dans sa poche revolver.

— Qu'est-ce que c'est que ça ? aboie-t-il en dégainant son Webley.

— Hé, sergent, ne nous énervons pas. C'est seulement un cadeau pour ma logeuse, répond le jeune homme en sortant de sa poche une flasque de whiskey.

Mais le policier fronce les sourcils, soupçonneux. Il est tombé sur l'agenda du ministre des Finances rebelle. Dans un coin, griffonné à la hâte, un mot retient son attention.

— Qu'est-ce qu'il y a écrit là ? Je lis « rifles ». Des fusils, hein ! Pour quoi faire ?

— Qu'est-ce que vous allez chercher, sergent ? Je n'ai pas écrit « rifles », mais « refills ». Pour me rappeler d'acheter les recharges de mon carnet pour l'année prochaine. Vous savez, si on ne s'y prend pas à temps, on peut faire tout Dublin sans en trouver une seule.

L'Auxiliaire referme l'agenda. Mais il s'obstine, comme un chien de chasse flairant le gibier. Quelque chose dans la physionomie de Collins l'intrigue.

— Votre nom !

— John Grace, sergent, répond Collins sans se départir de son calme.

L'Auxiliaire plonge la main dans sa tunique et en sort une mauvaise photo de Collins prise lorsqu'il était tout jeune. Il compare les deux visages en plissant le front comme un sculpteur devant son modèle.

— On n'y voit goutte dans cette salle, grommelle-t-il soudain. Suivez-moi aux toilettes que je voie mieux votre tête.

Collins suit le policier et, à la lumière crue des lavabos, se laisse examiner non sans protester faiblement.

— Sergent, je crains que vous ne fassiez erreur.

— Tu vas la fermer et te tenir tranquille.

— Bon ça va, je me tais, sergent.

Le policier élève la photo jusqu'au visage pâle et souriant du jeune Irlandais. Il bougonne entre ses dents :

— Pour l'ovale du visage, les yeux, le nez, ça pourrait être ça, mais il y a quelque chose qui ne colle pas.

Sans crier gare, l'Auxiliaire plonge sa main droite dans les cheveux de Collins et les ramène en arrière d'un geste brusque. A cet instant précis, Liam Tobin pénètre dans les toilettes. Il tressaille à la vue du policier fourrageant dans les cheveux de son chef et contemplant avec une évidente perplexité le cliché flou et pâle distribué par le G.Q.G. britannique à toutes les patrouilles.

— Décidément, soupire l'Anglais avec une pointe de regret, tu ne ressembles absolument pas à Michael Collins.

— C'est ce que je me tue à vous répéter depuis une heure, sergent, articule le jeune homme en dardant un regard soulagé sur Tobin.

L'officier et les deux hommes remontent dans le hall. Profitant d'une minute d'inattention de l'Auxiliaire, le Big Fellow glisse à Tobin dans un souffle.

— Si ça tourne mal, on risque le tout pour le tout.

Mais c'est inutile. Dans la salle de restaurant du Gresham, les policiers de la Division Auxiliaire et les convives en habit ont rompu la glace. Rory O'Connor a débouché la flasque de whiskey et régalé les supplétifs. A une table voisine, un vieux lord anglo-irlandais au teint couperosé a commandé une bouteille de Middleton hors d'âge. Les Auxies ont rengainé leurs automatiques et accepté de trinquer avec les convives. Une voix de femme, pure et douce, a entamé un Christmas Carol, bientôt repris en chœur par toute l'assistance. La fête a repris tous ses droits.

Les Auxiliaires se retirent une demi-heure plus tard sous les « Merry Christmas, boys » du vieux lord éméché. Ils n'ont pas plus tôt passé la porte que Collins hèle le maître d'hôtel d'une voix cassée.

— Apportez-nous trois bouteilles de Jameson, je vous prie.

Terrassés par l'émotion, les cinq complices se jettent sur l'alcool avec une espèce de joie sauvage. Mick Collins ne se laissera plus jamais aller à boire. Mais, en ce soir de Noël 1920, la peur a été trop forte. Toutes les digues de la raison et de la prudence ont cédé. Lorsque les cinq hommes sortent du Gresham, ils sont complètement saouls. Bras dessus, bras dessous, ils remontent O'Connell Street en zigzaguant et en braillant des refrains obscènes.

Terrifié, Christy Harte, le portier de l'Hôtel Vaughan les voit entrer dans le hall et se diriger vers le bar. Ils continuent de s'y enivrer avec une application rageuse avant de gagner le pub ami de Liam Devlin dans Parnell Square. Un peu moins saoul que les autres, Tom Cullen s'en extrait à grand-peine et se met en quête d'un taxi. Il tombe sur Pierce Beasley et lui conte toute l'histoire entre deux hoquets.

En entrant chez Liam Devlin, Beasley trouve Michael Collins et Rory O'Connor dans les bras l'un de l'autre, Gearoid O'Sullivan hébété sur une chaise et Liam Tobin sous la table, ronflant comme une locomotive. Il jette tout ce beau monde dans un taxi et lance au chauffeur l'adresse de Mrs. O'Donovan, une tante d'O'Sullivan dévouée à la cause nationaliste.

Avant de gagner sa chambre, Michael Collins, à peine dégrisé, les cheveux en désordre, se tourne vers Rory O'Connor, vautré sur le divan du salon :

— Rory, qu'est-ce que tu aurais dit aux hommes si j'avais été arrêté ?

Le chef des dynamiteros républicains hoche la tête et grommelle d'une voix pâteuse :

— Mick, mon vieux, on aurait été dans l'impossibilité absolue de dire quoi que ce soit aux hommes.

Et, d'un geste éloquent de l'index, il fait mine de se trancher la gorge, d'une oreille à l'autre.

# XVII

## *LE RETOUR DE DE VALERA*

Sir Auckland Geddes est dans un de ses mauvais jours. Depuis qu'il a reçu le câble du Foreign Office, l'ambassadeur de Grande-Bretagne à Washington ne décolère pas.

— Ils doivent avoir perdu la tête, à Londres. Ils trouvent sans doute que nous n'avons pas assez de soucis comme cela, avec la dette interalliée de huit cent cinquante millions de livres que nous sommes incapables d'honorer et notre stupide opposition au programme d'armement naval américain.

Craigie, le premier secrétaire de l'Ambassade, observe prudemment :

— Mais en ce qui concerne l'Irlande, Excellence, nous n'avons rien à craindre. Le président Wilson nous est favorable.

— Peut-être, mais l'opinion américaine ne l'est pas. Les esprits sont échauffés et une étincelle pourrait déclencher la catastrophe. L'amiral Benson, chef des opérations navales de l'U.S. Navy, est très monté contre nous. Il va répétant qu'une guerre entre les Etats-Unis et la Grande-Bretagne n'est pas à exclure.

— Pour revenir à de Valera...

— C'est très simple. Il ne doit pas retourner en Irlande. S'il demande un visa, ce qui me surprendrait, nous devons le lui refuser. S'il se présente aux frontières du Royaume-Uni ou tente de pénétrer clandestinement en Irlande, on nous avise qu'il sera refoulé. Mais il y a mieux encore. Ecoutez ceci : « Dans toutes vos démarches auprès du gouvernement des Etats-Unis, insistez sur le fait qu'il n'est pas citoyen britannique. »

Sir Auckland Geddes lève les yeux au ciel et pousse un soupir de lassitude.

— S'il n'est pas un citoyen britannique, dit-il doucement, il constitue bel et bien un problème britannique. Et un problème auquel il devient urgent de trouver une solution si nous ne voulons pas gaspiller notre crédit dans ce pays.

Les représentations de l'ambassadeur britannique à Washington furent-elles efficaces ? Le gouvernement de Londres mesura-t-il les conséquences d'une attitude aussi intransigeante ? Toujours est-il que les instructions du Foreign Office furent rapportées et que de nouvelles consignes furent adressées à sir Auckland Geddes et au secrétaire en chef pour l'Irlande.

Par une froide matinée de décembre 1920, sir Ormonde Winter réunit ses collaborateurs afin de les mettre au courant de la situation.

— Nous savons que de Valera doit rentrer d'un jour à l'autre, dit-il négligemment. Il doit être considéré comme un « opposant politique » et non comme un chef de l'organisation militaire rebelle comme Collins. Aucune tentative pour l'arrêter ne doit être entreprise sans en référer préalablement à Londres.

« Holy Terror » est interrompu par un des G-Men de la Special Branch.

— Je ne comprends pas, Sir. Est-il le chef de ces maudits Shinners qui nous tirent dans le dos, oui ou non ? Et ne vient-il pas de faire une tournée séditieuse du nord au sud et de l'est à l'ouest des Etats-Unis, accusant le gouvernement de Sa Majesté, l'Armée et la Royal Irish Constabulary des pires forfaits.

Sir Ormonde Winter tire une bouffée de sa cigarette égyptienne et enchaîne d'une voix traînante, comme s'il réfléchissait à haute voix.

— Il est vrai qu'il a parlé devant des législatures d'Etat, harangué des foules immenses aux côtés des maires des plus grandes villes américaines, de New York à San Francisco. Il est vrai aussi qu'il a drainé plusieurs millions de dollars dans les caisses du Sinn Fein. On me dit cependant qu'il y a eu pas mal d'anicroches durant ce voyage. Autoritaire comme il n'est pas permis de l'être, de Valera a paraît-il semé la discorde chez les Américano-Irlandais. Certaines de leurs organisations ne songent qu'à s'entre-déchirer, ce qui n'est pas fait pour me déplaire. En outre sa campagne pour la reconnaissance de la République Irlandaise est un fiasco total, ce dont notre ambassadeur à Washington est bien aise. Nous en sommes quittes pour quelques tirades sans conséquence sur l'autodétermination et le droit des peuples à disposer d'eux-mêmes. Billevesées wilsoniennes que Lloyd George saura bien retourner à son profit. C'est de lui, messieurs, que nous tenons les ordres de ne pas inquiéter de Valera si d'aventure il rentre en Irlande. Je conçois votre amertume, mais songez qu'en liberté de Valera peut nous être plus utile qu'en prison. Jetez ces gens-là dans une cellule, vous en faites aussitôt des martyrs. Laissez-les vaquer en paix, et, en bons Irlandais qu'ils sont, ils ont vite fait de se prendre à la gorge les uns les autres. Plutôt que de nous récrier, essayons de tirer parti de la situation.

Le détective hoche la tête en grommelant :

— Je suppose, Sir, que le Premier ministre a ses raisons. Il n'empêche que ça me ferait mal au cœur de voir ce satané bâtard de fils d'Espagnol descendre Grafton Street sans pouvoir lui mettre la main au collet.

La veille de Noël, de Valera débarque du *SS Celtic* et gagne précipitamment la maison du docteur Farnam, au numéro 5 de Merrion Square. Il retrouve avec un certain plaisir la chambre mise à sa disposition au lendemain de son évasion de la prison de Lincoln. Mais les choses ont évolué depuis. Le président du Dail Eireann clandestin ne va pas tarder à l'apprendre de la bouche de ses visiteurs.

Emergeant d'un pardessus de grosse laine, le visage pointu du ministre de la Défense rebelle apparaît en premier dans l'embrasure de la porte.

— Salut Dev.

— Bonjour Cathal, je suis heureux de te revoir.

Les deux hommes se serrent la main avec chaleur. De Valera désigne soudain la poche du manteau de Brugha.

— Qu'est-ce que tu as là ?

Le visage du révolutionnaire s'éclaire d'un large sourire :

— Mon meilleur ami, *Peter the painter,* répond-il, goguenard, en sortant un énorme pistolet Mauser.

De Valera fronce les sourcils :

— Est-ce bien nécessaire ?

— Hélas Dev, nous ne sommes pas aux Etats-Unis, nous sommes à Dublin. Et tu ne tarderas pas à t'apercevoir que ce genre de précaution est indispensable.

En dix-huit mois d'absence, de Valera a perdu tout contact avec la réalité de cette guerre implacable. Il est d'autant plus dérouté que le déchaînement de la violence, de part et d'autre, contredit plus fortement les opinions abstraites que son esprit agile élabore comme autant d'hypothèses mathématiques.

Il sous-estime également les dissensions internes du mouvement nationaliste.

Cathal Brugha lui recommande de se méfier de Collins.

— On ne sait toujours pas ce qu'il manigance. Le Dail, sans parler du Cabinet, n'est pas tenu informé des opérations montées par ses hommes, la plupart membres de l'I.R.B. comme par hasard.

— Boland m'a déjà dit cela. Je n'aime pas beaucoup ces histoires de sociétés secrètes et ces actions souterraines, mais nous n'avons aucune raison de suspecter Michael. Il a rendu à la cause des services exceptionnels et il a toujours été loyal envers moi. Nous devons rester soudés si nous voulons triompher.

Brugha acquiesce avec une moue dubitative.

Entre Dev et Collins, la joie des retrouvailles est de courte durée. Le président du Dail Eireann n'a rien trouvé de mieux, en effet, que de proposer d'envoyer son fougueux ministre des Finances en mission aux Etats-Unis.

Collins réagit brutalement :

— Jamais de la vie ! L'Amérique c'est bon pour les politiciens. Moi, je suis un soldat. Ma place est ici, à la tête de mes hommes. D'ailleurs j'ai entrepris quelque chose que je ne lâcherai pas avant de l'avoir mené à bien.

De Valera s'incline devant la résolution inébranlable du « Big Fellow ». Il ne laisse transparaître aucune contrariété, mais son autoritarisme foncier ne peut pas ne pas avoir pris ombrage de l'insubordination de son ministre des Finances. Il commence à prêter une oreille complaisante aux récriminations du clan Brugha-Stack.

L'incident est à peine clos qu'une nouvelle pomme de discorde surgit entre les deux hommes.

La dernière session du Dail Eireann remonte à septembre 1920. Pour donner au mouvement révolutionnaire une apparence de légalité constitutionnelle, il importe de réunir le Parlement rebelle afin de soumettre à sa critique l'action gouvernementale de ces derniers mois.

Le 25 janvier 1921, ministres et députés du Sinn Fein, au nombre de vingt-quatre, se réunissent dans une maison discrète de Mountjoy Square.

De Valera va droit à l'essentiel.

— Notre combat est celui de la puissance et du droit. L'ennemi possède des forces et un équipement supérieurs. Le seul atout de l'Irlande réside dans son endurance et sa résistance morale. Mais le peuple pourra-t-il tenir encore longtemps ? A mon humble avis, nous devrions observer une pause. Le temps travaille pour nous. Nous ne devons pas chercher à obtenir un avantage décisif. Une politique agressive en vue d'obtenir un tel avantage serait justifiée si nous étions suffisamment forts, mais, compte tenu du fait que nous ne sommes pas assez forts, il convient d'adopter une position attentiste. En d'autres termes, nous devons agir comme si rien n'était changé, tout en faisant notre possible pour alléger le sort du peuple. Cette attitude pourrait impliquer un ralentissement de nos attaques contre l'ennemi. Mais rien ne doit transpirer. Un changement officiel de politique serait désastreux : le pays en sortirait brisé. Nous avons vu comment l'attitude de Lloyd George s'est durcie lors des négociations pour la trêve dès qu'il eut pris connaissance du télégramme du Père Flanagan, et de la résolution du Conseil du comté de Galway.

Collins, le sourcil froncé, se penche vers Mulcahy.

— Dev est un foutu casuiste, dit-il, d'une voix vibrante. Donne-lui un cheveu, il ne se contente pas de le couper en quatre, il en fait une véritable perruque. Il met du génie à ne pas appeler les choses par leur nom. Il veut la paix dans la guerre et la politique de Flanagan sans le mot.

— A moins qu'il ne prenne le vent.

— Dans ce cas, montrons-lui qu'il souffle de notre côté.

Enhardis par l'attitude ambiguë du président du Dail, les partisans d'un arrêt immédiat des hostilités déclenchent une attaque en règle contre l'I.R.A. Liam de Roiste, député de la ville de Cork, demande la suspension des opérations militaires au profit d'une campagne de désorganisation de l'appareil économique britannique en Irlande.

L'attaque la plus violente est lancée par Roger Sweetman, député du Nord-Wexford et pacifiste convaincu.

— Je condamne la politique poursuivie depuis quelque temps, déclare-t-il dans un silence hostile. Elle nous conduit à la catastrophe. L'administration est au bord du chaos, les Volontaires en déroute. Nous faisons le jeu de l'ennemi. Des actions comme celles de la mi-novembre sont préjudiciables à la cause de l'Irlande. Elles ont un retentissement désastreux en Amérique. Ne pas avouer notre faiblesse est louable, mais je considère qu'il n'est pas de pire faiblesse que celle qui consiste à nier sa propre faiblesse. Il est absolument nécessaire de mettre un terme aux opérations qui ont abouti aux événements du dimanche sanglant.

Tout le monde attend la riposte de Collins. Elle ne se fait pas attendre.

— Le représentant du Nord-Wexford a critiqué en termes très violents la politique du ministère. Depuis deux ans cette politique n'a soulevé aucune opposition. Ses résultats sont patents. Ce ne sont pas les régions les plus actives qui subissent la plus dure répression, mais celles qui le sont le moins. Exception faite de Cork, les régions les plus combatives sont aussi celles qui sont les plus sûres. Le problème n'est pas de ralentir nos opérations, mais d'étendre le combat aux zones inactives. Nous avons pour cela des Volontaires tout prêts à faire le sacrifice de leur vie. Mais que doivent-ils penser en écoutant les propos défaitistes proférés par des hommes qui s'arrogent le titre de représentants du peuple. Au lieu de critiquer continuellement l'action des combattants, ces hommes seraient mieux inspirés en accordant aux Volontaires le soutien moral dont ils ont absolument besoin pour affronter des périls encore jamais vus dans ce pays.

Un murmure d'approbation salue la réponse cinglante du ministre des Finances. De Valera amorce une prudente marche arrière.

— Loin de vouloir imposer un point de vue, je désirais connaître votre sentiment. Ce que j'ai entendu aujourd'hui achève de me convaincre que la politique menée jusqu'ici est la seule possible. Les représentants qui ne l'approuvent pas devraient s'interroger en leur âme et conscience. Si les Volontaires déposaient les armes, pourraient-ils se réunir librement, délibérer en paix, légiférer de façon constructive ? Ils ne le pourraient pas. La brutalité de l'ennemi aurait tôt fait de les guérir de leurs illusions pacifistes. Prenons garde de surestimer nos forces, mais allons de l'avant. Bien loin de vouloir censurer le Cabinet, la réunion d'aujourd'hui apporte la confirmation claire et nette du soutien sans réserve du Dail Eireann au ministère.

Privés du soutien de de Valera, les « politiques » battent en retraite. La bombe pacifiste est désarmorcée. Les ennemis du Big Fellow font taire leur rancœur. Une fois encore, les « militaires » triomphent. Collins sort grandi de l'épreuve. Cette guerre, c'est sa guerre, il la mène à son gré, avec des hommes formés par lui, des méthodes approuvées par lui, sur un terrain choisi par lui.

Le 8 janvier 1921, Collins s'installe à son bureau et parcourt des yeux les titres de la presse anglaise et irlandaise. Son regard s'arrête soudain sur le texte d'un communiqué du Quartier Général des Forces britanniques en Irlande.

« A la suite de l'embuscade du 29 décembre dernier, à Midleton, dans le comté de Cork (zone soumise à la loi martiale) dans laquelle un policier a été tué et huit autres blessés, dont deux mortellement, les maisons de sept habitants du voisinage qui ne pouvaient pas ignorer l'embuscade ont été détruites samedi par ordre du gouverneur militaire. »

Le Big Fellow se tourne vers Joe O'Reilly qui vient d'entrer, et lance d'une voix soucieuse :

— On dirait que Lloyd George a encore capitulé devant ses généraux. Depuis le temps que ce salaud de Wilson réclamait des représailles officielles. Nous y voilà.

Il se lève brusquement, marche dans la pièce à grands pas, le dos voûté, l'air contrarié. O'Reilly, immobile, le regarde aller et venir, attendant qu'il reprenne la parole. Collins s'approche de lui, et, familièrement :

— Mon vieux Joe, dit-il, si ce n'est pas l'assaut final, je veux bien être pendu.

De fait, Lloyd George et ses ministres semblent décidés à porter le fer dans la plaie. Le temps des atermoiements est bien fini. Celui de la guerre à outrance commence.

Les effectifs des « Forces de la Couronne » atteignent le chiffre record de soixante mille hommes pour l'armée, et quinze mille Auxiliaires et Black and Tans, renforçant quelque neuf mille gendarmes de la R.I.C., largement pourvus d'armes et de moyens de déplacement rapides.

La loi martiale appliquée en décembre aux villes de Cork et de Limerick, et aux comtés de Cork, Limerick, Kerry et Tipperary, est étendue en janvier aux comtés de Wexford, Waterford, Kilkenny et Clare. Tout le Sud est placé sous la botte des gouverneurs militaires.

La fiction de la « pacification » est abandonnée.

Une proclamation du général Nevil Macready, commandant en chef des Forces britanniques en Irlande, est placardée dans les villes et les campagnes.

« Prière de noter, y est-il indiqué, qu'il existe en Irlande un état d'insurrection armée. En conséquence, les forces armées stationnées en Irlande doivent se considérer comme étant en état de guerre.

« Toute personne non autorisée, trouvée en possession d'armes, de munitions ou d'explosifs pourra être condamnée à mort par un tribunal militaire.

« Donner abri à toute personne ayant pris part à l'insurrection sera considéré comme un acte de guerre contre Sa Majesté le Roi et pourra entraîner une condamnation à mort par un tribunal militaire.

« Personne n'est autorisé à se tenir dans les rues ou à y flâner, sauf dans l'exercice de son activité légale.

« Tout rassemblement, toute réunion dans un lieu public est interdit. Pour l'application de cette ordonnance, tout groupe de six adultes sera considéré comme un rassemblement.

« La liste de tous les occupants des maisons, précisant le nom, le sexe, l'âge et la profession, devra obligatoirement être apposée sur la face intérieure des portes d'entrée. »

La menace est rapidement suivie d'effets. Cornelius Murphy, trouvé porteur d'un revolver, est fusillé à Cork le 1$^{er}$ février 1921. A Cork encore, six jeunes Irlandais sont passés par les armes le 28 février. Six autres, dont deux sur les preuves les plus douteuses, sont pendus à Dublin le 14 mars 1921.

Harcelée continuellement par les « rebelles », l'armée prend des otages. Des « patrouilles » d'habitants, levées de force dans les districts troublés, sont tenues de faire, sans armes, des rondes de nuit autour des villages, pour surprendre et dénoncer les embuscades en préparation, dont elles sont rendues responsables.

Des sympathisants républicains, des suspects politiques ou simplement des notables sont embarqués *manu militari* dans les camions de la Constabulary ou de l'armée : le vieux colonel Moore, nationaliste modéré et ancien officier britannique, est ainsi promené, bouclier vivant, dans les rues de Dublin.

Des camps de concentration, capables de contenir des milliers de prisonniers, sont ouverts à Ballykinlar et Gormanston. A la fin du mois de janvier, mille quatre cent soixante-trois civils y sont internés sans procès, à titre préventif.

L'adoption des représailles officielles ne met nullement fin aux exactions des supplétifs anglo-écossais. Dans la nuit du 9 février 1921, vingt-six cadets de la Division Auxiliaire font irruption dans la petite bourgade de Balbraddagh, près de Trim. Ils font main basse sur l'alcool et les valeurs, inondent de pétrole les magasins saccagés et y mettent le feu après avoir molesté une jeune infirme. La même nuit, Patrick Kennedy et James Murphy, interrogés par un officier du Château, sont reconnus innocents et relâchés. Ils montent à bord d'un camion de la police monté par trois Auxiliaires. Au petit matin, on retrouve leurs cadavres criblés de balles au coin d'un mur du faubourg de Drumcondra.

C'en est trop. Des officiers demandent une enquête. Le général Crozier, qui commande la Division Auxiliaire, décide, pour l'exemple, d'éliminer les « brebis galeuses ». Il révoque les supplétifs compromis dans le sac de Balbraddagh et le double meurtre de Drumcondra. Acheminés au dépôt de Londres pour se faire démobiliser, les supplétifs anglo-écossais se rebellent :

— Nous ne voulons pas servir de boucs émissaires. Si nous ne sommes pas entendus par une personnalité haut placée, nous révélerons à la presse tous les dessous du « maintien de l'ordre » en Irlande.

Le gouvernement s'affole. Le général Tudor, chef suprême de la police, réintègre précipitamment les cadets dans la Gendarmerie Royale Irlandaise. Les trois Auxiliaires responsables du meurtre de Patrick Kennedy et de James Murphy sont acquittés au terme d'une parodie de jugement.

Le général Crozier, écœuré, démissionne avec éclat en qualifiant, un peu tard, la Division Auxiliaire de « ramassis de canailles ».

Les attentats contre les notables se multiplient. George Clancy, le maire de Limerick, et Michael O'Callaghan, son prédécesseur, sont abattus par des policiers masqués dans la nuit du 6 mars 1921. Malgré les preuves accumulées contre les « Forces de l'Ordre », sir Hamar Greenwood affirme aux Communes qu'il n'existe pas le moindre indice à la charge des serviteurs de la Couronne.

Avec une brutalité qui ne prend même plus la peine de sauver la face, l'armée et la police britanniques se conduisent en véritables troupes d'occupation.

— Que voulez-vous, confesse un capitaine au reporter de *L'Illustration*, tout ceci est incontestablement une lugubre besogne, et nous l'accomplissons sans joie. Mais réfléchissez que, chaque jour, des officiers, des soldats anglais, sont immolés. Or, s'il est une vérité incontestable, c'est que l'immense majorité de la population irlandaise est tacitement complice de ceux qui nous assassinent. Elle facilite leurs mouvements, elle les cache, elle les renseigne, elle souhaite leur succès. Dès lors, puisqu'il nous est extrêmement difficile de capturer les francs-tireurs qui nous assaillent à l'improviste, la seule tactique qui soit à notre portée, c'est d'infliger des souffrances à la masse sournoisement hostile où ils se recrutent, d'où ils obtiennent leurs ressources, leurs moyens d'action et dont ils sont les champions. Il faut nous résoudre à cela, ou nous en aller [1].

La terreur britannique se heurte à la contre-terreur, non moins impitoyable, de l'Armée Républicaine Irlandaise.

A Dublin, Collins met sur pied une « Active Service Unit », détachement d'une cinquantaine d'hommes encadrés par les tireurs d'élite du « Squad », et engagés en permanence contre l'armée et la police en plein cœur de la capitale. Les fusillades deviennent monnaie courante. Des automobiles blindées, des camions Crossley sont quotidiennement attaqués à la grenade par les rebelles. Pour se prémunir, les soldats et les supplétifs munissent leurs véhicules de grillage protecteur. L'I.R.A. riposte en lançant des grenades

1. Enquête de M. L. Naudeau, dans *L'Illustration* du 26 février 1921.

et des bombes à crochet. Des otages sont alors embarqués à bord des camions, comme pendant la guerre des Boers lorsque les soldats anglais enchaînaient les fermiers rebelles aux locomotives exposées aux attaques des « commandos » de Smuts et de Botha. Malgré le couvre-feu, les bouclages de quartiers entiers, les rafles et les arrestations, il ne se passe pas de jour ou de nuit qu'une patrouille ou un convoi ne tombe dans une embuscade soigneusement préparée par les officiers de l'A.S.U. Pendant les cinq premiers mois de 1921, les forces de la Couronne n'essuient pas moins de cent quarante-sept attaques de rue. Pris entre deux feux, des civils, des femmes, des enfants, tombent, mortellement frappés.

La guérilla urbaine s'installe à Dublin, avec son cortège de crimes, d'exactions et de représailles.

Les mouchards sont impitoyablement exécutés, sans considération pour leur sexe, leur âge ou leur condition.

Les représailles exercées par les rebelles prennent d'autres formes. Lorsque six membres de l'I.R.A. sont fusillés à Cork, le 28 février 1921, l'I.R.A. assassine, la nuit même, six soldats de l'Armée britannique.

Aux incendies « officiels » ou « non officiels » de foyers républicains, l'I.R.A. riposte par la destruction des châteaux et des résidences appartenant aux « loyalistes » et aux serviteurs de la Couronne. La Brigade du West Cork prend pour règle d'incendier deux « Big Houses » pour chaque petite ferme, chaque cottage brûlé par les Anglais. Les membres de la gentry anglo-irlandaise s'émeuvent. A la Chambre des lords et aux Communes, ils exigent à grands cris que les forces anglaises cessent de détruire les maisons républicaines et qu'un terme soit mis au cycle infernal des représailles en chaîne.

Pour faire face à la pression accrue des troupes britanniques, l'I.R.A. adopte une structure plus décentralisée. Alors que chaque brigade était jusqu'alors responsable directement devant le Q.G. de Dublin, un nouvel échelon divisionnaire est créé entre la brigade et le Q.G. central. Ernie O'Malley, un battant, reçoit en mars le commandement de la Deuxième Division du Sud. Liam Lynch, brillant théoricien de la guérilla, est nommé peu après commandant de la Première Division du Sud. Les deux nouvelles unités couvrent la totalité de la zone placée sous le régime de la loi martiale.

L'I.R.A. supplée au manque d'armes et à la pauvreté de ses effectifs — trois mille hommes en armes seulement — par une science accrue de la guerre d'embuscade et une agressivité de plus en plus marquée. Les attaques rebelles ressemblent maintenant à de véritables batailles rangées.

Le 19 mars 1921, à Crossbarry, les cent quatre volontaires de la Colonne Volante commandée par Tom Barry attaquent une vingtaine de camions militaires qui participent à une manœuvre d'encerclement mettant en ligne mille deux cents Black and Tans et soldats du First Essex Regiment et du Second Hampshires.

Après deux heures d'un feu nourri, les soldats anglais se retirent en désordre, laissant sur le terrain trente-cinq morts et quarante-sept blessés. Les rebelles, qui ont perdu trois hommes seulement, ne s'attardent pas, ils raflent les armes et les munitions abandonnées par les tommies, incendient les camions et s'évanouissent dans les montagnes.

Signe des temps : à Crossbarry, pour la première fois depuis le début de la guerre, le son aigrelet d'une cornemuse de guerre irlandaise a couvert le crépitement des balles et le râle des mourants.

## XVIII

## *SUCCÈS DE LA PROPAGANDE REBELLE*

Militairement, la situation est indécise. Les Anglais n'ont pas « cassé les reins au terrorisme » et les Irlandais n'ont pas « bouté dehors » l'ennemi séculaire. En ce début d'année 1921, malgré un redoublement d'efforts de part et d'autre, les deux armées maintiennent leurs positions sans parvenir à culbuter celles de l'adversaire.

Mais, dans une guerre de ce type, le temps n'est pas neutre. Lorsqu'une nation s'englue ainsi dans le train-train quotidien d'une guerre larvée, la rébellion s'enracine, fait tache d'huile, interdit toute reconquête. La violence de la répression est inutile : elle ne sert qu'à faire basculer la population dans le camp de l'adversaire qui a le temps de s'y habituer et de trouver la riposte. L'opinion se trouble et proteste. L'étranger s'émeut et condamne. Bientôt la gangrène passe la mer et commence de ronger le corps même de la nation-mère et ses certitudes les mieux ancrées.

Chaque jour de gagné rapproche insensiblement l'I.R.A. de la victoire.

Les services de propagande anglais ne restent cependant pas inactifs. Basil Clark, un ancien journaliste londonien, promu responsable de l'information, inonde les reporters étrangers de communiqués tendancieux.

Un « Livre blanc » exhume les ragots du fameux complot allemand de 1918. Un autre met en lumière la collusion diabolique du Sinn Fein et des bolcheviks. Pour faire bonne mesure,

Collins est accusé d'avoir partie liée avec certains chefs de corps-francs allemands [1].

Bravant le ridicule, un haut fonctionnaire de la police va même jusqu'à commettre un ouvrage pédant sur la psychologie criminelle de l'Irlandais moyen. Celui-ci est présenté comme un psychopathe atavique à fortes tendances criminelles latentes. La revendication nationaliste est décrite « comme une manifestation de pure hystérie ».

Michael Collins, sacré « ennemi public n° 1 », est dépeint comme un esprit torturé, machiavélique et impitoyable, animé d'une haine farouche contre tout ce qui est anglais. Les fables les plus extravagantes circulent sur son compte.

Le Foreign Office fait donner partout la « Cavalerie de Saint-Georges ». Aux Américains on dit que la révolte de l'Irlande est analogue, dans son principe, à la sécession de la Confédération des Etats du Sud. Et, en Lloyd George, la presse aux ordres salue un nouveau Lincoln. Dans les couloirs du Vatican, on insinue que l'I.R.A. est un ramassis de communistes et de sans-Dieu.

Aux Français on expose avec un luxe de détails macabres les atrocités commises par les Sinn Feiners. Interrogé par Simone Téry, le *British Press Officer* Basil Clark tire au maximum sur la corde sensible.

— Les Sinn Feiners sont des assassins. Savez-vous qu'ils ont plus de deux mille meurtres à leur actif.

Simone Téry esquisse une moue ironique :

— Mon Dieu, monsieur, ils appellent cela la guerre, eux, la défense nationale. Si vous dites que la guerre, c'est le meurtre, je serai assez de votre avis. Mais alors, vous aussi, vous êtes des meurtriers...

— Oui, mais les excès...

— Peut-être. Ils vous en reprochent autant, et plus. Les excès de part et d'autre sont la triste nécessité des crises populaires. Cela même ne prouverait pas votre bon droit.

— Mais enfin, mettez-vous un instant à notre place. Tenez, supposez qu'en Algérie, les Arabes vous tirent dans le dos et

1. Des contacts semblent cependant avoir existé tout au moins en ce qui concerne les achats d'armes : cf. le journal *Manchester Guardian* du 10 décembre 1920; E. J. GUMBEL, *Les crimes politiques en Allemagne* 1919-1929, Paris, Gallimard, 1931, pp. 40-41; Manfred von KILLINGER, *Erntes und Heiteres aus dem Putschleben,* Zentral Verlag der N.S.D.A.P., Munich 1934; et surtout l'excellente étude de Dominique VENNER, *Baltikum,* Paris, Robert Laffont, 1974, p. 259.

veuillent vous chasser; que diriez-vous ? demande triomphalement Basil Clarke.

— Votre exemple est mauvais, et la question ne se pose pas : les Algériens n'ont pas, comme les Irlandais, un sentiment national assez puissant, une civilisation assez avancée pour avoir la force de se passer de nous. Mais, si le rôle des nations civilisées est d'élever jusqu'à elles les autres nations, ce temps-là viendra peut-être, et pour l'Egypte, pour le Maroc, pour les Indes comme pour l'Algérie. Et alors...

— Et alors ?

— Alors, ce sera certainement bien ennuyeux pour nous, car nous avons beaucoup d'intérêts en Algérie, comme vous en avez en Irlande. Mais ceux qui n'y auront pas d'intérêts et quelques-uns des autres peut-être se diront que, lorsqu'ils s'en montrent dignes, les peuples ont le droit de disposer d'eux-mêmes.

— Mais vous êtes donc socialiste ! s'écrie M. Basil Clarke.

— D'ailleurs, une si triste catastrophe ne se produira jamais, sans doute, car nous ne massacrons pas périodiquement les indigènes, nous [1].

Basil Clarke dissimule son embarras derrière un haussement d'épaule agacé. Ce qu'ignore Simone Téry, c'est qu'en septembre 1920 le « British Press Officer » du Château avait été à deux doigts de démissionner tant les exactions des forces de la Couronne avaient rendu sa position intenable.

L'homologue de Basil Clarke dans le camp rebelle est Desmond Fitzgerald. En février 1921, il est arrêté. Sur proposition de Collins, de Valera fait ratifier par le Dail la nomination d'Erskine Childers au poste de chef du « Dail Publicity Department ».

Etrange personnage que cet Anglais devenu plus irlandais que les Irlandais eux-mêmes. Elevé dans les convictions impérialistes de l'Angleterre victorienne, il se porte volontaire pour la guerre des Boers qui le dégoûte à tout jamais du jingoïsme chauvin de ses compatriotes. Ce qui ne l'empêche pas, dès 1903, de dénoncer le péril allemand en mer du Nord. Se souvenant que l'Irlande est le

1. Nous n'avons pas changé une ligne au dialogue entre Basil CLARKE et Simone TÉRY, tel que cette dernière l'a rapporté dans *En Irlande, de la guerre d'indépendance à la guerre civile* (1914-1923), Flammarion 1923, pp. 102-104. Simone TÉRY, fille de Gustave TÉRY, fondateur de « l'Œuvre » et d'Andrée VIOLLIS, s'inscrivit au parti communiste en 1935.

pays de sa mère, il se lance à corps perdu dans la bataille pour le Home Rule. Si grande est sa notoriété qu'il est appelé à siéger dans un comité spécial de la Chambre des communes chargé de proposer des amendements à la loi d'autonomie. L'opposition de l'armée, la révolte des unionistes d'Ulster, et la pusillanimité d'Asquith l'incitent à faire un coup d'éclat : le 26 juillet 1914, il range son yacht le long du quai de Howth, petit port de pêche situé dans la banlieue de Dublin, et livre neuf cents fusils Mauser et vingt-neuf mille cartouches aux volontaires irlandais.

Mais il ne désespère pas de l'Angleterre et lorsque la guerre éclate, il s'engage dans le Royal Naval Air Corps, où sa bravoure au combat lui vaut la Distinguished Service Cross. Démobilisé, il revient à l'Irlande, sa passion, son seul souci. Il participe à toutes les conférences, à toutes les tentatives de règlement pacifique du différend anglo-irlandais. Mais toutes les solutions avancées se brisent sur le roc stérile de l'opposition ulstérienne. Ecœuré, désillusionné, Erskine Childers bascule dans le camp rebelle.

Le citoyen respecté, l'écrivain de talent, le politicien d'avenir, l'officier distingué, devient du jour au lendemain un conspirateur, un révolutionnaire, un adversaire de ses anciens frères d'armes.

Au physique, comme au moral, il est l'antithèse de Collins. De taille médiocre, très brun, très maigre, les tempes grises, le visage anguleux creusé de rides profondes, il semble toujours absorbé dans quelque méditation lointaine.

C'est un homme impassible, silencieux, renfermé : il semble toujours rouler de sombres pensées derrière ses sourcils froncés. Sa politesse exquise, la suavité et l'élégance courtoise de ses manières, tranchent avec la rudesse, le franc parler, voire la grossièreté des compagnons d'armes qu'il a élus.

Childers se révèle très vite un propagandiste hors pair. Ses conférences de presse clandestines sont suivies par les journalistes et les reporters du monde entier. Ses articles sont publiés à Paris, Rome, New York. En Angleterre même, le *Times,* le *Daily News,* le *Daily Herald,* la *Westminster Gazette,* le *Manchester Guardian,* lui ouvrent leurs colonnes. Inlassablement, il y dénonce la brutalité de la répression militaire et lance de vibrants appels à la « conscience du pays ».

Anglais parlant aux Anglais, il trouve les arguments qui font mouche.

— Cette guerre d'Irlande, pour négligeable qu'elle puisse

paraître, risque, si elle s'éternise, de corrompre et éventuellement de détruire non seulement votre armée, mais votre nation et votre empire eux-mêmes.

La préparation de l'*Irish Bulletin* absorbe le plus clair de son temps. Il y apporte un soin jaloux, veillant à l'exactitude des informations et à la tenue irréprochable des articles. Sous sa direction, le *Journal officiel* du gouvernement républicain, publié deux fois par mois, devient une arme de guerre redoutable et une source d'informations irremplaçable pour tous ceux qui combattent la politique irlandaise de Lloyd George.

Plus de deux mille exemplaires du *Bulletin* sont régulièrement expédiés à la presse étrangère, aux chefs d'Etat et de gouvernement, aux parlementaires, intellectuels, hommes d'Eglise et leaders d'opinions favorables à la cause de l'Irlande.

Le résultat de cette intense activité de propagande est largement positif : l'impression produite à l'étranger par la politique gouvernementale britannique est déplorable.

En France, la presse retrouve ses accents du temps où elle défendait les Polonais, les Arméniens et la Belgique envahie par les hordes prussiennes. Ludovic Naudeau, envoyé en Irlande par *Le Temps* et *L'Illustration,* journaux qui ne passent pas pour anglophobes ni pour révolutionnaires, écrit :

« Parlons bref, il se passe aujourd'hui, en Irlande, toute une série de faits que ma plume a déjà décrits il y a dix-huit ans, quand je relatais les sévices endurés par la population macédonienne, alors frémissante sous le joug du Turc cruel... Des procédés de terreur identiques à ceux que les Teutons employèrent en Belgique ne sauraient point avoir longtemps l'approbation des citoyens britanniques. » [1]

Mgr Baudrillart appelle l'Irlande « la nation en croix ». Marc Sangnier, directeur du *Sillon,* député de Paris et père spirituel de la démocratie chrétienne, invite ses amis à manifester contre la répression britannique :

Devant un auditoire enfiévré, il clame sa foi :

— Nous devons, camarades, nous souvenir de cette longue communauté qui a, si longtemps, à travers l'histoire, rapproché la

1. *L'Illustration,* 5 mars 1921.

France de l'Irlande. Les meilleurs d'entre nos devanciers, les Montalembert, les Lacordaire, sentaient que l'Irlande était plus qu'une sœur pour eux, qu'elle était vraiment la patrie de leur âme... Cette Irlande, nous devons l'aimer plus que jamais. Elle arrive au seuil de son indépendance et de sa liberté : il faut que nous la soutenions, camarades [1].

En Belgique, le cardinal Mercier et les évêques se solidarisent avec les catholiques irlandais.

En Italie, *l'Osservatore Romano,* organe du Vatican, exprime la sympathie des milieux ecclésiastiques pour la petite nation courageuse. Lors de la ratification du traité de Rapallo, le député Mauri lance soudain du haut de la tribune de l'Assemblée nationale : « N'oublions pas l'Irlande martyre. » Electrisés, les députés italiens se lèvent et scandent « Longue vie à la république d'Irlande », « Vive l'Irlande ».

En Amérique, les législatures d'Etat votent des motions en faveur de l'indépendance irlandaise.

Le ressentiment provoqué par l'attitude du président Wilson à l'égard des délégués irlandais à la Conférence de la Paix renforce le courant isolationniste opposé à la ratification du traité de paix et à la Société des Nations. Wilson assiste, médusé, à l'écroulement de son rêve d'unité et de solidarité internationales. Et, boudé par les Américano-Irlandais qui constituent ses troupes de choc traditionnelles, le parti démocrate essuie une défaite cuisante aux élections de novembre 1920. Si Harding, le successeur de Wilson à la Maison-Blanche, se garde bien de prendre parti officiellement dans le différend anglo-irlandais, il déclare en privé que « la consécration de la nationalité irlandaise est conforme aux aspirations nationales de tout peuple épris de liberté ».

L'opinion britannique, elle-même, est divisée.

Les irréductibles sont de plus en plus isolés.

L'opinion britannique commence à s'émouvoir, et, à partir de l'automne 1920, le malaise, la gêne, le doute font place à un sentiment très vif de réprobation. Dans toutes les classes, dans tous les partis, hors l'extrême droite, à la tribune, au Parlement, dans tous les journaux depuis le *Times* jusqu'au *Daily Herald* communiste en passant par le *Manchester Guardian* libéral, des voix

1. Marc Sangnier, *Pour l'Irlande libre; discours prononcé à Paris le 28 juin 1920*, Société des Editions de la Démocratie, Paris, 1920, p. 32.

s'élèvent pour protester contre les « représailles » et demander une enquête.

Le 20 octobre 1920, Arthur Henderson, leader du groupe travailliste aux Communes, dépose une motion de censure contre le gouvernement sur sa politique irlandaise. Un mois plus tard, l'ancien Premier ministre libéral Asquith ouvre un débat sur les « méthodes de terrorisme » employées par le gouvernement en Irlande.

Pour condamner l'immobilisme de la coalition gouvernementale et la duplicité de Lloyd George, les Libéraux-Indépendants retrouvent les accents de Gladstone. Plus concrètement, le Parti travailliste désigne une commission d'enquête présidée par son leader parlementaire, Arthur Henderson. Elle parcourt l'Irlande, du 30 novembre au 14 décembre 1920, et publie au début de l'année un rapport accablant sur la répression anglaise.

Des meetings pour la paix ont lieu dans les grandes villes ouvrières, Manchester, Cardiff, Glasgow.

Mais l'action des Libéraux-Indépendants et des Travaillistes ne laisse pas d'être, souvent, équivoque. Il entre, dans leurs attaques violentes contre le gouvernement, une part de manœuvre d'opposition, de tactique parlementaire. Asquith, lorsqu'il était Premier ministre, ne s'est pas montré plus sagace ni plus généreux envers l'Irlande que Lloyd George.

Quant aux Travaillistes, s'ils veulent bien protester contre les représailles et faire du bruit, ils renâclent devant des actions plus concrète. Les Trade-Unions sont réservés. Après tout, l'ouvrier anglais n'éprouve aucune sympathie pour le prolétaire irlandais, son rival sur le marché du travail. Et il se sent davantage en communion d'intérêt et d'idée avec les ouvriers anglo-écossais protestants de la vallée du Lagan et des chantiers navals de Belfast, pour qui l'insurrection sudiste est un abominable complot papiste contre l'Ulster britannique et ses traditions vénérables.

Karl Marx et James Connolly, qui croyaient à la possibilité d'un affrontement classe contre classe à l'occasion des troubles d'Irlande, se sont trompés. Le drapeau rouge ne flotte pas dans l'Ile-Sœur, mal défendue par les prolétaires désunis. De Mizen Head à Malin Head, et de Dublin à Londres, deux nations s'affrontent, toutes classes mélangées, pour le « *wearing of the green* » et la défense de l'Union Jack.

Aussi bien n'est-ce pas de ce côté qu'il faut chercher l'opposition la plus déterminée et la plus efficace à la guerre, mais bien du côté de cette élite britannique, consciente de son rôle et de ses devoirs, qui s'accommode mal d'avoir donné au monde la démocratie et d'en user si mal de l'autre côté du canal Saint George.

Cette élite-là, elle est de tous les milieux, de toutes les classes, de toutes les origines. Au vrai, elle est la conscience de l'Angleterre, sa véritable noblesse, et son recours à l'heure des périls.

Elle se recrute chez les Conservateurs comme chez les Libéraux et les Travaillistes. Mais il y a quelques mérites pour les premiers à critiquer publiquement, voire à voter contre un gouvernement essentiellement conservateur. C'est pourtant ce que font des hommes comme lord Robert Cecil et lord Hugh Cecil, prestigieux descendants de cette famille illustre qui donna tant de Premiers ministres à la Couronne, et comme lord Henry Cavendish-Bentinck, Oswald Mosley et le brigadier général sir George Cockerill.

Ces Conservateurs éclairés ne se contentent pas de répandre dans les salons, à la tribune du Parlement, et dans la presse, l'inquiétude qu'éveille en eux la politique brutale et désordonnée du gouvernement. Ils prennent la tête de mouvements organisés. Lord Henry Cavendish-Bentinck et Oswald Mosley deviennent respectivement président et secrétaire du « Peace with Ireland Council », une organisation purement anglaise et non partisane, créée en vue « d'en appeler à l'opinion pour défendre les principes fondamentaux de la loi et de la liberté britanniques ». Ils rallient autour d'eux un grand nombre d'intellectuels, de journalistes, d'ecclésiastiques, de membres des professions libérales, de parlementaires venus de tous les horizons de la société.

Les écrivains les plus illustres de leur temps s'associent à la campagne du « Peace with Ireland Council » : Chesterton, Bertrand Russell, Hilaire Belloc, Gilbert Murray, Harold Laski, Sidney et Beatrice Webb, George Bernard Shaw.

Mandaté par le « Council », le général sir Henry Lawson visite l'Irlande. Son rapport réfute la plupart des allégations officielles.

Loin de voir dans l'I.R.A. la « bande d'assassins sans foi ni loi » que vilipende la propagande gouvernementale, le général Lawson observe notamment :

« Les capitaines (de l'Armée Républicaine Irlandaise) semblent presque toujours avoir été de très jeunes gens, fils de propriétaires campagnards pour la plupart, quelques-uns maîtres-enseignants dans les écoles, un certain nombre avec ce qui, dans leur classe, passerait pour une bonne dose de culture, ne connaissant cependant ni le monde ni mainte autre chose, mais, dans l'ensemble, d'une sincérité et d'une droiture limpides, idéalistes, profondément religieux en général, souvent possédés, jusqu'à un sentiment presque mystique, de leur devoir envers leur pays.

« Ces hommes consacrèrent à la tâche d'organiser leurs Volontaires le meilleur de leur esprit et de leur cœur. Ils combattirent l'ivrognerie, le relâchement, et il n'est pas exagéré de dire que, dans l'ensemble, ils étaient la crème de la campagne.

« Leurs Volontaires et eux s'entraînèrent à la discipline, s'imprégnèrent d'esprit militaire, du sens de l'honneur militaire et ils regardèrent leur armée comme une armée véritable, dans toute l'acception du mot, une organisation exigeant d'eux l'obéissance passive et l'abnégation.

« L'Armée républicaine semble tout spécialement exempte du type du bandit professionnel, et les meurtres de policiers ou autres, parfois commis dans des circonstances qui soulèvent notre horreur, furent certainement exécutés par des membres de l'Armée républicaine agissant en vertu d'ordres militaires, jeunes gens qui n'avaient aucune haine personnelle contre leurs victimes, pas de crimes sur la conscience et qui probablement versaient le sang pour la première fois de leur vie. »

Il ajoute ceci, qui ôte tout mobile légitime à l'action britannique en Irlande :

« Derrière leur organisation, il y avait l'esprit d'une nation, d'une nation qui n'était pas certes en faveur du meurtre, mais qui, dans l'ensemble, sympathisait avec eux et croyait que les membres de l'Armée républicaine combattent pour la cause du peuple irlandais. »

Le général Lawson n'est pas le seul officier supérieur à protester contre le rôle qu'on fait jouer à l'armée de l'autre côté du canal Saint George. Les généraux C. B. Thomson et F. Maurice, le brigadier général Cockerill, fustigent eux aussi la poursuite absurde de cette guerre dégradante.

Les hauts dignitaires de la Church of England, plus libéraux que les non-conformistes, bien mal nommés en l'occurrence, élèvent des protestations véhémentes contre le terrorisme militaire pratiqué en Irlande.

Le 22 février 1921, à la Chambre des lords, l'archevêque de Canterbury, primat d'Angleterre, jette tout son prestige et son autorité derrière le mouvement en faveur de la paix.

Son homélie donne bien le ton de ce grand sursaut de la conscience anglaise outragée par les procédés du « sorcier gallois ».

« Ce n'est pas, dit-il, une question de politique, mais une question de morale, de juste et d'injuste... Si on n'obtient la paix qu'au moyen d'injustices, cette paix ne vaut pas la peine qu'on l'obtienne. On ne chasse pas, on ne châtie pas les démons en appelant à l'aide le diable lui-même. »

# XIX

## *COLOMBES ET FAUCONS*

S'il est un homme d'Etat britannique farouchement opposé à toute concession aux nationalistes irlandais, c'est bien Andrew Bonar Law. Canadien fier de ses ancêtres ulstériens, orateur brillant et caustique, successeur de Balfour à la tête du parti tory, il a joué à fond la carte orangiste, n'hésitant pas à entraîner, à la veille de la guerre mondiale, son parti et son pays au bord de la guerre civile. Membre influent du Cabinet de guerre, successivement ministre des Colonies, chancelier de l'Echiquier et lord du Sceau privé, il s'est constamment fait l'avocat des mesures les plus radicales pour écraser la rébellion irlandaise.

Pour l'heure, il se repose à Cannes en fourbissant les armes qui lui permettront d'abattre le « sorcier gallois », et de lui succéder au 10 Downing Street.

Avant de quitter Londres, il a exprimé le souhait d'être informé de l'évolution de la situation en Irlande.

Il s'est tout naturellement adressé à Thomas Jones. Les paupières mi-closes, le haut fonctionnaire a donné sa parole, un sourire malicieux accroché au coin des lèvres.

— Entendu, je vous écrirai. Même si je dois gâcher vos vacances sur la Riviera...

Personnage affable, aux manières discrètes, au visage de père tranquille, Thomas Jones est au courant de tout. Secrétaire du Cabinet britannique, rien de ce qui se trame au sein du gouvernement ne lui échappe. Compatriote de Lloyd George, il jouit de la confiance absolue du Premier ministre avec lequel il s'entretient fréquemment des affaires de l'Etat.

Chaque soir, ce Gallois bien tranquille confie à son « Journal » le résumé des débats du ministère de coalition, les réactions de fureur ou d'embarras des ministres, les confidences de Lloyd George, et les manœuvres politiques plus ou moins sordides concoctées à Whitehall et au 10 Downing Street. C'est sa manière à lui de prendre ses distances vis-à-vis d'un gouvernement dont il n'approuve pas toujours les orientations, en ce qui concerne l'Irlande notamment. Il ne s'en cache d'ailleurs nullement, et ses avis sont d'autant plus recherchés qu'on le sait sincère et sans calcul.

Le 24 avril, il écrit à Bonar Law dans un accès de franchise : « Les militaires ne sont pas en mesure de dire à quelle date les meurtres cesseront, et le secrétaire en chef pour l'Irlande a perdu son bel optimisme d'il y a six mois. Il parle maintenant de pacification en terme d'années et non de mois... La ténacité de l'I.R.A. est extraordinaire. Où était donc Michael Collins pendant la Grande Guerre ? A lui tout seul, il vaut bien une douzaine de nos généraux réunis. Ne pourriez-vous pas l'inviter, officieusement, à venir passer un week-end sur la Riviera avec vous ! Je suis sûr que le Premier ministre nourrit une secrète admiration pour lui, et après tout il n'a pas plus de sang sur les mains que les bouchers d'Angora avec lesquels nous nous sommes affichés il y a quelque temps, sans parler que sa cause est au moins aussi bonne. Il sera canonisé un jour. »

Si Lloyd George admire Collins, il n'en laisse rien paraître. Et son désir de paix ne va pas au-delà des maigres concessions octroyées par le *Government of Ireland Act,* nouvelle mouture de Home Rule, élaborée dans l'indifférence générale et votée en l'absence des principaux intéressés au mois de décembre 1920.

Croit-il sincèrement que cette loi, qui accorde trop peu et trop tard, assurera « un meilleur gouvernement à l'Irlande » ? C'est douteux, d'autant qu'elle institue la partition, dont personne ne veut, et ne concède que des pouvoirs restreints aux deux parlements irlandais qu'elle se propose de créer à Dublin et à Belfast.

Mais le Premier ministre anglais pense, avec raison, pouvoir vaincre les réticences des Irlandais du Nord. En purgeant l'hypothèque ulstérienne, même au prix d'une solution boiteuse, il se donne les moyens de traiter avec le Sud. Mais avec qui, et sur quelles bases, tout est là ?

S'il veut bien prendre langue avec les nationalistes modérés, il refuse avec mépris toute transaction avec les « bandits et les assassins » qui font la guerre aux forces de la Couronne.

Il confie à lord Riddell : « La question est de savoir si je peux rencontrer Michael Collins. La question est de savoir si le peuple britannique tolérerait de me voir négocier avec le chef d'une bande d'assassins. Ce serait exactement comme si le Premier ministre de l'époque avait eu une entrevue avec Kelly, le responsable des assassinats de Phœnix Park. »

Et il n'est pas question, dans son esprit, d'aller au-delà des dispositions contenues dans le *Government of Ireland Act.*

Pour parvenir à ses fins, le sorcier gallois s'efforce d'enfoncer un coin entre les « modérés » et les « extrémistes », le Sinn Fein et l'I.R.A., Eamon de Valera et Michael Collins.

Lord French, jugé un peu trop raide, est remplacé par lord Fitzalan à Phœnix Park. A défaut d'être un libéral bon teint, le nouveau vice-roi est un catholique. On espère ainsi amadouer les électeurs du Sud et entraîner l'Eglise dans le sillage du gouvernement.

Parallèlement, Andy Cope, l'assistant du sous-secrétaire pour l'Irlande, est autorisé à prendre des contacts discrets avec les nationalistes. Un libéralisme sincère doublé d'un penchant très vif pour les tractations secrètes pousse vite ce parfait gentleman aux manières suaves à dépasser la mesure. Il hante les prisons et les refuges secrets des leaders républicains, multiplie les contacts, ménage des entrevues entre personnalités aux vues diamétralement opposées. Cette prodigieuse activité n'est pas toujours appréciée en haut lieu. Lloyd George fronce le sourcil, Hamar Greenwood est obligé de le rappeler à l'ordre. Mais Andy Cope n'en poursuit pas moins ses subtils et patients travaux d'approche.

Tandis que la guerre continue de faire rage en province et à Dublin, des émissaires sans mandat précis, porteurs de vagues promesses, affluent dans la capitale irlandaise.

Avec des précautions de conspirateur, rapidement percées à jour, lord Derby débarque en Irlande, rencontre le primat d'Armagh et de Valera, et s'en retourne comme il est venu, bredouille et les mains vides.

Persuadé par Andy Cope que chacun souhaite rencontrer l'autre pour négocier un *modus vivendi* entre le Nord et le Sud, de Valera et sir James Craig, leader des orangistes ulstériens, ont une entrevue dans une petite maison de Howth Road à Dublin. Placé dès le départ sous le signe de l'équivoque, l'entretien tourne court.

En attendant, la guerre continue.

Le 27 avril, le Cabinet britannique se réunit au 10 Downing Street. A l'ordre du jour : la situation en Irlande à l'approche des élections aux Parlements de Dublin et de Belfast.

Sir Hamar Greenwood, le secrétaire en chef pour l'Irlande, n'est guère optimiste.

— Nous arrivons à une phase critique. Les Sinn Feiners refusent de reconnaître le *Government of Ireland Act,* mais ils comptent présenter des candidats dans toutes les circonscriptions afin d'élire leur prétendu « deuxième Dail Eireann ». Comme nous ne sommes pas arrivés à briser leur campagne de terreur, il est probable qu'aucun candidat unioniste n'osera leur disputer la place. Nous risquons de nous retrouver avec cent vingt-huit députés Sinn Feiners dans le Sud. Certains pensent que nous devons renvoyer les élections. D'autres, que nous devons penser à Craig, qui a accepté de former le Parlement d'Irlande du Nord.

Il ajoute pour rassurer ses interlocuteurs :

— Bien sûr, nous pouvons toujours organiser les élections à la date prévue et décider que, si les députés élus au Sud refusent de prêter le serment d'allégeance, le Parlement de Dublin sera dissous et l'Irlande érigée en colonie de la Couronne. Ainsi nous aurons les mains libres.

Les membres du Cabinet se tournent vers Balfour. L'ancien Premier ministre conservateur est un homme avisé. Au surplus, il a été secrétaire en chef pour l'Irlande, ce qui ne gâte rien. Et il a su promouvoir les réformes les plus audacieuses tout en maintenant l'ordre public avec la plus grande fermeté, ce qui a toujours été le fin du fin pour les hommes d'Etat anglais.

— Nous avons tout à perdre en renvoyant les élections, affirme Balfour, péremptoire. Nous apporterions la preuve que nous avons peur de tenir nos promesses. Nous perdrions la face.

— Je le pense aussi, renchérit Churchill. De toute façon, la situation ne peut pas empirer davantage. Je n'ai jamais été emballé par le Government of Ireland Act, mais j'estime qu'aujourd'hui nous nous couvririons de ridicule en nous dérobant.

Lloyd George se tourne vers le secrétaire en chef pour l'Irlande et demande à brûle-pourpoint :

— Pouvons-nous compter au moins sur quelques élus travaillistes dans le Sud ?

— Certainement pas : Foran, Johnson et O'Brien, qui sont les leaders du parti travailliste et des syndicats, souhaitent ardemment la paix. Ils se contenteraient d'une certaine autonomie fiscale. Mais ils vivent dans la terreur des assassins. Même s'ils en avaient le désir, ils ne pourraient pas s'opposer au Sinn Fein.

— Pourquoi alors ne pas proposer une trêve à certaines conditions ? risque timidement Erwin Montagu, le ministre des Indes.

Lloyd George le foudroie du regard. Hochant sa crinière de vieux lion fatigué, il déclare avec une chaleur inusitée :

— Je n'avais aucune idée préconçue avant notre réunion, mais je pense effectivement qu'il ne faut pas reporter la date des élections. Le problème, c'est qu'on ne sait plus à qui se fier. Dans le temps, on pouvait conclure un marché avec les Irlandais, ils remplissaient leurs obligations. Le parti travailliste imposait ses vues au lieu de subir celles des autres. Aujourd'hui, le Sinn Fein lui-même est déchiré. De Valera et Michael Collins sont à couteaux tirés. Ce dernier veut la République, et, comme il est le chef des bandes armées, il bloque toute négociation. De Valera ne peut pas venir ici et dire qu'il renonce à l'indépendance de l'Irlande, car il risquerait d'être abattu s'il le faisait [1].

Forçant le ton pour manifester son autorité, il ajoute :

— Quant à la suggestion de Montagu, j'espère qu'elle sera repoussée par le Cabinet. Tendez la main aux Irlandais et ils vous prendront le bras tout entier. Tout y passera : l'indépendance fiscale, les tarifs protectionnistes, l'armée, la marine, la diplomatie. A cela nous devons fermement dire « Non ».

1. Ces dialogues sont authentiques. Ils sont rapportés par Thomas JONES (*Whitehall Diary, vol. III. Ireland* 1918-1925, Londres 1971, pp. 55-72). Ils révèlent l'ignorance à peine croyable du gouvernement britannique sur le rôle et les intentions réelles des chefs nationalistes irlandais. Le portrait de Collins en « homme au couteau entre les dents » terrorisant le doux et pacifique de Valera serait comique s'il ne revenait pas aussi souvent dans les discussions ministérielles pour justifier l'immobilisme et la violence incontrôlée des « forces de la Couronne ».

Enfin, franchement caustique :

— Voyons, vous connaissez les Irlandais, dit-il, il n'existe pas de nature plus avide dans tout le Royaume-Uni. Ils ne sont jamais satisfaits. Inutile de leur faire une offre. Ce serait une mauvaise tactique. Avec cette loi dans le Statute Book, nous les amènerons bien à se soumettre.

Le Cabinet se rallie à l'opinion de Balfour et de Lloyd George. La date des élections est fixée sans retour au 24 mai. En ce qui concerne la trêve, les ministres conviennent de mettre la question à l'étude et de se réunir à nouveau pour arrêter une position définitive.

Le 12 mai 1921, à quatre heures de l'après-midi, les ministres du gouvernement anglais se retrouvent dans le bureau de Chamberlain à la Chambre des Communes.

Lloyd George est manifestement opposé à toute concession :

— J'ai sollicité l'avis du secrétaire en chef pour l'Irlande et de ses conseillers militaires. Ils sont hostiles à une trêve en ce moment. Hamar Greenwood dit que les rebelles perdent du terrain et qu'un répit leur permettant de reconstituer leurs forces serait désastreux.

Balfour se range à l'avis du Premier ministre. Ses arguments sont de poids.

— Le Government of Ireland Act nous offre une chance de ramener la paix dans ce pays. Il faut nous y tenir, car ne vous y trompez pas : derrière la politique irlandaise, derrière les modérés, il y a les forces du changement, et ces forces vont dans le sens de l'indépendance totale, pas moins. Le Cabinet n'y peut consentir. Si vous vous déclarez en faveur d'une trêve, vous commencerez par altérer les dispositions de la loi et vous finirez par octroyer le statut de dominion. Ceux qui veulent la République n'abdiqueront pas et seront d'autant plus encouragés dans leur nationalisme extrême que vous aurez multiplié les concessions. Greenwood a raison, nous ne pouvons accepter une trêve, d'ailleurs les hommes que nous pourchassons ne sont pas des combattants dignes de ce nom, et ils n'ont aucun droit.

Critiquant le point de vue de l'ancien secrétaire en chef pour l'Irlande, Erwin Montagu plaide avec chaleur en faveur d'un arrêt des hostilités. Il essaye de démontrer à ses collègues l'opportunité d'un geste de conciliation. Il est soutenu par le ministre de la Santé, le ministre de l'Education et le secrétaire d'Etat pour l'Ecosse. Mais Lloyd George est violemment hostile à leur suggestion.

— Qu'est-ce qui vous garantit qu'une offre généreuse de notre part serait payée en retour ? dit-il. Certes, il paraît que de Valera n'approuve pas l'action des terroristes et qu'il est soumis à un régime d'intimidation. Mais c'est Collins qui contrôle la situation. C'est lui qui a les armes. C'est lui qui dirige ces assassins, et il est hostile à tout compromis.

Projetant en avant sa crinière léonine, il ajoute avec un accent de profonde conviction :

— Jusqu'à maintenant, nous ne sommes pas pervenus à restaurer l'ordre en Irlande. C'est vrai. Je l'ai dit à la Chambre. Nous n'y parviendrons pas tout de suite, mais nous y arriverons à la fin. Tôt ou tard nous aurons raison des rebelles.

Enveloppé dans la fumée de son havane comme dans les fils d'un cocon protecteur, Winston Churchill s'est contenté d'écouter, l'air absent.

Il intervient soudain, apportant un soutien inattendu au clan des pacifistes.

— Je ne suis pas d'accord, dit-il. Bien que nous ne soyons pas en mesure d'atteindre notre but, nous sommes en position de force. L'armée et la police, plus fortes et mieux entraînées, étendent leur contrôle. Alors bien sûr, il n'y a aucun inconvénient à continuer comme cela pendant un an ou deux. Mais, si nous le faisons, il faut bien voir que c'est au détriment des intérêts de ce pays dans le monde. Cette affaire irlandaise empoisonne nos relations avec les Etats-Unis et nous vaut une réputation détestable. Un geste du gouvernement aurait un retentissement profond sur l'opinion britannique en général et sur l'opinion libérale en particulier. Militairement, je n'y vois aucun inconvénient. Car, ou bien la trêve est respectée, ou elle est rompue. Personnellement, je crois que nos adversaires n'auront pas envie de remettre ça. Mais, s'ils rompaient la trêve, nous aurions alors l'opinion derrière nous, nos troupes seraient en position, elles pourraient reprendre l'offensive immédiatement et plus efficacement, car, dans l'intervalle, nous aurions obtenu des informations sur l'organisation rebelle.

Les paroles de Churchill tombent dans un silence glacé. Ses arguments n'ont touché que les ministres déjà acquis par principe à l'idée d'une trêve. Le grand nombre se range derrière Balfour et le Premier ministre.

Le vice-roi, lord Fitzalan, s'en félicite ouvertement :

— L'opinion qui prévaut à l'issue du débat de ce soir me cause un soulagement très vif. Nous ne pouvons pas proclamer une trêve sans rencontrer Michael Collins. Et nous ne pouvons décemment pas nous asseoir à une table avec cet individu.

On passe au vote : cinq voix en faveur de la trêve, neuf voix contre.

— Le verdict des urnes dira si l'intransigeance du gouvernement est fondée ou non, déclare Thomas Jones avec philosophie.

La campagne électorale pour la désignation des Parlements d'Irlande du Sud et d'Irlande du Nord se déroule dans un climat d'intimidation et de violence.

Au Sud, l'opposition au Sinn Fein n'ose pas relever la tête. La vieille aristocratie anglo-irlandaise, qui a fait son deuil de l'union, pense déjà au lendemain et aux ajustements nécessaires. Les travaillistes se sont effacés volontairement, obéissant au slogan nationaliste « Labour must wait ». Au Nord, c'est l'inverse. L'orangisme ulstérien triomphe. L'Union Jack claque aux fenêtres. Les propagandistes du Sinn Fein sont rossés par les B-Specials, police auxiliaire recrutée parmi les anciens Volontaires d'Ulster et destinés à faire régner « l'ordre protestant » dans la province pendant un demi-siècle.

Mick Collins s'est porté candidat au Sud, dans le South Cork, et en Ulster, dans le comté d'Armagh. Son manifeste électoral est un vibrant appel à l'unité et au combat « contre les privilèges d'un petit nombre, contre la partition de notre pays, contre l'intolérance politique et religieuse... Il y a place pour tous en Irlande. »

Les résultats sont proclamés le 1er juin. Au Sud, 124 Sinn Feiners ont été élus sans opposition. Seul bastion inexpugnable : Trinity College a désigné quatre députés pro-anglais. En Irlande du Nord, le parti unioniste de James Craig a enlevé quarante sièges contre douze aux nationalistes modérés et aux Sinn Feiners.

Le Big Fellow est élu dans le South Cork et le comté d'Armagh, à une confortable majorité.

Les quatre députés unionistes de Trinity College et les sénateurs nommés par la Couronne sont les seuls à répondre à la convocation du Parlement de Dublin. La séance inaugurale dure en tout et pour tout quinze minutes, après quoi la législature fantôme d'Irlande du Sud est ajournée *sine die*.

— Le peuple d'Irlande a rendu son verdict, commente un journaliste. C'est une victoire sans précédent pour le Sinn Fein et une répudiation quasi unanime du Government of Ireland Act.

Cette ultime et trop tardive loi de Home Rule venait néanmoins entériner un fait accompli : la partition.

# XX

## *LIBÉREZ MAC EOIN*

Michael Collins et Cathal Brugha ne cherchent même plus à dissimuler l'aversion mutuelle qu'ils éprouvent l'un pour l'autre. Lors d'une réunion du grand quartier général rebelle, au début de l'année, leurs divergences s'étalent au grand jour.

Cathal Brugha ouvre le feu.

— Je tiens les ministres anglais responsables des atrocités commises par les Black and Tans. Ce sont eux les véritables instigateurs des crimes et des violences qui ravagent notre pays. Frappons à la tête, sans hésiter. Je propose que l'on organise des attentats contre tous les membres du Cabinet anglais sans exception. Que ce soit à Downing Street, à Whitehall ou dans leurs résidences, il faut qu'ils sachent que notre vengeance les atteindra, l'un après l'autre, jusqu'à ce qu'ils se décident à mettre un terme à la campagne de terreur de leurs mercenaires.

— Je ne suis pas d'accord, répond Collins. Nous devons chercher et frapper les responsables directs des atrocités. Des représailles contre les membres du gouvernement anglais ne feraient que nous aliéner le soutien des libéraux en Grande-Bretagne et dans le monde.

— Au diable les libéraux, nous sommes en guerre. Pourquoi épargnerions-nous ceux-là mêmes qui ont le pouvoir de mettre fin au massacre.

Michael Collins frappe du poing sur la table.

— Parce que c'est une idée de fou.

Et pointant un index furieux sur Brugha :

— Cathal, tu n'auras aucun de mes hommes pour ce travail.

Le ministre de la Défense rebelle reste de marbre.

— Rassure-toi, Collins, dit-il d'une voix sarcastique, je ne veux aucun de tes hommes. J'ai mes propres gars.

Le G.Q.G. se rallie à la position du Big Fellow. Brugha s'en moque éperdument : il sait bien que tous les officiers supérieurs de l'Armée Républicaine appartiennent à l'I.R.B., l'omniprésente et ténébreuse société secrète sur la destinée de laquelle Michael Collins règne en maître. Il décide d'agir seul.

Il hausse les épaules et laisse tomber, méprisant :

— Parfait, gentlemen, allez de votre côté, j'irai du mien.

Pour une entreprise comme celle qu'il médite, Brugha a besoin d'un homme courageux, intelligent et capable. Son esprit se porte immédiatement sur Sean Mac Eoin, « le forgeron de Ballinalee ».

Successivement vice-brigadier et directeur des opérations de la Brigade couvrant le comté de Longford et une partie du Leitrim et du Cavan, puis commandant de la Colonne Volante de Longford, Sean Mac Eoin est entré vivant dans la légende.

A Ballinalee, en novembre, il a mis en déroute une centaine de Black and Tans armés d'une mitrailleuse Maxim et d'un canon Lewis. Au début du mois de janvier, il a attaqué à lui tout seul une dizaine de policiers, tuant l'inspecteur du district de la R.I.C. et blessant les autres constables à coups de revolver et de bombe Mills. Un mois plus tard, à la tête d'une douzaine d'hommes, il s'en est pris à une patrouille motorisée comprenant dix-sept Auxiliaires, deux chauffeurs et un gendarme. Au terme d'un furieux engagement, trois Auxiliaires ont été tués, douze autres grièvement blessés. Les survivants, mis hors de combat, ont été relâchés sur-le-champ avec les félicitations de Mac Eoin pour leur bravoure au combat.

Le « forgeron de Ballinalee » n'a qu'un seul défaut aux yeux de Brugha. Il est le chef de l'I.R.B. du comté de Longford, et un ami personnel de Collins. Mais il est avant tout un soldat et le ministre de la Défense rebelle sait pouvoir compter sur son dévouement et sa discrétion.

A l'insu de Collins et de Richard Mulcahy, chef d'état-major de l'I.R.A., il convoque Mac Eoin à Dublin et lui explique sa mission.

Mais c'est compter sans le hasard. Le « forgeron de Ballinalee » n'a pas plus tôt rencontré Brugha qu'il se cogne en plein O'Connell Street dans un Michael Collins, étonné et ravi.

— Ça par exemple, Sean, quelle surprise. Quel bon vent t'amène ?

— J'ai été appelé par Cathal Brugha et...

Les yeux de Collins s'injectent de sang, il éclate d'une voix blanche :

— Ne m'en dis pas plus... Londres... Les membres du gouvernement anglais.

— Oui, tu es au courant ?

— Tu parles, si je suis au courant. Mais cela ne va pas se passer comme ça. Amène-toi, on va chez Dick Mulcahy.

Le chef de l'état-major de l'I.R.A. annule immédiatement la mission de Mac Eoin.

— Et maintenant, s'écrie Collins, retourne dans tes foyers et n'en bouge que si tu reçois un ordre formel de Dick ou de moi. Oublie Brugha et ses conneries.

Soulagé, Sean Mac Eoin ne se le fait pas dire deux fois. Il saute dans le premier train en direction de Longford. Mais il s'est fait repérer. En gare de Mullingar, les policiers envahissent le wagon.

Un policier se précipite sur lui, revolver au poing.

— Votre nom ?

— Smith.

— Retirez votre veste et votre chemise, glapit le constable.

Mac Eoin s'exécute. L'homme lui soulève le bras gauche. De la hanche jusqu'à l'aisselle, des traces de brûlures pas plus grosses que des têtes d'épingle attirent son attention.

— Regardez, c'est le bras d'un forgeron. Vous ne vous appelez pas Smith, vous êtes Sean Mac Eoin, surnommé « le forgeron de Ballinalee ».

Entouré de constables, menottes aux poignets, Mac Eoin est poussé hors du train et entraîné vers la caserne la plus proche. Il sait ce qui l'attend : au pire, la mort aux mains des Black and Tans; au mieux, le peloton d'exécution ou la corde du bourreau. Il décide de jouer son va-tout dans la rue principale. Profitant d'un moment d'inattention de ses gardiens, il se dégage d'une bourrade et plonge, toujours enchaîné, dans une ruelle adjacente. Comble de malchance, il se jette dans les bras d'une patrouille.

Hurlements. Coups de feu. Douleur intolérable au poumon. Il boule dans le ruisseau.

Rejoint, insulté, rossé à coups de crosses et de canons de fusil, Mac Eoin est traîné jusqu'à la caserne des Black and Tans. Un médecin, appelé d'urgence, ne lui donne pas plus d'une heure à vivre. Cette perspective semble accroître la rage des supplétifs, qui s'acharnent sur lui jusqu'à ce qu'il s'écroule, inanimé et baignant dans son sang.

Mais il en faut davantage pour venir à bout de la robuste constitution du « forgeron de Ballinalee ». Quoique très affaibli, il survit à ses blessures. Le Château ordonne alors qu'il soit ramené sous bonne garde à Dublin, afin d'être soigné et remis sur pied pour son procès.

Il est hissé dans une ambulance, ligoté sur une civière, le canon d'un Webley 45 collé contre sa tempe, en cas d'attaque des « Shinners ». Mais Collins n'a pas prévu que le convoi pourrait emprunter une route de traverse. Il a posté une colonne en embuscade sur l'axe principal Mullingar-Dublin.

Parvenu sans encombre dans la capitale, le prisonnier est « livré » aux autorités dans la cour de l'hôpital George V.

Un médecin civil lui fait subir un nouvel examen.

— Mon vieux, on peut dire que vous avez eu de la veine. Mais il va falloir vous opérer pour extraire le pruneau qui se balade quelque part dans votre poumon.

Sur le chemin de la salle d'opération, Mac Eoin croise un officier des S.R. de l'Armée occupé à noircir du papier. Il devine immédiatement le piège.

— Je refuse d'être anesthésié, dit-il sur un ton péremptoire au chirurgien.

— Vous n'êtes pas un peu fou, non ?

— Pas du tout. J'ai été torturé par les Black and Tans et je n'ai pas parlé. Ce n'est pas pour me déballer maintenant sous l'influence de l'éther ou de toute autre saloperie du même genre. Si vous croyez que je n'ai pas vu la manœuvre du petit futé, là-bas dans le coin !

— Ah bon, si ce n'est que cela.

Et se tournant vers l'officier :

— Vous n'avez rien à faire dans la salle d'opération. Sortez je vous prie.

L'homme s'exécute en maugréant.

— Je vous remercie, docteur, dit Sean Mac Eoin. Mais si ça ne vous fait rien, je préférerais ne pas être endormi.

— Comme vous voudrez, dit le chirurgien en haussant les épaules.

Et il extrait le projectile après lui avoir administré une simple anesthésie locale.

L'ancien commandant de la Colonne Volante du Longford est cloué au lit dans une petite chambre de l'hôpital militaire, gardée jour et nuit par les soldats. Encore très affaibli par son opération, il ronge son frein en essayant d'imaginer un moyen de fausser compagnie à ses gardiens.

La porte s'ouvre un jour sur un prêtre à la mine sévère et à la voix coupante comme le silex.

— Mac Eoin, s'écrie-t-il avec un accent très vif de réprobation, il serait temps de vous mettre en règle avec Dieu. Regrettez-vous les forfaits que vous avez commis ?

Au prix d'un effort douloureux, le blessé se retourne contre le mur en grommelant un juron à l'adresse du prêtre. Celui-ci pousse un soupir, s'assied à la tête du lit et répète sa question. Puis, changeant soudain de ton et de manière, il se penche sur le malade et lui souffle à l'oreille :

— Mac Eoin, je viens de la part du Big Fellow.

Le « forgeron de Ballinalee » fait volte-face, irradié par une joie sauvage, et décoche un clin d'œil à l'homme en soutane.

— Alors ? dit-il sur un ton impatient.

— Voilà. C'est pour demain. La relève de la garde aura lieu une demi-heure plus tôt que prévu. Ce seront des Volontaires déguisés en tommies. Ils vous feront sortir de là, ne vous inquiétez pas.

Mais ni le lendemain, ni les jours suivants, Collins n'est en mesure de mettre son plan à exécution. Sean Mac Eoin se désespère. Un matin enfin, le prêtre revient, porteur de la nouvelle tant attendue.

— Cette fois c'est sûr, c'est pour ce soir.

Mais, une heure et demie avant la relève de la garde, Sean Mac Eoin est transféré dans une cellule munie de barreaux épais. La prison de Mountjoy. Tout est à recommencer.

Une doctoresse lui rend visite pour prendre des nouvelles de sa santé. En partant, elle lui glisse dans la main un billet plié en quatre. Le plan du rez-de-chaussée de la prison de Mountjoy. Peu après, un geôlier sympathisant lui fait passer en fraude un paquet envoyé par Collins. Il contient une scie à métaux, une burette d'huile, un pain de savon noir, un uniforme de gardien et une montre.

Par le judas entrebâillé, le geôlier communique au prisonnier les instructions verbales du Big Fellow.

— Demain, à sept heures moins cinq très exactement, vous vous glisserez dans la cour. Je serai en train d'occuper la sentinelle. Vous irez jusqu'à la première porte en fer et, à travers le judas, vous direz que vous êtes un gardien et que vous allez boire un verre. Vous vous dirigerez ensuite jusqu'à la deuxième porte en fer. Là, sur le coup de sept heures précises, vous frapperez deux fois. Les gars du Squad qui ont une clé vous ouvriront. Ils auront une bicyclette pour vous. Collins vous rejoindra chez Batt O'Connor à Donnybrook. Que Dieu vous protège.

Sitôt la nuit tombée, Sean Mac Eoin attaque fiévreusement les barreaux de sa cellule. Il s'interrompt toutes les dix minutes, le cœur battant, pour laisser passer la sentinelle. Au petit matin, les barreaux ne tiennent plus que par un fil, mais il n'y paraît pas car le passage de la scie a été soigneusement rebouché au savon noir.

Cet effort a épuisé le chef rebelle, sa blessure recommence à le faire souffrir. A midi, le médecin de la prison le découvre grelottant de fièvre. Il appelle un gardien et, d'un ton sévère :

— Vous voulez le tuer, dit-il. Que fait-il au rez-de-chaussée dans cette cellule humide alors qu'il devrait se trouver à l'étage ?

Le gardien balbutie.

— Je vais le faire changer tout de suite, monsieur.

— Laissez-moi dans cette cellule jusqu'à demain, implore Mac Eoin. Ma vieille mère doit venir me voir et elle n'aura jamais la force de monter les escaliers.

Mais le docteur se montre intraitable.

— Je ne veux pas savoir. Mac Eoin, je suis chargé de veiller sur votre santé. Et je n'ai pas envie que vous attrapiez la mort dans ce cul-de-basse-fosse malsain et glacial.

Le prisonnier a beau supplier. Il est transféré dans l'heure qui suit à l'étage au-dessus du quartier des Auxiliaires.

Le Big Fellow ne se décourage pas. Il tient à rassurer personnellement la femme de Mac Eoin.

— Ne vous en faites pas, je vous le ramènerai. Ce ne sera pas long... Ayez confiance.

Avril effiloche les derniers lambeaux de brouillard au-dessus de la ville. Sur la baie de Dublin tournoient les mouettes au cri strident et aux ailes palpitantes. La mer a une douceur de lac, frémissante comme une écharpe de soie. Son plissement lustré passe insensiblement de l'argent au bleu pâle. Le soleil incliné dore lumineusement les colonnades, les frontons et les dômes de Trinity, de la Douane et des Four Courts.

Avec le beau temps revenu, Dublin retrouve cette facilité à vivre et cette humeur légère que les voyageurs étrangers confondent souvent avec le laisser-aller, l'insouciance et la paresse.

Insolites dans ce paysage baigné de lumière, les barbelés, les façades lacérées et les uniformes des soldats posent une tache sinistre, rappelant que l'Irlande est un pays en guerre.

Humant l'air printanier avec volupté, Charlie Dalton se hâte vers l'Hôtel Plaza, dans Gardiner Row, où Liam Tobin lui a ordonné de se présenter sans délai.

L'immeuble abrite les bureaux d'une fédération de Trade Union. L'un de ces bureaux sert, moins innocemment, de Q.G. à la Brigade de l'I.R.A. de Dublin. Une sentinelle escorte Charlie Dalton le long d'un couloir interminable et frappe selon un rythme convenu à une porte qui s'entrouvre aussitôt sur une petite pièce sombre et enfumée. Rassemblés autour d'une carte d'état-major, les officiers de la Brigade de Dublin sont suspendus aux lèvres d'un homme jeune aux yeux vifs et perçants, au menton énergique, à la mèche indocile. Charlie Dalton reconnaît Michael Collins. C'est la première fois qu'il rencontre le Big Fellow, face à face. Pâle, intimidé, il bégaye quelques mots en rectifiant la position.

— Dalton, explique Collins après avoir mis le jeune homme à son aise, voici ce que j'attends de vous. Le directeur des Abattoirs municipaux nous a fait savoir que des camions se présentaient tous les matins à six heures pour charger la viande destinée aux casernes de la ville. Ils sont escortés par une automitrailleuse. Je veux savoir s'il nous serait possible de nous emparer de ce véhicule. Vous allez donc prendre pension dans la maison du directeur des Abattoirs, et observer les allées et venues des camions et de leur escorte. Dans une semaine vous viendrez me faire votre rapport.

Le jeune Volontaire se met en faction le lendemain matin.

Embusqué derrière le store d'une fenêtre donnant sur la cour des Abattoirs, il note avec minutie le manège quotidien des camions de ravitaillement et de l'automitrailleuse. Au bout d'une semaine, il est en mesure de décrire la situation minute par minute au Big Fellow.

— L'automitrailleuse est une Peerless, à double tourelle, servie par six hommes. Elle arrive tous les matins à six heures. Elle s'immobilise à l'entrée des Abattoirs, juste sous la fenêtre qui me servait de poste d'observation, et attend là le retour des camions. Généralement quatre des occupants de la voiture descendent du véhicule pour griller une cigarette et bavarder. Ils sont armés et sur leurs gardes. Le plus souvent d'ailleurs, ils prennent la précaution de boucler la porte à clef, enfermant les deux derniers soldats, les servants des mitrailleuses probablement, à l'intérieur de l'auto.

— Ils ne descendent jamais tous les six ? demande Collins en ébauchant une grimace.

— Cela leur est arrivé une seule fois. De toute façon, il nous faut tabler là-dessus, si nous voulons les neutraliser.

— Vous pensez donc que l'opération est possible ?

— Oui, à condition qu'elle soit parfaitement minutée. La caserne de Marlboro est à un jet de pierre des Abattoirs. Si les occupants de l'automitrailleuse ont le temps de donner l'alerte, tout est fichu.

— Bon, dit Collins, supposons qu'ils descendent de voiture tous ensemble comme ils l'ont déjà fait. Tout n'est pas réglé pour autant.

Il se tourne vers Pat Mac Crea, un quadragénaire massif et souriant, habitué aux coups durs, en vétéran de la grande grève de 1913 et du soulèvement de Pâques 1916. C'est un passionné d'automobile et un as du volant.

— Est-ce que tu te sens capable de conduire cet engin ?

— Je dois honnêtement avouer que l'on ne m'a jamais invité à me mettre au volant d'une automitrailleuse Peerless, répond Mac Crea avec une pointe d'ironie. Mais je pense que je m'en tirerai.

— Parfait, voici mon plan. Première phase. Dalton, vous reprenez votre faction derrière la fenêtre de la maison du directeur des Abattoirs. Lorsque vous verrez les six hommes descendre de l'auto, vous actionnerez le store. A ce signal, Paddy Daly qui se tiendra sur le trottoir d'en face, au coin de Blackhorse Lane et de North Circular Street, filera à toutes jambes prévenir les gars du Squad planqués dans Aughrim Street. Il ne leur faudra pas plus d'une minute pour entrer dans les Abattoirs et maîtriser les soldats. A ce moment-là, Pat, tu sauteras au volant de l'automitrailleuse et tu bifurqueras immédiatement sur la gauche dans North Circular Street, où t'attendront Joe Leonard et le frère de Charlie Dalton en uniforme d'officiers britanniques. Ensuite, direction Mountjoy !

Collins dévisage les hommes un par un.

— Est-ce que quelqu'un a une question à poser ?

Les Volontaires hochent la tête négativement.

— Parfait, que tout le monde s'imprègne de son rôle. On commence demain.

Le soir même, Mick Collins, Joe Leonard, Emmet, le frère de Charlie Dalton, et un des gardiens de la prison de Mountjoy nommé Breslin se retrouvent au pub de Jim Kirwan pour arrêter les détails de la phase numéro deux.

— Emmet, tu as été officier dans l'armée britannique, tu prendras donc la direction des opérations. Tu te présenteras devant la « Joy » [1] à dix heures exactement. Tu te feras ouvrir les trois portes en t'assurant que les deux dernières restent ouvertes. Moi, je m'occupe de la première.

Fixant Emmet Dalton de ses yeux aux reflets métalliques, le Big Fellow poursuit son exposé sans omettre un détail.

— Tu exhiberas ton ordre de mission et tu demanderas que l'on te remette le prisonnier Mac Eoin.

— Ils ne s'exécuteront pas sans un ordre écrit du gouverneur, interrompt Breslin, sceptique.

— Parbleu, j'y compte bien, ricane le Big Fellow, enjoué. Ne m'as-tu pas dit que le gouverneur recevait les prisonniers à partir de dix heures ?

— Oui, dit Breslin, devinant le stratagème, et il n'y a généralement qu'un seul gardien armé avec lui lors de ces entretiens.

— Dans ces conditions, tu sais ce qui te reste à faire. Préviens

1. La « Joy » : abréviation désignant la prison de Mountjoy.

Sean. Dis-lui qu'il invente un roman, n'importe quoi, de façon à se trouver chez le gouverneur entre dix et onze heures. Quant à vous, dit Collins à Emmet Dalton et Joe Leonard, il ne vous restera plus qu'à gagner le bureau du gouverneur...

— Facile, murmure Joe Leonard entre ses dents. J'ai purgé six mois à la « Joy ». Je connais les moindres recoins de cette foutue prison. Je serais capable de retrouver le bureau de Munroe, les yeux fermés.

— ... Et vous embarquez Mac Eoin après avoir ligoté le gouverneur et son gardien.

— Compris, Mick.

— Dernière chose : Joe Hyland vous attendra avec son taxi en face de l'école de North Richmond Street. Il emmènera Mac Eoin en lieu sûr.

Il balaye sa mèche indocile d'un revers de main impatient, lève son verre de sherry et s'abandonnant à une gaieté communicative :

— Et maintenant, dit-il, buvons à la chance.

Mais la chance se fait prier. Trois jours passent en attente vaine, énervante. Impossible de capturer l'automitrailleuse par surprise. Les soldats sont sur le qui-vive. Pendant ce temps, à Mountjoy, Sean Mac Eoin s'épuise en audiences dilatoires. Chaque matin, incrusté dans le bureau du gouverneur Munroe, il dévide une litanie interminable de griefs, réels et imaginaires, contre le régime pénitentiaire.

Le 14 mai 1921, à l'aube de la quatrième matinée, Dalton observe un certain relâchement chez les soldats. Au deuxième voyage, c'est encore plus flagrant. Quatre tommies quittent l'automitrailleuse sans refermer la porte et s'éloignent en direction des Abattoirs. Dix minutes plus tard, les deux servants risquent un œil à l'extérieur et descendent après un court moment d'hésitation. Ils allument une cigarette, ferment la porte du véhicule à clef et se dirigent à leur tour vers les Abattoirs.

Charlie Dalton actionne précipitamment le store. Le cœur battant, il compte les secondes, terrifié à l'idée que les soldats pourraient se raviser et remonter dans la voiture avant l'arrivée des Volontaires. Il pousse un soupir de soulagement en voyant les gars du Squad investir la place et fermer le portail derrière eux. Ils se scindent en deux groupes. Les premiers, coiffés de casquettes de tueurs des abattoirs, partent à la recherche des quatre soldats qui sont allés assister à l'abattage des bêtes. Les autres, parabellums au poing, se précipitent sur les deux derniers tommies qu'ils ramènent à l'automitrailleuse.

— Ouvre, éructe méchamment un des Volontaires en poussant son revolver dans les reins du chauffeur qui s'exécute sans se faire prier.

Pat Mac Crea bondit au volant. Il considère le tableau de bord avec une moue dubitative.

— Où est le démarreur dans cette satanée bagnole ?

— Ne vous fatiguez pas, répond le soldat, flegmatique, il est hors d'usage.

— Alors, démerde-toi à me la mettre en marche à la manivelle, éclate Mac Crea, menaçant.

Tom Keogh, Bill Stapleton et Paddy Mac Caffrey, trois des meilleurs tireurs du Squad, ont vite fait d'échanger leurs vêtements civils et leurs feutres mous contre des treillis et des casquettes militaires. Ils prennent place derrière les deux mitrailleuses Hotchkiss, bandes engagées.

Le portail des Abattoirs s'ouvre à nouveau, laissant le passage à la Peerless, qui s'engouffre aussitôt dans North Circular Road. Parvenue à Hanlon's Corner, elle ralentit et s'arrête à hauteur des deux officiers britanniques impeccablement sanglés dans leurs uniformes, stick sous le bras, casquette rivée sur les yeux.

— Bonté divine, ironise Mac Crea, je ne te reconnaissais pas. J'ai cru une seconde que tu étais une véritable culotte de peau anglaise.

— L'habitude, vieux, j'ai effectivement eu la faiblesse coupable de servir quelque temps comme officier dans les armées de Sa Gracieuse Majesté.

Les six hommes s'esclaffent bruyamment, tandis que Pat Mac Crea embraye en direction de Mountjoy.

A la porte de la prison les occupants de l'automitrailleuse se font huer par la foule agglutinée contre les hauts murs. Avec la raideur militaire et le calme imperturbable de l'officier frais émoulu de Sandhurst, Emmet Dalton émerge de la tourelle, brandissant une enveloppe surchargée de cachets officiels.

— Je suis porteur d'instructions importantes pour le gouverneur. Ouvrez immédiatement la porte.

Il est dix heures exactement.

Mais Sean Mac Eoin est toujours dans sa cellule. Inquiet, il frappe au judas pour appeler un gardien.

— Que se passe-t-il ? Je devrais déjà être dans le bureau du directeur.

— Désolé, mais il y a une relève de la garde. Le commandant du nouveau détachement d'Auxiliaires responsable de l'aile C 1 a ordonné que tous les prisonniers comparaissent devant lui pour une revue de détail.

— Mais, c'est impossible, balbutie Mac Eoin, blême. Je me plaindrai au directeur.

— Voici le commandant avec M. Meehan, dit le gardien en haussant les épaules. Expliquez-vous avec eux.

La porte s'ouvre. L'officier et le sous-directeur de la prison pénètrent dans la cellule. Le « forgeron de Ballinalee » se jette sur eux avec fougue.

— Monsieur Meehan, auriez-vous l'obligeance de confirmer au commandant que je suis attendu par M. le Directeur, à dix heures précises ?

— C'est exact, murmure le sous-directeur, visiblement embarrassé par l'insistance du prisonnier.

— Vous aurez votre entretien en temps utile, coupe sèchement le commandant, en attendant c'est moi qui donne les ordres. Et vous demeurerez dans votre cellule jusqu'à la fin de la revue de détail. Je veux que mes hommes s'habituent à chacun d'entre vous pour qu'il n'y ait pas d'erreur possible.

Les lourds vantaux de la porte d'entrée se sont refermés sur l'automitrailleuse. Les deux autres portes se sont ouvertes pour la laisser passer. Sans laisser le temps aux gardiens de réagir, Pat Mac Crea a rangé son véhicule en position de départ entre les deux portes, de manière que l'une et l'autre ne puissent être refermées.

— Emmet, je laisse tourner le moulin au ralenti. Le démarreur est foutu. Si je cale, on est marron. Alors un conseil : ne vous attardez pas trop.

— O.K., vieille branche, on ne fait qu'entrer et sortir de l'hôtel, ironise Emmet Dalton.

Puis se tournant vers Tom Keogh :

— Tom, dit-il, tu restes près de la voiture pour nous couvrir si ça tourne au vinaigre.

Joe Leonard et Emmet Dalton sautent à terre. Il est dix heures trente, lorsqu'ils entrent dans la prison. Un des gardiens pâlit en voyant les deux officiers.

— Jésus, Marie, mais c'est Leonard.

Il disparaît à toutes jambes dans l'escalier, bousculant les autres gardiens dans sa hâte.

— Merde, il m'a reconnu.

— Tu crois qu'il va jeter l'alarme ?

— Peut-être pas. C'était un brave type et le courage n'était pas son fort.

— Dans tous les cas, nous n'avons plus une minute à perdre.

Emmet Dalton demande à être conduit à la cellule de Sean Mac Eoin. Il a, du premier coup, retrouvé l'intonation juste de l'officier. Son ordre a claqué avec la même autorité dont il faisait preuve jadis, en Flandre, dans cette armée qu'il combat aujourd'hui sans trêve ni repos.

— Il faut faire viser votre ordre de mission par le gouverneur.

Un gardien les escorte jusqu'à la porte du bureau. Surprise. Au lieu d'y trouver Sean Mac Eoin en compagnie du gouverneur et d'un gardien, comme prévu, ils comptent huit hommes dans la pièce.

Il est trop tard pour reculer. Emmet Dalton claque des talons, tend son ordre de mission et déclare avec son plus bel accent anglais :

— J'ai ordre de conduire le prisonnier Mac Eoin au Château.

Le gouverneur décachète l'enveloppe et prend connaissance des instructions qu'elle contient.

— Apparemment tout est en règle, dit-il en souriant. Mais je dois appeler le Château pour confirmation. Simple formalité.

Les deux Irlandais échangent un rapide coup d'œil de connivence. Joe Leonard saute sur le téléphone et arrache le fil tandis qu'Emmet Dalton dégaine son automatique.

— Désolé, messieurs, changement de programme.

Les huit hommes n'ont pas le temps de réagir. Ils sont ligotés et bâillonnés en un tournemain. Le gouverneur est délesté de ses clefs.

— Joe, je fonce chez le gardien-chef. En me voyant sortir de chez le gouverneur avec son trousseau de clefs, il pensera que tout est en ordre. Toi, tu restes ici pour surveiller tout ce beau monde. On se retrouve dans dix minutes à la bagnole.

A peine a-t-il terminé sa phrase qu'un coup de feu claque dans la cour.

— Foutons le camp, se ravise-t-il, ça sent le brûlé.

Ils dévalent les escaliers, arme au poing, et font irruption dans la cour où règne déjà la confusion la plus totale. Tout en courant vers l'automitrailleuse, ils enregistrent la situation comme une suite d'images désordonnées.

Sous prétexte de déposer un paquet à l'intention d'un prisonnier, une jeune fille du Cuman na mBan a essayé de parlementer avec le gardien de la porte d'entrée. Mais celui-ci, d'humeur peu conciliante ce jour-là, n'a pas entrouvert la porte, comme prévu. Les deux hommes du Squad, postés là par Collins, ont été contraints d'intervenir, braquant soudainement leur revolver sous le nez du gardien interloqué et profitant de sa surprise pour rafler la clef et ouvrir la porte.

Remarquant le manège, une sentinelle épaule et tire, blessant légèrement l'un des deux hommes.

Dégainant son parabellum, Tom Keogh abat aussitôt la sentinelle, qui s'écroule, frappée à bout portant. Il se replie sur la voiture tandis qu'une mitrailleuse, en position sur le toit, entre fébrilement en action. Les balles ricochent sur le ciment et sur le toit de l'automitrailleuse, dont l'épais blindage émet un curieux staccato métallique. Le servant vide chargeur sur chargeur sans prendre le temps de viser. De son poste, il ne lui est pas possible de distinguer entre vrais et faux soldats. Dans le doute il tire rageusement, arrosant la cour au hasard, systématiquement.

Emmet Dalton et Joe Leonard ont le temps d'apercevoir une vingtaine d'Auxiliaires courant sur le toit, pliés en deux, à la recherche du meilleur angle de tir. Les deux Irlandais s'immobilisent soudain. Un détachement de tommies a débouché au pas de course entre la porte et l'automitrailleuse.

La nasse est en train de se refermer sur le commando rebelle.

— Mettez-vous à l'abri, hurle Leonard, péremptoire, à l'adresse des soldats.

Devant cet officier anglais aboyant ses ordres sous la mitraille, les soldats indécis, marquent un temp d'arrêt. Leonard met un genou en terre et les couche en joue avec le fusil de la sentinelle. Comprenant de moins en moins, les soldats refluent en désordre, laissant la voie libre à l'automitrailleuse.

Profitant de la confusion, les deux Irlandais sautent sur le marchepied.

— Fonce, Pat.

Le chauffeur ne se fait pas prier, il enfonce l'accélérateur, fouaille les vitesses. La Peerless franchit à pleins gaz les trois portes de la prison de Mountjoy et disparaît avant que la garnison ait seulement réalisé ce qui se passait.

Les décombres calcinés du véhicule, délesté de ses deux mitrailleuses Hotchkiss, seront retrouvés peu après dans Malahide Road.

La tentative d'évasion a échoué. Mais le Château et le Q.G. britannique sont consternés. L'esprit d'organisation et l'audace déployés par le commando rebelle ne sont pas faits pour redonner confiance aux stratèges militaires anglais, qui persistent, plus par habitude que par conviction, à annoncer la défaite imminente de l'I.R.A.

Sean Mac Eoin est traduit en cour martiale le 14 juin 1921. Malgré le témoignage spontané des Auxiliaires qui lui doivent la vie sauve, le « forgeron de Ballinalee » est condamné à être pendu.

Mais Collins n'a pas dit son dernier mot.

— Si les Anglais veulent parler, il faudra qu'ils nous rendent Mac Eoin.

# XXI

## *LA TRÊVE*

De Dublin, capitale de l'Irlande, un voyageur perspicace écrit qu'elle est « une outrageuse ironie à l'Irlande, un contraste taillé en frontons, allongé en colonnes, déchiqueté en feuilles d'acanthe, que les Anglais, féconds en lourdes facéties, ont élevé un beau jour, pour que le peuple d'Erin pût comparer éternellement sa nudité à ces magnifiques revêtements d'architecture, et sa misère à l'or perdu dans ces amas orgueilleux de pierres inutiles ».

De tous ces monuments qui évoquent les splendeurs éphémères de l'Ascendancy Protestante et témoignent encore de la permanence du privilège colonial, le Palais des Douanes est sans conteste le plus majestueux et le plus beau.

Superbe édifice quadrangulaire aux proportions classiques, se développant harmonieusement sur quatre rues, Customs House domine la Liffey sur cent vingt-cinq mètres de façade. De style dorique comme il se doit, celle-ci est partagée en deux par un bâtiment imposant orné d'un portique tétrastyle supportant un fronton triangulaire au tympan duquel trône une représentation allégorique de l'union de la Grande-Bretagne et de l'Irlande. L'ensemble est coiffé par un dôme haut de cent vingt pieds.

Mais le Palais des Douanes n'est pas seulement un chef-d'œuvre d'architecture, il est aussi le cœur du British Civil Service en Irlande. Il abrite la Douane, l'Assistance et les Travaux publics, les bureaux de la perception de l'impôt et les organes centraux de l'administration locale.

Ruche bourdonnante, employant plus de quatre cents fonctionnaires répartis en trois étages de bureaux sur rez-de-chaussée, Customs House est à l'administration ce que le Château de Dublin est au gouvernement : un instrument vital, en même temps qu'un symbole.

A l'instigation de de Valera, le haut commandement rebelle a décidé de frapper un grand coup pour ébranler l'opinion, galvaniser les Volontaires alarmés par la pénurie d'armes, et convaincre le gouvernement qu'il est vain de chercher une solution purement militaire au conflit anglo-irlandais.

Les stratèges de l'I.R.A. songent d'abord à attaquer la caserne de Beggar's Bush, qui sert de cantonnement à la Division Auxiliaire de la Constabulary. Devant les risques que présente un tel coup de main, ils renoncent et décident à la place d'exécuter un raid de destruction sur le Palais des Douanes. Cette opération, la plus importante jamais montée dans la capitale, est préparée dans le plus grand secret.

Le 25 juin 1921, les cinq bataillons de la Brigade de Dublin passent simultanément à l'action.

Les fils du téléphone sont coupés, les casernes de pompiers neutralisées et les abords de la Douane mis en état de siège.

A douze heures cinquante-cinq exactement, un camion chargé de bidons de paraffine se range le long du trottoir face à l'entrée donnant sur Lower Gardiner Street. C'est le signal de l'attaque. De Beresford Place et de toutes les rues adjacentes bondissent les Volontaires du Deuxième Bataillon, du Squad de Collins et de l'Active Service Unit, pendant urbain des Colonnes Volantes de province.

Les policiers de garde sont maîtrisés avant d'avoir pu esquisser la moindre résistance. Le personnel administratif, rassemblé à la pointe des fusils, est parqué dans le hall d'entrée sous la garde du « Squad » et de l'A.S.U. Le camion est déchargé en quelques minutes par les Volontaires qui se répandent dans les couloirs, les bureaux et les salles d'archives, saturant de paraffine tout ce qui est susceptible de brûler dans le Palais des Douanes.

A une heure vingt-cinq, un coup de sifflet donne le signal de la mise à feu. Le majestueux édifice s'embrase comme une torche. Mais les rebelles ont pris du retard sur l'horaire prévu.

Les Anglais, alertés par le remue-ménage, débarquent en force. Automitrailleuses et camions de troupes sont accrochés par le Premier Bataillon posté en couverture dans Beresford Place. Le crépitement des armes automatiques et l'explosion des grenades répond au ronflement furieux de l'incendie.

Une quarantaine de Volontaires parvient à rompre l'encerclement en tiraillant sur les Black and Tans et les soldats qui affluent de tous côtés. Ils s'égaillent dans Gardiner Street et le long des quais. Mais le gros des effectifs rebelles est bloqué dans la Douane, coincé entre le brasier qui progresse furieusement et la troupe qui a bouclé tout le quartier. Toute résistance étant inutile, les assiégés déposent les armes.

Les pertes de l'I.R.A. sont lourdes : cinq morts, quatre-vingts prisonniers. Mais les républicains ont atteint leur objectif. Malgré les efforts de la Fire Brigade l'incendie fait rage pendant toute la nuit. Ce qui subsiste du Palais des Douanes, au matin, se profile sur des volutes de fumée rose. Quatre murs de granit noircis et un trou béant se détachent à la place du dôme orgueilleux qui se reflétait dans les eaux tranquilles de la Liffey.

Toutes les archives sont détruites. L'administration anglaise est définitivement paralysée.

L'annonce du raid sur Customs House renforce le mouvement général de pessimisme du Cabinet britannique et apporte de l'eau au moulin de sir Laming Worthington-Evans, le nouveau ministre de la Guerre du gouvernement Lloyd George.

« La situation militaire en Irlande, indique son dernier rapport, est rien moins que satisfaisante. Nous sommes virtuellement au point mort et cette situation, si elle se prolonge durant l'été et l'automne, risque de faire pencher la balance en faveur des rebelles cet hiver. Les officiers et hommes de troupe n'en peuvent plus. C'est à peine s'ils dorment deux nuits par semaine... Dans ces conditions, je suis partisan d'expédier en Irlande toutes les unités qui ne sont pas indispensables ailleurs afin de casser la rébellion pendant les trois mois de juillet, août et septembre. Mes conseillers militaires sont formels : nous courons au désastre si nous ne profitons pas au maximum du beau temps des mois d'été pour intensifier nos efforts en Irlande. »

Le ministre passe en revue les engagements militaires de la Grande-Bretagne, sur le front intérieur, où la gravité des troubles sociaux nécessite la présence d'un corps d'armée important, et sur les fronts extérieurs de Silésie, Egypte, Turquie, Palestine et Mésopotamie. De cette analyse le ministre de la Guerre conclut que trois régiments de cavalerie et dix-huit bataillons d'infanterie peuvent être rapidement envoyés en Irlande.

Sir Nevil Macready, commandant en chef des Forces britanniques en Irlande, pose brutalement le problème.

— Ou bien nous imposons la loi martiale à toute l'île et nous déclenchons une répression à outrance, quitte à fusiller cent personnes par semaine, ou bien nous changeons de politique. Il n'y a pas d'autres solutions.

Et d'ajouter :

— Si la situation n'est pas réglée d'ici octobre, il nous faudra relever pratiquement toutes les troupes ainsi que bon nombre d'officiers supérieurs avec leur état-major.

Mais les militaires ne se font plus guère d'illusions. Le Field Marshal sir Henry Wilson, acharné partisan de l'extension de la loi martiale, la juge maintenant inopportune en l'absence d'un soutien clairement exprimé de l'opinion britannique. Macready lui-même reconnaît que la répression à outrance ne servira qu'à « enfoncer davantage le pays dans ce bourbier ».

Sans se douter que l'I.R.A. tire ses dernières cartouches, l'armée anglaise avoue son impuissance et renonce à écraser rapidement la rébellion.

Mais ce constat d'échec n'est pas la paix, ni même le début du chemin conduisant à la paix. Perplexe et découragé, le gouvernement tergiverse, hésite, temporise. Le « sorcier gallois », à bout de ressources, cherche une inspiration qui ne vient pas. C'est l'heure des atermoiements et de l'irrésolution.

On attend une initiative de Whitehall. Elle vient de Buckingham.

Au risque de provoquer une grave crise constitutionnelle, le roi George V prend parti et jette son épée dans la balance.

La cheville ouvrière du « complot » ourdi par le souverain est l'influent Field Marshal Smuts, premier ministre d'Afrique du Sud, porte-parole officieux des Dominions, et ancien membre de l'Imperial War Cabinet.

A l'instigation du monarque, il adresse à Lloyd George un mémorandum qui ressemble fort à un ultimatum, sinon dans la forme, du moins dans le fond.

« Je n'ai pas besoin d'attirer votre attention sur l'importance de la question irlandaise pour l'Empire tout entier. La situation présente est un épouvantable gâchis. Elle est la négation même de tous les principes de gouvernement qui sont censés être à la base de cet Empire, et elle est en train d'empoisonner à la fois nos relations impériales et nos relations internationales. La politique actuelle est de surcroît ruineuse aussi bien financièrement que moralement. Et, ce qui est encore pire, elle a complètement échoué. »

L'ancien général boer ne se borne pas à dénoncer avec force la faillite gouvernementale, il propose le changement de cap indispensable.

« Je vois certains signes encourageants dans la situation présente... En premier lieu, l'établissement du Parlement d'Irlande du Nord élimine définitivement le risque de coercition de l'Ulster, ouvrant la voie à une politique digne d'un véritable homme d'Etat vis-à-vis du reste de l'Irlande. En second lieu, le roi doit se rendre à Belfast la semaine prochaine pour inaugurer le Parlement de l'Ulster... Son voyage serait amplement justifié par une déclaration capitale sur la question... qui aurait l'avantage de vous tirer d'un pas quasi désespéré... Je suggère que dans son discours le roi envisage l'octroi du statut de dominion à l'Irlande... Des négociations pourraient ensuite être entamées avec les leaders irlandais responsables. »

Le mémorandum de Smuts obtient un accueil mitigé. Contrition chez les bellicistes. Soulagement chez les partisans de la trêve, mis en minorité le 12 mai 1921. En véritable Fregoli de la politique, Lloyd George abandonne les premiers et rallie les seconds.

La dynamique de la paix est engagée.

George V et Smuts rédigent un projet de discours qui est soumis au Cabinet et approuvé, moyennant quelques aménagements de détail.

Et, le 22 juin 1921, le monarque anglais lance de Belfast un vibrant et généreux appel à la réconciliation.

« Je prie, dit-il d'une voix étreinte par l'émotion, pour que ma venue en ce jour soit le signe annonciateur de la fin des combats. Dans cet espoir, j'en appelle à tous les Irlandais et je leur dis : arrêtez l'hécatombe, acceptez de vous tendre une main conciliante et magnanime, essayez de pardonner et d'oublier et joignez vos efforts afin de bâtir pour ce pays que vous aimez une nouvelle ère de paix, de bonheur et de mutuelle bonne volonté. »

Le soir même, un camion Lancia monté par un détachement du Worcestershire Regiment freine brutalement devant une grande propriété de la banlieue de Dublin. Les soldats investissent la maison sans laisser à ses occupants le temps de se ressaisir. Dans une allée du jardin, ils interpellent un homme long et maigre, à l'allure hautaine, au regard brûlant derrière les lunettes à monture d'acier.

L'inconnu se retranche dans le plus profond mutisme. Il est embarqué sans ménagement et dirigé tout droit vers la prison de Bridewell où finalement il consent à décliner son identité.

— Je suis Eamon de Valera, président du Dail Eireann.

Le gouverneur de la prison s'émeut. Il alerte le Château. Une demi-heure plus tard, de Valera reçoit la visite de l'infatigable Andy Cope, assistant du sous-secrétaire pour l'Irlande. Sur ses ordres, il est immédiatement transféré à la caserne Portobello et logé pour la nuit dans une chambre d'officier. Le 23 juin, en fin de matinée, il est relâché, sans un mot d'explication.

Celle-ci lui est fournie deux jours plus tard par le docteur Mulhern, évêque de Dromore, sous la forme d'une invitation de Lloyd George à se rendre à Londres en qualité de « leader choisi par la grande majorité des Irlandais du Sud » afin d'examiner avec sir James Craig et le gouvernement de Sa Majesté toutes les modalités de règlement possibles pour mettre un terme au conflit.

La nouvelle éclate comme une bombe, provoquant selon les milieux de la joie, du soulagement, de la fureur, mais surtout une stupeur générale.

Est-ce le même Lloyd George qui proclamait naguère qu'il fallait « casser les reins au terrorisme avant d'avoir la paix » et qu' « il ne saurait y avoir de conciliation avant que le complot soit anéanti, la civilisation ne pouvant admettre pareil défi à ses lois les plus élémentaires » ? Et plus récemment : « Abandonner la force, ce serait capituler devant le crime et le séparatisme. » N'était-ce pas lui qui avait déclaré sur le ton du plus profond mépris que « toute cette prétention de l'Irlande à être une nation n'est qu'imposture et mauvaise foi » ?

A la vérité, personne n'aurait osé imaginer pareille volte-face, même de la part d'un politicien aussi imprévisible que Lloyd George, funambule sans vergogne, expert en revirement, pirouettes et entrechats.

C'est un véritable coup de théâtre.

De Valera entame des consultations avec ses collègues. Il invite ensuite sir James Craig et les représentants de l'unionisme sudiste à le rencontrer pour adopter une position commune.

Le Premier ministre nord-irlandais, attaché au statu quo, décline sèchement l'invitation.

Le 4 juillet, au Mansion House de Dublin pavoisé aux couleurs américaines, s'ouvre la conférence entre les délégués du Sinn Fein et les représentants de la minorité pro-britannique. Pour l'occasion, Arthur Griffith a été relâché de la prison de Mountjoy ainsi que Robert Barton, Eoin Mac Neill et Eamon Duggan.

Les différences sont aplanies. Reste cependant un obstacle majeur.

— Je n'irai pas à Londres, assure de Valera, tant que dureront les combats. Une trêve doit être signée, les deux parties conservant leurs armes.

Lord Midleton, leader des Unionistes, s'embarque précipitamment pour Londres. La pilule est amère pour Lloyd George, qui réclamait pour négocier la reddition des armes et la proscription des chefs « militaires » : Collins, Mulcahy et Brugha. Poussé par Smuts, il s'incline cependant.

La Conférence achève ses travaux le 8 juillet. Séance tenante, de Valera câble à Lloyd George.

« Le désir que vous avez exprimé de la part du gouvernement britannique de mettre fin à l'antagonisme séculaire entre les peuples de ces deux îles, et d'établir des relations de bon voisinage, est le vœu le plus cher du peuple irlandais.

« J'ai consulté mes collègues et recueilli les vues des représentants de la minorité de notre nation concernant l'invitation que vous m'avez adressée.

« En réponse, je vous fais savoir que je suis prêt à vous rencontrer et à débattre avec vous des conditions nécessaires pour qu'une Conférence, telle que celle proposée, puisse raisonnablement aboutir au résultat escompté. »

Le 9 juillet, une foule immense bat les marches du Mansion House. Le commandant en chef des Forces britanniques en Irlande s'avance, sans escorte, seulement accompagné d'un officier et d'un gentleman souriant et bien mis. Hésitante d'abord, puis brusquement saisie d'admiration devant le flegme du petit groupe, la foule s'écarte respectueuse.

Elle est loin de se douter que le général Macready, guère rassuré, dissimule dans la poche de son uniforme un pistolet automatique.

Les trois Anglais gravissent les degrés de l'Hôtel de Ville et disparaissent dans le tambour de verre. Le lord-maire, Larry O'Neill, les accueille cérémonieusement, vêtu de sa robe de soie bleue, la chaîne d'or au cou. Derrière lui, les massiers élèvent la masse, dont les cuivres brillent faiblement dans l'ombre à la Rembrandt.

Larry O'Neill fait les présentations :

— Général, messieurs, je vous présente le commandant Barton et le commandant Duggan, représentant l'Armée Républicaine Irlandaise.

L'officier anglais porte les doigts à la visière festonnée d'or. Larry O'Neill se tourne ensuite vers les deux délégués irlandais :

— Messieurs, j'ai l'insigne honneur de vous présenter le général Macready, commandant en chef des Forces britanniques en Irlande, le colonel Brind, sir Alfred Cope, représentant l'armée de Sa Majesté.

Les deux hommes s'inclinent. L'embarras se lit sur tous les visages, celui d'Andy Cope excepté. Le général Macready ôte finalement son gant droit et serre la main des deux délégués irlandais. La glace est rompue. La conférence s'amorce sur-le-champ.

Deux heures plus tard, Eamon Duggan apparaît au haut des marches du Mansion House. Un sourire radieux illumine ses traits las. Il brandit triomphalement le communiqué. Un tonnerre d'applaudissements éclate aussitôt.

Il lève le bras pour calmer la foule.

— Les hostilités seront suspendues à partir de demain, lundi

11 juillet, à 12 heures. Les poursuites contre les officiers et les volontaires irlandais sont interrompues. Les saisies d'armes également. Le couvre-feu est levé.

La foule est comme secouée par une décharge électrique. Une formidable acclamation s'élève, monte aux nues, déferle en vagues puissantes dans les rues adjacentes, jusqu'aux quartiers les plus éloignés.

Dublin communie avec une joie sauvage dans la paix retrouvée.

Dans son bureau d'Harcourt Terrace, Collins déchiffre le communiqué que vient de lui apporter un Joe O'Reilly essoufflé et triomphant.

— Mick c'est fini. Tu peux sortir. Viens te mêler à la foule. Viens savourer la victoire. Ta victoire.

Le Big Fellow esquisse une grimace.

— Tudor a promis quatre mille livres de récompense à celui de ses hommes qui me capturerait mort ou vif. Jusqu'à douze heures trente demain, je suis sûr que son offre sera honorée.

Puis d'une voix lasse, et comme s'il se parlait à lui-même :

— Joe, dit-il, le plus dur reste à faire. Je sens venir le temps de la désunion. Le temps où la jalousie et les avantages personnels feront oublier la patrie.

Sous le révolutionnaire perce déjà l'homme d'Etat préoccupé par la nécessaire reconstruction. Il ne se berce pas d'illusions. Les Celtes savent se battre, mais pour ce qui est de rebâtir... Combien d'entre eux, préférant les chimères et la mort, refuseront de se salir les mains pour édifier, non l'Irlande de leurs rêves fous, mais la patrie de chair et de sang qui les appelle et qui les juge.

— A la grâce de Dieu, dit-il en souriant pour dissiper ses idées noires.

Et, se levant d'un bond, il contourne son bureau et embrasse Joe O'Reilly dans un grand éclat de rire et de jeunesse triomphante.

Peut-être bien que le plus dur reste à faire. Mais il a parcouru la moitié du chemin et, ce soir, il ne peut s'empêcher de ressentir un sentiment nouveau, grisant. Celui d'une puissance illimitée.

Resté seul dans son petit bureau d'Harcourt Terrace, le sourire aux lèvres, le cœur gonflé d'orgueil, comment pourrait-il refuser d'écouter la voix lointaine qui lui souffle tout bas : « Tu as gagné, Mick. Te voilà devenu, toi aussi, le roi non couronné de l'Irlande. Tu as gagné, vieux frère... Tu as gagné... »

# XXII

## *LA GUERRE CIVILE*

Tralee, le 12 août 1922.

Pâle et décomposé, l'officier balbutie quelques mots à peine audibles.

— Mon général, le télégraphe...

— Eh bien, parle, qu'y a-t-il ?

— Arthur Griffith est mort !

Collins s'immobilise, comme si on lui avait assené un formidable coup de poing. D'une voix blanche, il ordonne :

— Je rentre à Dublin. Qu'on fasse préparer les voitures et réunir l'escorte. Je veux tout le monde en bas dans un quart d'heure.

Ainsi donc, le Vieux l'avait quitté. Au beau milieu du gué. En pleine guerre civile, alors qu'il avait encore tant besoin de lui. Il le revoit tel qu'il lui est apparu pour la dernière fois, peu après sa première attaque, à la fin du mois de juillet : court, trapu, grisonnant, usé par la maladie, le visage décomposé par la fatigue et l'insomnie.

Ils en avaient fait du chemin ensemble depuis l'arrêt des hostilités !

Après la partie de cache-cache entre Lloyd George et de Valera, il avait fallu passer aux choses sérieuses. C'est Griffith qu'on avait choisi et lui, Collins, qui n'était pourtant qu'un soldat et n'ambitionnait pas d'être jamais autre chose qu'un soldat. Face à Lloyd George, à Churchill et à Birkenhead, ils avaient défendu pied à pied les droits de l'Irlande. Mais ils savaient bien, l'un et l'autre, dès le début, qu'ils n'obtiendraient pas tout. Un traité, c'est toujours un compromis qui laisse un goût amer dans la bouche et plus ou moins de ressentiment dans les cœurs. Mais celui qu'ils avaient signé à deux heures dix du matin, ce mardi 6 décembre 1921, n'était pas un mauvais traité. L'Irlande, érigée en dominion, se voyait reconnaître le même statut que le Canada, assorti de quelques limitations navales et militaires. Le principe de l'unité territoriale était reconnu. Le Parlement d'Irlande du Nord devait simplement faire savoir, dans un certain délai, s'il souhaitait être incorporé à l'Etat libre ou demeurer régi par la loi de partition de 1920, auquel cas une commission frontalière devait être désignée pour rectifier le tracé de la ligne de démarcation.

Après sept siècles, l'Irlande était libre enfin. Libre de décider de son destin. Libre de s'organiser à sa guise. Libre de parachever sa liberté. Au risque d'une reprise de la guerre « immédiate et terrible » — c'étaient les propres termes de Lloyd George — fallait-il sacrifier cet acquis inespéré pour faire plaisir aux maniaques de l'indépendance totale qui, à Dublin, juraient leurs grands dieux qu'ils ne prononceraient jamais le serment d'allégeance ? Avec Griffith, il avait fait front, bien décidé à honorer sa signature et à donner cette chance unique à l'Irlande : vivre en paix dans la liberté.

Curieusement, Collins ne garde de la négociation qu'une série d'impressions fugitives : le grain dur et froid de la longue table rectangulaire du 10 Downing Street, le regard affectueux et amical d'Arthur Griffith lissant sa moustache, le petit bureau de Cadogan Gardens encombré de manuels de droit international et de traités savants sur les dominions, la voix nasillarde de Churchill auréolé par la fumée bleue de son cigare, l'odeur du fog jaune et sale qui pique les yeux et répand une âcre odeur de houille, la franchise cordiale de Birkenhead contrastant avec la roublardise satisfaite de Lloyd George, tantôt mielleux, tantôt grinçant comme une poulie rouillée. Et Lawrence, météore brisé, si différent et pourtant si proche de lui.

Où l'avait-il rencontré pour la première fois ? A Sussex Gardens chez Winston Churchill ou dans Park Lane chez Philipp Sassoon ? Il ne se souvenait plus très bien. En revanche, il se rappelait très nettement la silhouette courte et massive du chef de la révolte arabe. Avec son torse imposant et musclé et ses jambes courtes, on aurait dit un boxeur poids lourds. Son visage allongé aux épais cheveux blonds ne se livrait pas facilement et les coins de sa bouche se relevaient en un mince sourire qui gardait toujours quelque chose d'un peu ambigu. Ses yeux gris-bleu, enfoncés profondément dans les orbites, ne vous regardaient jamais en face. A sa façon un peu traînante de répondre, la tête légèrement inclinée de côté, on avait constamment l'impression qu'il était ailleurs.

Lawrence lui avait longuement décrit sa campagne dans le Hedjaz. A son tour, il avait tenté de lui expliquer la stratégie de l'I.R.A. à Dublin et dans les campagnes. Ils s'étaient vite sentis liés par une secrète connivence. N'avaient-il pas l'un et l'autre inventé les règles d'une guerre en marge, où l'astuce de la conception et la rapidité foudroyante de l'exécution avaient mis en échec les principes les mieux établis de la stratégie militaire traditionnelle ? A l'image de cette guerre sans visage, ils avaient pratiqué jusqu'à la perfection l'art de passer inaperçu, de se dépouiller de toute personnalité, de se fondre dans la foule anonyme. Il n'est pas jusqu'au sentiment de leur fragilité qui ne les ait rapprochés dans une communion douloureuse et secrète.

Il lui avait confié les doutes qui le tenaillaient.

— Tant qu'il s'agissait de se battre, tout était simple. Tuer ou se faire tuer était alors le seul dilemme. Les choses avaient une saveur différente. La vie, la mort, l'amitié, ça voulait dire quelque chose. Maintenant, je ne sais plus. Je me sens entouré d'ennemis. L'air que je respire est devenu soudain chargé de miasmes. Je flaire partout des complots. Lawrence, se peut-il que les mots soient chargés d'une telle puissance de destruction ?

— Oui, les mots peuvent faire tout cela. Et ceux qui les manient. Les diplomates réduisent tout à des minuties. L'habitude est si forte en eux, qu'en présence d'une œuvre essentielle ils ne tardent pas à la transformer en futilité.

Lawrence comprenait ses affres avec une sympathie accrue par ses propres souffrances. Lui aussi avait vu son grand rêve d'Empire arabe sous hégémonie britannique détruit par des diplomates bornés et des politiciens à courte vue. Et il ne songeait plus qu'à s'effacer dans l'oubli et la dégradation d'une fonction militaire subalterne.

— Moi aussi, old chap, je suis las. Dieu que je suis donc las ! je voudrais tant m'étendre pour dormir et mourir. Mourir est ce qu'il y a de mieux, parce qu'il n'y a point de réveil. Je voudrais oublier mes péchés et l'écœurement du monde.

Il avait posé sur lui un regard pétillant de malice, mais plaisantait-il vraiment ? Aujourd'hui, il ne le savait pas encore lui-même.

— Lawrence, pourquoi ne viendriez-vous pas en Irlande avec moi ? Je vous donnerais le commandement d'une Brigade de l'I.R.A. Nous pourrions faire de grandes choses, vous et moi !

Une autre scène était gravée dans sa mémoire. Après qu'ils eurent signé le traité dans le petit matin blafard, les plénipotentiaires anglais et irlandais avaient éprouvé un intense soulagement, comme si, après tant d'années, ils étaient enfin parvenus à conjurer la malédiction séculaire qui pesait sur les deux îles.

Lord Birkenhead l'avait pris par le bras, comme on fait avec un vieil ami. Et sa voix avait l'accent de la sincérité lorsqu'il lui avait confessé, sombrement :

— Collins, je suis content que nous en soyons arrivés là, bien qu'en paraphant cet accord je signe mon arrêt de mort politique.

Son visage s'était contracté dans une sorte de rictus amer.

— Et moi, je signe mon arrêt de mort tout court.

Se tournant vers Churchill, il avait ajouté :

— Je m'attends à être bientôt assassiné. Cela servira à quelque chose. Ma mort fera plus pour la pacification de l'Irlande que je ne pourrai le faire en vivant [1].

Il avait vécu cette nuit-là une indicible agonie. Même le brave Griffith n'avait pu lui faire desserrer les dents. Flottant comme une épave dans la nuit humide et froide, il s'était interrogé : Qu'ai-je obtenu pour l'Irlande ? Quelque chose qu'elle a désiré pendant ces sept cents dernières années. Mais quelqu'un sera-t-il satisfait par le marché ? Quelqu'un le sera-t-il ? Il en était convaincu à présent : aux premières heures de la matinée, il avait signé son arrêt de mort. Il songeait combien c'était bizarre, combien c'était grotesque : une balle aurait aussi bien fait l'affaire il y a cinq ans.

A dater de cette minute, il avait compris qu'il n'était plus qu'un mort en sursis.

1. Rapporté par Winston CHURCHILL, *Réflexions et Aventures*, Delachaux et Niestlé, Neuchâtel, 1944, p. 226.

Mais s'il devait mourir, du moins était-il décidé à vendre chèrement sa peau. Et dans cet ultime combat, il savait pouvoir compter sur la force tranquille d'Arthur Griffith, sur son intelligence précise et ordonnée comme une mécanique bien huilée et sur son amitié solide et tranchante comme une lame affilée. Cette amitié — mi-paternelle, mi-fraternelle — Dieu sait qu'il en avait eu besoin à l'heure du grand règlement de comptes. En ce début du mois de janvier 1922, le Dail Eireann lui était apparu comme une sombre clairière. Ils se trouvaient au centre. Autour d'eux les loups avaient formé le cercle.

Tous les idéalistes qui espéraient la lune, et ils étaient légion, tous les coureurs de chimère qui préféraient mille fois l'extinction totale de la race irlandaise à l'humiliation d'un compromis raisonnable, s'étaient déchaînés contre le Traité et ses défenseurs. Semblables aux féroces Erinnyes, la cohorte des mères, des sœurs et des veuves de Volontaires tués par les Anglais avait dominé ce concert d'hystérie, jetant à la tête des négociateurs les cadavres encore chauds de leurs fils, de leurs frères, de leurs maris.

Il n'oubliait pas le visage convulsé de la comtesse Markievicz hurlant comme une démente :

— Ne faites pas confiance à l'Angleterre. Croyez-moi lorsque je vous dis que toutes leurs promesses ne sont que perfidies et faux-semblants. Je sais de quoi je parle. A cause de ces maudites gouttes de sang anglais qui coulent dans mes veines. A cause de ce sang noir, je les connais mieux que vous tous.

L'écume à la bouche, elle avait susurré qu'il devait épouser la princesse Mary et être nommé aussitôt après gouverneur général de l'Etat libre. Elle les avait traités, Griffith et lui, de couards, d'imbéciles et de traîtres à la patrie.

Impassible comme le Sphinx, Griffith avait encaissé sans broncher. Il admirait cette maîtrise de soi, lui qui s'était senti transpercé par les insinuations fielleuses de Brugha. A l'en croire il n'avait jamais été que le dernier des gratte-papier du ministère de la Défense. Un histrion qui n'avait jamais tiré un coup de feu contre les Anglais et dont la tête n'avait jamais été mise à prix que dans son esprit échauffé par le besoin maladif de notoriété.

Griffith avait bondi et les mots qu'il avait prononcés restaient gravés en lettres de feu dans sa mémoire, comme si la voix familière du tribun avait résonné à la minute même dans cette pièce où il restait, seul, à ressasser les bribes désordonnées d'une histoire en lambeaux.

— Le ministre de la Défense a parlé de Michael Collins. Il a fait allusion à ce que j'ai dit au sujet de Michael Collins. Qu'il était l'homme qui avait gagné la guerre. Je l'ai dit et je le confirme. C'est à son énergie sans égale et à sa volonté indomptable que l'Irlande doit d'avoir traversé cette crise terrible. Et quoique je n'aie jamais conçu la moindre ambition à cet égard, si mon nom doit être retenu par l'histoire, je souhaite qu'il soit associé à celui de Michael Collins. Car, prenez bien garde de ne jamais l'oublier : Michael Collins fut l'homme qui combattit la terreur des Black and Tans pendant douze mois, jusqu'à ce que l'Angleterre soit contrainte à traiter.

Le Dail avait croulé sous les applaudissements. Il n'oublierait jamais le sourire de Griffith à ce moment précis et la vague chaude et bienfaisante des ovations qui montaient jusqu'à lui. Submergé par la reconnaissance, il en avait aussitôt oublié l'affront. Après tout Brugha ne faisait que dire tout haut ce que d'autres, rongés par une aigre jalousie, pensaient tout bas. Cette franchise brutale lui déplaisait moins que l'hypocrisie feutrée de certains boutefeux qui n'avaient pas toujours brillé par leur courage durant les années noires.

Griffith avait enchaîné aussitôt :

— Nous avons rapporté intact le drapeau d'Erin. Comme tous les compromis, le Traité a ses défauts, mais il est acceptable et honorable pour la nation. Il lui donne la paix avec l'honneur, il rend le pays à lui-même. Pour la première fois, l'Irlande se fait reconnaître par l'Angleterre comme une nation. Elle n'acquiert pas toutes les libertés, elle conquiert du moins les libertés essentielles, les attributs effectifs de la souveraineté, tout ce pourquoi nos ancêtres ont lutté et sont morts : le reste viendra par surcroît, par l'évolution naturelle des choses et le libre exercice de nos nouveaux pouvoirs. Dès à présent, elle devient maîtresse d'elle-même, libre de modeler sa vie à sa guise dans tous les domaines : c'est l'Irlande aux Irlandais. De ce que nos libertés sont assimilées à celles des dominions, il n'en découle pas que nous restions sous la domination britannique, car il y a beau temps que les dominions jouissent *de facto* d'une véritable souveraineté, laquelle a trouvé naguère sa formule dans l' « égalité de statut ». Tous sont aujourd'hui intéressés à la préservation de nos libertés, qui sont les leurs, et tandis que l'indépendance, pour une petite nation faible et isolée, n'est d'ordinaire qu'une vaine apparence, un trompe-l'œil, notre association avec ces pays largement peuplés d'Irlandais nous sera une précieuse et puissante garantie, vis-à-vis de l'Angleterre comme de l'étranger. Voyons les choses comme elles sont, et non comme elles devraient être; tenons-nous fermes à ce que nous avons gagné, sans lâcher la proie pour l'ombre. Est-ce que d'ailleurs nous abandonnons l'idéal de l'indépendance absolue ? Non pas. Si le Traité ne nous donne pas la liberté totale à laquelle toutes les nations ont le droit d'aspirer, il nous donne la liberté de travailler à la gagner. Le Traité n'est pas plus final que nous ne sommes la dernière génération d'Irlandais sur terre. Mais en attendant, l'Irlande ne peut continuer de vivre toujours en guerre avec l'Angleterre. La génération présente a assez souffert : aux suivantes à compléter l'œuvre. Il serait coupable et vain de condamner au martyre, en vue d'un but irréalisable, des hommes qui ont déjà subi tant d'épreuves, et avec une abnégation qui mérite sa récompense. Et si vous doutez encore de la réalité de notre victoire, regardez autour de vous : les soldats anglais s'en vont, nous restons maîtres du champ de bataille ! Vive l'Etat Libre d'Irlande !

Tout de suite après, on était passé au vote. Le Traité avait été approuvé par 64 voix contre 57. Pendant une minute, l'émotion avait été si forte qu'il lui avait semblé possible de restaurer l'unité du mouvement. Mais de Valera avait quitté la présidence, ralliant le camp des irréductibles faute d'avoir pu imposer son « Document n° 2 », un projet fumeux d'association externe qui n'avait eu l'heur de plaire ni aux partisans, ni aux ennemis du Traité. Au milieu des vociférations de la minorité républicaine, Griffith lui avait succédé. Son premier acte avait été de désigner un exécutif parlementaire, lui laissant — à lui, Collins — le soin de former et de présider le Gouvernement Provisoire prévu par le Traité.

Le 16 janvier 1922, lord Fitzalan, le dernier vice-roi d'Irlande, lui avait remis sans cérémonie les clefs de la vieille forteresse anglo-normande qui, depuis Henri II, incarnait le règne de fer de la Couronne britannique. L'Union Jack avait été amené pour la dernière fois et, dans le ciel bleu et rose où s'effilochaient quelques nuages pommelés, devant les montagnes qui depuis sept cents ans n'avaient vu pareille chose, un drapeau irlandais était monté lentement au sommet de la vieille tour féodale dont les merlons avaient vu pourrir tant de têtes rebelles.

En retrouvant Griffith à la tombée du jour, il n'avait rien trouvé d'autre à dire que :

— Ça y est, Arthur, le Château est tombé !

Il n'oublierait pas de sitôt la petite flamme qu'il avait vu danser dans les yeux du nouveau président du Dail.

— Mon général, votre voiture est en bas. L'escorte est à vos ordres.

Arraché à ses souvenirs, le Big Fellow se lève lourdement :

— C'est bon, je descends.

Dans l'entrée, un miroir lui renvoie son image. Il se trouve soudainement vieilli. Le front s'est creusé sous la mèche indocile, le menton est plus accusé, des plis amers soulignent la commissure des lèvres. Il se découvre un regard fixe et dur. La guerre civile a fêlé à jamais sa générosité, sa joie de vivre, son entrain.

Tassé sur le siège arrière de l'automobile qui fonce vers la capitale, il s'abandonne à la marée douloureuse du souvenir.

Ils avaient recueilli un pays en friche. Il n'y avait plus rien, ni force publique, ni communications, ni exécutants, rien. Le vide. L'argent faisait défaut : voilà au moins trois ans que l'income tax ne rentrait plus. Le désordre était partout. A Dublin et dans les campagnes, les chefs de colonne se conduisaient en potentats. Ils n'étaient pas les seuls. La paix avait fait lever d'étranges moissons. On ne comptait plus les résistants de la dernière heure qui, sans avoir jamais tiré un seul coup de feu contre les Black and Tans, arboraient à présent un arsenal de guérillero mexicain et réclamaient galons, postes et prébendes en étalant un patriotisme de forcenés.

L'anarchie faisait tache d'huile. Ici et là, la guerre agraire rallumait ses feux mal éteints. Enlèvements et assassinats se multipliaient. Et, brochant sur le tout, une misère grandissante. En janvier 1922, on comptait cent trente mille chômeurs, un million d'acres de terre en friche, vingt mille ouvriers agricoles sans emploi.

Il fallait remettre la machine en route, rétablir la confiance, assurer l'ordre. Tâche surhumaine à laquelle s'ajoutaient, pour lui, les séances de travail périodiques avec Churchill et Birkenhead pour régler les détails du désengagement britannique, les réunions infructueuses avec Craig pour essayer de mettre un terme aux pogroms orangistes qui ensanglantaient l'Ulster, et la mobilisation précipitée d'une nouvelle armée.

Car l'Armée lui échappait. L'I.R.A. sur laquelle il avait la haute main il n'y a pas si longtemps, avait littéralement volé en éclats. Toutes les unités étaient rongées par la gangrène de la rébellion. Çà et là, on enregistrait des mutineries, des « Conseils de Soldats », des pronunciamientos. Une partie des Brigades, entraînées par des officiers au passé prestigieux — Dan Breen, Tom Barry, Liam Lynch, Ernie O'Malley — avait rompu avec le Dail et le Gouvernement Provisoire. Les unités révoltées, fortes dans le Sud et l'Ouest, autour de Dublin et sur les confins de l'Ulster, ne reconnaissaient qu'une seule autorité : l'Exécutif du Conseil de l'Armée.

Qu'on lui dérobât ce qu'il avait de plus cher au monde, l'Armée, lui avait été intolérable. Il s'était senti personnellement visé et avait juré d'arrêter l'hémorragie naissante. Il lui restait de bons officiers — Mulcahy, Mac Eoin, Emmet Dalton, tout le Quartier Général et la plupart des cadres supérieurs de l'I.R.B. — et suffisamment d'énergie et de moyens pour étoffer convenablement les unités loyales. En quelques semaines, il avait recruté, équipé et armé tout ce qui lui tombait sous la main : chômeurs chroniques, ex-soldats britanniques en rupture de solde, voyous du pavé de Dublin, ouvriers agricoles attirés par la solde, aventuriers flairant l'empoignade prochaine.

— Quand on veut construire une maison, il faut faire appel aux gens du bâtiment, répondait-il en riant à ceux qui faisaient la fine bouche.

Certes, ce n'étaient pas les Chevaliers de la Table Ronde, mais il n'avait pas l'intention de les lancer à la conquête du Saint-Graal. Tout ce qu'il voulait, c'était un répit. Montrer aux autres qu'il n'était pas décidé à se laisser faire. Parer à toute éventualité. Griffith aurait bien voulu étouffer la révolte dans l'œuf. Il ne l'avait pas suivi, tolérant avec un flegme qui ne lui ressemblait guère le désordre, les détournements d'explosifs et de munitions, l'attaque de casernes et de bâtiments publics, le sabotage des voies de communication, les attentats contre les soldats britanniques qui rembarquaient. Il connaissait les chefs rebelles. Ils avaient été à ses côtés aux heures sombres de la guerre contre les Black and

Tans. Certains avaient partagé avec lui le pain et le gîte des proscrits en cavale. Il ne l'oubliait pas. Il ne pourrait jamais l'oublier. Il comprenait leur déception : les soldats se figurent toujours qu'ils sont trahis par les politiciens. Mais lui, il était des leurs, il saurait leur faire comprendre qu'ils prolongeaient inutilement un combat sans espoir.

De Valera jetait de l'huile sur le feu. Il haranguait les unités rebelles.

— Le pays est à prendre, prenez-le !

Collins répondait, main tendue :

— Le pays est à faire, faites-le !

Il s'était accroché désespérément à ce fol espoir, balayant d'un geste agacé les arguments de Griffith, repoussant sans cesse l'évidence qui pourtant l'aveuglait. Lorsque le « Conseil de l'Armée » avait pris possession du Palais de Justice et de la prison de Kilmainham dans la nuit du 13 avril 1922, il n'avait pas bougé. Il les avait laissé barricader le quartier et faire main basse sur les fonds de la Banque d'Irlande. Mais il s'était fait livrer quatre mille fusils, deux mille deux cents revolvers, six mitrailleuses et plusieurs pièces d'artillerie. Pour être en position de force jusqu'aux élections générales pour la désignation du troisième Dail Eireann.

Le 24 juin 1922, le peuple irlandais s'était massivement prononcé en faveur du Traité. Sur cent vingt-six élus, les républicains irréductibles n'étaient que trente-six. Deux jours plus tôt le maréchal Wilson était tombé sous les balles de deux terroristes irlandais. Dans ce climat tendu, le Gouvernement Provisoire n'avait plus le choix. Il lui fallait accepter la confrontation ou se démettre. Le 28 juin 1922, après les sommations d'usage, il avait fait donner le canon contre les positions rebelles. Après huit jours de combats acharnés, force était restée à la loi. Plutôt que de se rendre, Brugha avait préféré se faire tuer sur place dans les ruines fumantes du Palais de Justice éventré. Bilan de la semaine : 65 tués, 270 blessés, 700 prisonniers, 25 immeubles réduits en cendre et pour 6 millions de livres de dégâts matériels.

Ainsi donc ils voulaient la guerre ! Eh bien, ils l'auraient ! Dépouillant l'homme d'Etat qu'il était devenu malgré lui, il avait retrouvé avec une joie sauvage et carnassière l'ivresse profonde des combats.

En six semaines, il avait fait place nette. Comme une herse

immense l'Armée de l'Etat libre avait liquidé l'éphémère « République du Munster », balayé les concentrations républicaines, reconquis Limerick, Waterford, Cashel, Tipperary.

Cork avait résisté plus longtemps. Solidement retranchés, les républicains attendaient l'armée gouvernementale aux portes de la ville. Devant les difficultés d'une attaque frontale, il avait décidé avec le général Emmet Dalton d'attaquer là précisément où on les attendait le moins. Le 8 août 1922, dans la touffeur moite et suffocante d'une chaude nuit d'été, Dalton avait mené à bien le débarquement d'un petit corps expéditionnaire sur les arrières rebelles. Convergeant de Youghal, Union Hall et Passage West, l'Armée Nationale avait liquidé une à une les poches de résistance rebelles. Le 11 août, Cork était tombé entre les mains du Gouvernement Provisoire. Collins avait appris la nouvelle quelques heures seulement avant le fatal télégramme annonçant la mort de Griffith. Il aurait tant voulu offrir au Vieux cette ultime victoire. Pouvoir lui dire une fois, une seule fois, qu'ils avaient gagné la partie ! Que l'Etat libre était sauvé. Que l'Irlande triomphait de ses démons. Que la paix allait refleurir. Dans un mois, dans un an...

Frères ennemis ou partisans fidèles, il n'en pouvait plus de voir disparaître, l'un après l'autre, les compagnons de sa jeunesse piétinée. Il n'ignorait pas que chacune des fines rides qui plissaient son visage se rattachait à une existence décapitée. Il était en mesure de les identifier. Celle-ci, juste au-dessous de l'arcade sourcilière, était apparue à la mort de ce fou de Brugha. Celle-là qui traçait son chemin dans la pommette, il l'avait décelée à la fin du mois de juillet, peu après qu'on lui eut annoncé la mort de Harry Boland, stupidement abattu dans l'hôtel des Skerries où il avait trouvé refuge. Deux jours plus tôt, il lui avait fait parvenir un billet montrant qu'il n'avait pas oublié leur amitié d'antan.

« Harry. Nous en sommes arrivés là ! Tout ce que nous avons fait pour en arriver là ! Il est en mon pouvoir de te faire arrêter et de t'éliminer. Je ne puis m'y résoudre. Si seulement tu pouvais prendre conscience de l'influence qui a pesé sur toi. Tu te bats sous le mauvais drapeau. Si rien de ce que je me tue à te répéter ne te fait changer d'attitude, alors tu te situes au-delà de tout espoir, au-delà de mon espoir... »

Il n'avait pas voulu l'écouter. Et il était mort à présent.

Demain, dans la glace, un imperceptible sillon témoignerait

de la disparition du Vieux, tué par cette stupide guerre civile aussi sûrement que si une balle l'avait frappé en plein cœur.

Dans le soir couchant, le convoi file à travers la morne plaine du Curragh, sur laquelle monte la garde, hiératique, un troupeau de moutons à figure de sphinx.

Il ferme les yeux sans pouvoir retenir ces visages qui s'estompent dans les dernières lueurs du jour. Comme le ciel qui bascule et s'embrase, sa mémoire en deuil a la couleur du sang.

## XXIII

## *BEAL NA MBLATH*

Rassasié de désespoir, Collins prend une décision soudaine.

— A présent que Cork est tombé, je peux me payer le luxe d'être magnanime. Je retourne là-bas pour ramener ces idiots à la raison. Il faudra bien qu'ils m'écoutent. Sinon...

C'est en vain que ses amis essayent de le dissuader.

Joe Mac Grath s'emporte.

— Cork est à nous, c'est vrai ! Mais la campagne pullule de républicains. Les routes sont minées, les ponts détruits, les carrefours obstrués. Les montagnes du Kerry regorgent d'hommes en armes d'autant plus dangereux qu'ils sont livrés à eux-mêmes. Il en va de même dans la région de Cork. Dès qu'ils sauront que tu es dans le coin, ils n'auront plus qu'une pensée : te trouer la peau. Ils te haïssent parce que tu es trop grand pour eux, parce que tu es vainqueur, et parce qu'ils ne peuvent pas s'empêcher de t'admirer.

— Décidément, c'est une manie ! Aux obsèques d'Arthur, l'évêque Fogarty m'a prédit que je serais le prochain. C'est idiot. Je ne vais tout de même pas me faire descendre à Cork, dans mon comté natal.

Mais la mort est sur lui, il la sent proche, comme une compagne familière. A brûle-pourpoint, il demande à Cosgrave :

— Crois-tu que j'arriverai à survivre à tout cela ? Il faudrait un miracle, non ?

— Pas si tu le veux. Décommande ton voyage. Tu es malade,

fatigué. Tu frissonnes comme un vieillard. Tu as besoin de repos. Envoie quelqu'un d'autre à ta place.

— Je ne demanderai à personne d'aller là où je ne suis pas prêt à me rendre moi-même.

— Mais c'est de la folie. Mac Grath a raison. Tu seras accueilli par une grêle de balles.

— Bah, j'ai l'habitude. Les Black and Tans et maintenant ces idiots. Ils ont déjà essayé de m'avoir. Dix ou quinze fois, je ne sais plus. Un soir, j'en ai même battu un à la course et je lui ai flanqué une raclée dont il doit se souvenir à l'heure qu'il est.

— Tu forces la chance, Michael. Tu refuses de t'entourer de gardes du corps comme les autres membres du Gouvernement Provisoire. Tu négliges les plus élémentaires précautions. Mais un jour, la chance ne sera pas au rendez-vous.

— Je sais bien, mais cela a-t-il la moindre importance ? Un crétin de journaliste m'a comparé à Lincoln. Un bien mauvais présage, tu ne crois pas ?

Le dimanche 20 août 1922, Collins est sur pied à cinq heures et demie du matin. Il souffre d'une forte grippe qui accuse la pâleur de son visage émacié d'où émergent deux yeux traqués pleins d'une brûlante détresse. Le fidèle Joe O'Reilly qui l'observe à la dérobée s'inquiète de le voir si fragile et défait dans la longue capote vert sombre qui lui bat les mollets.

A six heures, l'escorte se range en douceur devant le perron de la caserne Portobello. Le commandant Sean O'Connell et les capitaines Peter Conlon et Joe Dolan se figent dans un garde-à-vous impeccable. Collins leur rend leur salut et grimpe d'un pas lourd dans la puissante Leyland Thomas huit cylindres qui lui sert de command-car. Un agent de liaison motocycliste prend la tête du convoi, suivi à quelque distance par un camion Crossley ventru bourré de soldats, le command-car battant fanion du général commandant en chef de l'Armée nationale, et une automitrailleuse Rolls Royce du type de celles utilisées au Moyen-Orient par le général Allenby pendant la Première Guerre mondiale, répondant au nom de « Slievenamon ».

Après une courte halte à Roscrea, le convoi file sur Limerick, où Collins se restaure en compagnie du commandant de la place, le général Eoin O'Duffy. Après une brève tournée d'inspection, la petite troupe fonce sur Mallow et entre dans Cork peu après huit heures. Emmet Dalton, en grand uniforme, accueille Collins sur les marches de l'Hôtel Impérial, réquisitionné par l'Armée nationale. Le Big Fellow retrouve son sourire pour féliciter le général victorieux. La foule envahit bientôt le South Mall. Des cris et des rires emplissent la nuit d'août. Cork célèbre avec frénésie la liberté retrouvée et le jeune chef triomphant.

Un éclair de bonheur traverse le regard du général en chef.

— Bigre, mes compatriotes sont décidément toujours aussi exubérants. Je les croyais pourtant républicains jusqu'à la moelle des os et acharnés à me planter leurs crocs dans la gorge comme des chiens courants.

— Ne t'y laisse pas prendre, Mick, ils t'acclament parce que tu es des leurs. Tu es né dans ce pays, sur cette terre, dans ce bocage. Et c'est la seule chose qui compte ce soir. Quant à savoir ce qu'ils feront demain...

— Demain est une autre planète.

— Oui, Mick, Mais souviens-toi de ce que disait le roi Arthur : « Je péris de la main de ce peuple que j'ai forgé[1]. »

Le Big Fellow éclate d'un rire sonore et joyeux.

— Après Lincoln, le roi Arthur. Va pour le roi Arthur. Je saurai bien dénicher le Saint-Graal et ramener la paix dans ce fichu pays.

Le lendemain — lundi 21 août 1922 —, Collins est debout à l'aube comme à son habitude. Mais ceux qui l'ont vu la veille accablé, déjeté, n'en croient pas leurs yeux. Enfuie, la mauvaise grippe. Balayées la détresse et la grisaille des deuils qui lui faisaient escorte. Le Big Fellow affiche la mine royale et conquérante des jours de gloire et de triomphe.

Il éclate de jeunesse et de force dans sa tunique verte étroitement ajustée que croise le baudrier fauve, ses gants à crispin de cuir, ses leggings flambant neufs et l'étui à revolver qui lui bat la cuisse à chaque enjambée nerveuse.

A Emmet Dalton qui le considère avec un air de surprise amusée, il décoche une grimace :

— Eh oui, mon vieux, l'air de Cork. Un vrai bain de jouvence. Des souvenirs d'enfance qui remontent par milliers. Tu comprends : entre ce pays et moi, il n'y a pas de place pour le mensonge. Je respire pour la première fois depuis des mois.

1. « *I perish by this people which I made.* »

Avec une énergie décuplée, Collins se jette sur les petites routes du comté de Cork, houspillant les chefs de garnison, tempêtant comme un diable, galvanisant les tièdes et les indécis. De retour à Cork dans l'après-midi, il se souvient qu'il est aussi président du Gouvernement Provisoire et reçoit une foule de notables, banquiers, hommes d'affaires et quémandeurs. En quelques heures, il parvient à remettre la main sur les cent vingt mille livres sterling que les républicains avaient raflées dans les bureaux de la Douane de Cork.

Dans la soirée, il retrouve un de ses anciens compagnons du camp de Frongoch. Ils s'embrassent en riant aux éclats. Après avoir égrené leurs souvenirs de captivité, Collins interroge l'homme d'un regard légèrement soupçonneux :

— Non, rassure-toi, c'était simplement pour te voir. Je ne veux rien pour moi. Et surtout pas du galon dans ton armée. Je crois que l'Irlande a assez de soldats comme cela. Assez de fous qui ne pensent qu'à s'entre-tuer. Si tu le peux, Mick, je t'en conjure, fais cesser cette boucherie.

Le visage du Big Fellow s'éclaire d'un sourire complice. La paix ! Personne ne la désire avec plus de force. S'il est à Cork, c'est à seule fin de tendre une main fraternelle à ses adversaires dont il n'oublie pas qu'ils furent ses compagnons d'armes pendant la guerre contre les Black and Tans. Ce qu'il vient leur offrir, ce n'est pas cette sorte de trêve hypocrite où un vainqueur impitoyable dicte ses conditions à un vaincu résigné, mais la paix des braves, la réconciliation des hommes qui se sont battus avec courage pour faire triompher les idées qu'ils croyaient justes. Il sait que les hommes de bonne volonté ne manquent pas dans le camp adverse. Il a envoyé un de ses officiers les plus sûrs — le colonel Frank Thornton — pour prendre contact avec les chefs rebelles. Thornton a déjà vu Dan Breen qui bat la campagne avec ses hommes dans le South Tipperary. A présent il doit être en route vers le repaire de Liam Deasy, général en chef de la Première Division républicaine. Parallèlement, il a donné ordre à Sean Hales, le commandant de la garnison de Bandon, de prendre langue avec son frère Tom, qui a rallié le camp des républicains. Michael Collins doit rencontrer les chefs rebelles ou leurs émissaires dans la nuit du 22 août au Desmonds Hotel de Cork. Toute l'opération a été montée dans le plus grand secret, et, seuls, quelques officiers neutres sont dans la confidence.

Le Big Fellow pose sa main sur le bras de son compagnon :

— Si c'est ce que tu penses, alors reviens demain tard dans la nuit. J'aurai peut-être une bonne nouvelle pour toi.

Et, sans lui laisser le temps de réfléchir, il jette sa tunique sur un fauteuil.

— Et maintenant, dit-il, une lueur de féroce gaieté dans les yeux, si on se payait une petite bagarre comme au bon vieux temps.

— Mick, tu es complètement cinglé. Pense aux sentinelles. Tu es général en chef et...

Il n'a pas le temps de poursuivre. Les coups de poing pleuvent sur lui, forts et drus, ne lui laissant d'autre choix que la riposte. Une empoignade violente et fraternelle. Comme avant la guerre civile. Il n'en faut pas plus à Collins pour faire reculer dans la nuit de Cork le spectre de la mort qui rôde autour de lui.

Le 22 août 1922, par une belle matinée d'été, chaude et ensoleillée, le convoi du général en chef quitte l'Hôtel Impérial et se dirige vers Macroom. Le lieutenant Smith, très raide sur sa motocyclette, ouvre la voie. A environ deux cents mètres, l'énorme camion Crossley débâché suit en cahotant. Il est monté par deux officiers, huit soldats et deux servants avec leur mitrailleuse Lewis. Non loin derrière, la Leyland Thomas effilée et puissante glisse sur la route comme un félin prêt à bondir. Michael Collins et Emmet Dalton ont pris place à son bord ainsi que deux chauffeurs, Corry et Quinn. Slievenamon, l'automobile blindée dont la tourelle pivotante équipée d'une mitrailleuse Vickers ressemble à la tête aveugle d'une énorme tortue d'eau, ferme la marche, menaçante.

La petite troupe rallie Macroom non sans mal. Partout, ce ne sont que ponts détruits, routes éventrées, arbres jetés en travers des chemins par les républicains en retraite. L'inspection est de courte durée. Peu avant neuf heures, Collins prend congé du commandant de la place et donne ordre de gagner Bandon. Là il s'attarde longuement. Prenant Sean Hales à part, il demande vivement :

— Alors ! Que dit Tom ? Ils viendront ce soir ?

— Il ne m'a pas donné de réponse ferme. Il faut qu'ils se consultent entre eux. Mais je crois qu'ils viendront.

— Que Dieu t'entende. As-tu des nouvelles de Thornton ?

— Oui, hélas. Il est tombé dans une embuscade à Ninemile-house près de Clonmel. Tous ses hommes ont été tués. Lui est grièvement blessé. Mais il s'en tirera. En revanche il est trop tard maintenant pour toucher Liam Deasy. Il faudra se passer de lui.

Ce contretemps ne semble pas contrarier Collins outre mesure. Soulevé par une nouvelle jeunesse, il semble bien que rien ne puisse l'entamer, ni le détourner du but qu'il s'est fixé. En fin de matinée, il reprend la route vers Clonakilty. Au fur et à mesure qu'il s'approche des lieux de son enfance, son regard devient plus aigu, sa voix plus nerveuse.

Au détour de la route, il montre à Emmet Dalton un champ où des paysans retournent le foin moissonné la veille à grands coups de fourches réguliers. Lorsqu'ils soulèvent et retournent le foin, exposant l'intérieur humecté par la rosée nocturne, il se dégage une odeur âcre de gerbes mêlée à la transpiration des hommes.

— Regarde-les, Emmet ! La guerre a coulé sur eux. Ils sont bercés par le tranquille mouvement de la vie. J'aime ce pays et ces gens. Un jour je voudrais revenir ici et n'en plus bouger.

A un mile de Clonakilty, l'agent de liaison fait signe au convoi de ralentir. Des arbres ont été abattus en travers de la chaussée. Les soldats se déploient en ordre de combat, tandis que cinq hommes s'emploient à dégager la route. Collins, en bras de chemise, vient leur prêter main-forte, avec une hache de tranchée. Au bout d'une demi-heure, il pose la cognée et ordonne aux soldats de se replier sur les véhicules.

— Assez perdu de temps. Nous allons emprunter les petites routes. Mais il faudra faire déblayer tout ça avant la nuit. C'est jour de marché demain à Clonakilty.

Changeant son itinéraire, le convoi arrive bientôt en vue du petit bourg aux maisons badigeonnées de couleur vive.

— Tiens, montre Collins, l'école est là-bas. C'est là que le vieux John Crowley a fait de moi un bon employé des Postes. S'il avait pu deviner où ça me mènerait ! Et là, c'est le journal du mari de ma sœur Margaret. C'est moi qui tenais la rubrique sportive.

Le petit déjeuner rapidement expédié, Collins donne ordre au commandant de la petite garnison du village d'envoyer une section dégager la route. Puis il engage sa petite troupe dans un étroit chemin de montagne.

— Nous ne risquons rien ! Je connais chaque pierre, chaque

brin d'herbe. Lorsque nous étions enfants, mes frères et moi, nous passions notre temps à courir les terriers de lapins, à dénicher les œufs d'oiseaux et à attraper les truites dans la rivière qui serpente près d'ici.

Tous les étés qu'il avait vécus, insouciant et heureux, remontent d'un coup au seuil de sa mémoire. Il se revoit, enfant, gambadant à travers les guérets et les fougères et respirant l'odeur sauvage et douce de la bruyère. Il venait pêcher dans les lacs solitaires enchâssés dans les replis de la montagne. Il aimait à rêvasser en suivant des yeux les innombrables petits nuages pommelés qui, tour à tour, assombrissaient et inondaient de lumière les collines tachetées de rhododendrons sauvages et de genêts en fleurs. Dans l'air fugace et subtil, il percevait le frémissement de la pluie, mêlé à l'odeur des ajoncs et des feux de tourbe. Il savait distinguer le cri de la bécasse, qu'imitaient jadis les rebelles irlandais pour inviter les paysans à déterrer les piques et les faux des soulèvements agraires, et l'appel étouffé des passereaux dans la paix du soir.

Dans chaque éclat de lumière, dans chaque bouffée de parfum, il retrouvait intactes les joies et les tristesses de son enfance. Il ne se croyait plus capable de telles émotions, si ce n'est par instants fugitifs.

Le convoi arrive à un minuscule hameau posé au carrefour de trois routes, noyé dans un bocage verdoyant et vallonné.

— Et voilà Sam's Cross. Je suis né là-haut sur la colline. Désolé de ne pouvoir vous faire les honneurs de la maison familiale, mais l'armée de Sa Gracieuse Majesté y a mis le feu au mois d'avril de l'an dernier. Enfin il nous reste le pub de l'oncle Jeremiah où je vous invite tous à boire une pinte de Clonakilty Wrastler, une bière du cru dont vous me direz des nouvelles !

Ce n'est pas à vraiment parler une taverne. Juste une maison basse, blanchie à la chaux, dont l'enseigne « The Five All » n'est pas moins sibylline que l'écriteau cloué au-dessus de la porte qui annonce fièrement : « Je règne sur tous, je me bats pour tous, je prie pour tous, je paie pour tous. »

En un tournemain, la petite pièce enfumée se remplit de monde. Soldats et gens du hameau trinquent et chantent au coude à coude en l'honneur du petit Collins de Woodfield devenu général en chef et président du Gouvernement Provisoire de l'Etat Libre d'Irlande.

— Mickeen chéri, que Dieu te protège, crie une vieille édentée.

Collins lève son verre :

— Et qu'il te donne longue vie, grand-mère, et à vous tous la paix et la prospérité.

La douceur âpre de la bière l'envahit progressivement et met une sourdine à ses angoisses. La réalité de la guerre civile perd peu à peu de sa présence lancinante. Un chant timide s'élève en lui, comme un hymne de reconnaissance dédié à la chaleur de ce coin de terre auquel il se sent rattaché par toutes les fibres de son être.

Pour dominer l'émotion qui le gagne, il se secoue et jette un ordre brusque :

— Allons, il faut partir maintenant. Nous n'allons pas passer la nuit ici.

A Roscarbery et Skibbereen, il reçoit le même accueil délirant d'enthousiasme. Au premier rang des villageois venus lui faire un cortège d'honneur, une vieille connaissance l'apostrophe :

— C'est magnifique, Mick, d'être venu de Dublin et de ne pas être encore tué.

Collins s'esclaffe :

— Tu fais bien d'ajouter « pas encore » !

En fin d'après-midi, le convoi rebrousse chemin. A six heures, il traverse Bandon, où l'officier qui remplace Sean Hales leur recommande la vigilance.

— Des fermiers nous ont signalé des allées et venues suspectes. Les républicains mijotent quelque chose. Pour rentrer sur Cork vous serez obligé de passer en zone rebelle. Soyez sur vos gardes.

Le Big Fellow rend son salut à l'officier et, se tournant vers Emmet Dalton :

— Si nous tombons dans une embuscade sur le chemin du retour, nous mettrons pied à terre et nous accepterons le combat.

Le convoi s'ébranle. Sur la plate-forme du camion, les soldats dos à dos étreignent leurs fusils, le doigt crispé sur la détente.

A la sortie de la ville, Collins désigne une maison.

— C'est là qu'habitait Tom Hales. Un type formidable et un magnifique soldat. Dommage qu'il ait rejoint cette bande d'idiots.

Un silence.

— C'est insensé. Je ne peux pas tomber dans une embuscade. Pas ici. Pas chez moi !

Jamais la nature ne lui a semblé plus belle que ce soir dans la discrète splendeur de ce coucher de soleil inondant de lumière les champs et les collines du West Cork. Il se sent tout à coup invulnérable, et comme purifié par cette beauté poignante de la campagne irlandaise qui étreint l'âme et apaise les corps. Sous la protection de la terre et des morts, il ferme les yeux et respire à pleins poumons l'air du soir tout imprégné du parfum de la tourbe.

A Newcestown, le convoi bifurque sur la droite en direction de Crookstown. Les détails du relief s'estompent dans la grisaille du crépuscule. Une légère vapeur est comme suspendue au sommet des collines fleuries qui surplombent la route.

— Où sommes-nous ? demande brusquement Dalton à Collins.

— A Beal na mBlath, la passe des fleurs...

Il n'a pas le temps d'en dire plus. A la sortie d'un virage, le convoi est pris sous un tir furieux d'armes automatiques et de Lee-Enfields 303 aux claquements secs.

Emmet Dalton hurle au chauffeur :

— Mets pleins gaz. Il faut qu'on passe coûte que coûte.

— Jamais de la vie, crie Collins, en abattant sa main gantée sur l'épaule du chauffeur, on descend et on se bat. Exécution !

Une allégresse sombre irradie son visage. L'imminence du combat a brusquement détendu ses nerfs. Comme un splendide animal qui ne songe plus qu'à déchirer sa proie, il éprouve une joie sauvage à la pensée qu'il est redevenu gibier comme au temps des Black and Tans.

A une centaine de yards en avant, le lieutenant Smith a couché sa motocylette sous les roues du camion.

— Il y a une charrette en travers de la route dans le tournant juste devant nous.

— Tout le monde à couvert. Vite !

Sans se faire prier, les occupants de la Leyland-Thomas se jettent à plat ventre dans le fossé boueux qui longe le côté gauche de la route. Le nez au ras de l'herbe, ils essayent de localiser l'ennemi. A quelques mètres d'eux une mince rivière fait entendre un léger clapotis. La bordure herbue se redresse pour se perdre dans un taillis d'ajoncs et de bruyères qui s'épaissit vers le sommet de la colline.

Avec l'œil du soldat aguerri, Dalton a vite fait de repérer les tireurs.

— A mi-hauteur, entre les broussailles, il doit y avoir un chemin. C'est de là qu'ils nous canardent.

Les balles ricochent sur la route et sur le blindage de « Slievenamon ». La mitrailleuse Vickers de la Rolls Royce blindée troue rageusement le feuillage avant de s'immobiliser dans un hoquet.

— Tirez, bon Dieu, qu'est-ce que vous attendez ?

— La mitrailleuse est enrayée, Sir.

— L'abruti ! Feu à volonté sur les taillis à mi-hauteur de la pente.

— Apparemment c'est nous qu'ils cherchent, murmure Collins, le canon du fusil appuyé sur le rebord du fossé, cherchant posément la mire.

Les glaces de la puissante limousine ont volé en éclats. Une rafale de pistolet mitrailleur lacère la carrosserie qui émet une plainte métallique.

A l'abri du fossé, Collins, Dalton et le capitaine Dolan répondent par un feu nourri. Pliant sous le poids de son fusil, le commandant O'Connell les rejoint en soufflant comme une bête.

— Ça va chez vous ? Mes gars sont cloués au sol dans le virage. De sacrés bons tireurs. Ils doivent bien être une trentaine au total là-haut.

Pendant vingt minutes qui semblent une éternité la fusillade fait rage, le staccato des mitraillettes Thompson 45 de l'Armée faisant écho aux détonations sèches des Lee-Enfields 303. A l'extrémité du chemin, tout à fait sur la gauche, une arme automatique hoquette convulsivement. Cinq ou six coup de feu sont tirés en succession rapide, puis un autre, et un autre encore. Un bruissement de feuille. Et, brusquement, le silence.

Courbé en deux, le fusil à la hanche, Collins bondit du fossé et se met à couvert derrière l'automitrailleuse. Il tire au jugé sur les broussailles enveloppées de brume. Un bruit de course effrénée le fait se retourner brusquement. A cent yards, derrière l'automitrailleuse, deux silhouettes confuses s'enfuient à toutes jambes.

— Par ici les gars, crie Collins en riant de toutes ses dents. Ils essayent de nous fausser compagnie sur la route.

Avant de coucher en joue les fuyards, Emmet Dalton a le temps de voir Collins contourner la Rolls Royce et mettre un genou à terre pour ajuster son tir.

Venu d'on ne sait où, un coup de feu claque soudain, sinistre, isolé. La balle ricoche en miaulant sur la chaussée.

Une plainte étouffée :

— Emmet...

Collins est tombé en avant, la joue sur la crosse de son arme. A la base du cou, sous l'oreille droite, une plaie hideuse saigne en abondance. Le commandant Sean O'Connell bondit sur la route et essaye tant bien que mal de lui appliquer un bandage de fortune, tandis que Dalton les couvre de son mieux en arrosant de sa Thompson les broussailles d'où le tir ennemi a repris, rageur et triomphant.

Le Big Fellow ouvre des yeux obscurs où déjà flotte un égarement vague. Il remue les lèvres et sourit faiblement.

— Général... interroge l'officier d'une voix rauque.

Il s'agenouille tout près du blessé et récite l'acte de contrition tandis que Dalton se précipite à la faveur d'une accalmie. Avec d'infinies précautions, il détache le fusil et saisit la main du mourant.

— Mick, non, ce n'est pas vrai !

Sa parole se brise contre son palais durci.

De ces doigts qu'il tient dans les siens, il sent la pression légère, exténuée.

Un sourire encore, tendre et gouailleur. Comme pour dire : « Hein, crois-tu, quel imbécile je fais. Venir me faire tuer ici à deux pas de chez moi. Mais c'est peut-être aussi bien ainsi. » Une dizaine de secondes s'écoulent. Les paupières retombent mollement sur son visage pâle et serein.

Au fond du vallon silencieux, le froid et la brume piquent les yeux des hommes qui convergent prudemment vers le groupe d'officiers agenouillés sur la route.

Le visage blême, la voix étranglée par des sanglots retenus, Emmet Dalton n'a que la force de murmurer, dans un souffle.

— C'est fini, il est mort !

# *ÉPILOGUE*

De tous les hommages qui furent rendus à la mémoire du héros mort, il en est deux qui expriment mieux que ne le feraient de longs discours toute la douleur et la fierté d'un peuple qui se découvre brutalement libre et orphelin.

Le premier de ces hommages émane du commandant Tom Barry, un républicain pur et dur, ennemi farouche du Traité défendu par Collins. A l'époque, il se trouvait à la prison de Kilmainham.

« Je bavardais avec quelques prisonniers dans la nuit du 22 août 1922, lorsque la nouvelle se répandit que Michael Collins avait été abattu dans le West Cork. Il se fit un lourd silence à travers la prison et, lorsque dix minutes plus tard, je jetai un coup d'œil du haut de la galerie circulaire surplombant la cour centrale, je vis ce spectacle extraordinaire : mille prisonniers républicains à genoux, psalmodiant à haute voix la prière des morts pour le repos de l'âme de Michael Collins. »

Le second de ces hommages est dû à la plume d'un des plus grands écrivains de son temps.

Dans une lettre à la sœur du président du Gouvernement Provisoire de l'Etat Libre d'Irlande, il écrit ces mots :

« Chère Mademoiselle Collins, ne les laissez surtout pas vous plonger dans la détresse et l'affliction. Quelle mort plus belle un soldat-né pourrait-il souhaiter que celle qui survient au terme d'un bon combat victorieux, d'une balle tirée par un autre Irlandais – un fieffé imbécile, mais néanmoins un Irlandais persuadé lui aussi qu'il combattait pour l'Irlande – "Romain contre Romain" ? J'ai rencontré

Michael pour la première et la dernière fois samedi dernier, et je suis heureux de l'avoir vu. Je rends hommage à sa mémoire et ne veux pas me montrer déloyal envers elle au point de pleurnicher sur sa mort héroïque. Aussi bien, jetez vos vêtements de deuil et arborez en son honneur vos parures les plus éclatantes. Et louons le ciel qu'il n'ait pas eu à mourir dans un lit de malade, d'un rhume mesquin, perclus et affaibli par l'âge et affligé par les désillusions qui n'auraient pas manqué de miner son œuvre s'il avait vécu. Sincèrement vôtre. George Bernard Shaw, 24 août 1922. »

La réaction de De Valera n'est pas moins révélatrice. Fuyant à marche forcée le lieu de l'embuscade, il offre à ses compagnons le spectacle inusité d'un homme en proie à la plus vive émotion. Le chef de l'escorte l'entend marmonner des phrases incohérentes. Puis il lui semble très distinctement percevoir un gémissement en forme d'acte de contrition : « Je leur avais pourtant dit qu'il ne fallait pas, je les ai même suppliés, mais ils n'ont pas voulu m'écouter. Que va-t-il advenir de nous tous maintenant ?... » Ses épaules sont agitées de tremblements, il semble étouffer un sanglot.

De ce moment de faiblesse, vite réprimé, il ne sera plus jamais question, jusqu'en 1966. Cette année-là, le vieil homme d'Etat, qui avait tant fait pour parachever et défendre l'indépendance de son pays, reçut la visite d'un compagnon du Big Fellow qui venait lui adresser une requête insolite : accepterait-il de patronner une fondation destinée à honorer la mémoire de son rival malheureux ? Il y eut un long silence. Le Long Fellow fut-il tenté de dire oui ? Mais à quoi bon ! Ce qui est fait est fait, on ne peut pas revenir en arrière. Chaque homme doit assumer son destin. Sur le versant de l'âge, il n'est pas permis de tricher. La gorge serrée, De Valera répondit à son interlocuteur : « Il ne m'est pas possible d'accéder à votre demande. Mais je vais vous faire un aveu. Dans mon for intérieur, je suis intimement convaincu qu'un jour ou l'autre l'histoire reconnaîtra la grandeur de Collins, et ce jour-là elle le fera à mes dépens. »

Le 18 avril 1949, les héritiers du Big Fellow proclamaient la République d'Irlande sur les marches de la Grande-Poste de Dublin.

Et tandis que j'écris ces lignes, la prophétie de De Valera s'est réalisée et c'est au tour de la République d'Irlande d'assumer pour six mois la présidence de l'Union européenne. On s'en voudrait de ne pas y voir un symbole.

Certes, la paix n'est encore qu'un fragile espoir en Irlande du Nord où le passé n'en finit pas d'exiger son tribut de sang et de larmes. Mais cela, osons le dire en prenant le risque de surprendre ou de scandaliser, c'est une autre histoire.

Clonbur et Antibes.
1er septembre 1996.

# BIBLIOGRAPHIE

Les ouvrages consacrés à la guerre d'Indépendance anglo-irlandaise sont innombrables. La « Bibliography of Irish History 1912-1921 » rassemblée par James Carty et publiée à Dublin en 1936 recense plus de mille trois cents titres. Aujourd'hui, il faudrait sans doute multiplier ce chiffre par trois. On ne trouvera donc ici qu'un choix volontairement limité parmi les œuvres essentielles qui ont été utilisées pour l'élaboration du présent ouvrage.

## I. – *Études sur Michael Collins*


Beaslai (Piaras) : *Michael Collins and the making of a new Ireland*, 2 vol., Talbot Press, Dublin, 1930.

Collins (Michael) : *The Path to Freedom*, Talbot Press, Dublin, 1922.

Coogan (Tim Pat) : *Michael Collins. A Biography*, Hutchinson, London, 1990.

Dwyer (T. Ryle) : *Michael Collins and the Treatry*, The Mercier Press, Cork, 1981.

Dwyer (T. Ryle) : *Michael Collins. The Man Who Won the War*, The Mercier Press, Cork, 1990.

Feehan (Sean) : *Michael Collins : Murder or Accident*, The Mercier Press, Cork, 1981.

Forester (Margery) : *Michael Collins, The Lost Leader*, Sidgwick & Jackson, London, 1971.

Freeman (P. A.) : *The Career of Michael Collins with Special Reference to the Treaty of 1921*, Bristol University, M. A. Thesis, 1963.

NEESON (Eoin) : *The Life and Death of Michael Collins*, The Mercier Press, Cork, 1968.
NI DHERIG (Isold) : *The Story of Micheal Collins*, The Mercier Press, Cork, 1978.
O'BROIN (Leon) : *Michael Collins*, Gill and Macmillan, Dublin, 1980.
O'BROIN (Leon) (ed.) : *In Great Haste*, Gill and Macmillan, Dublin, 1983, réédition augmentée, 1996.
O'CONNOR (Batt) : *With Michael Collins in The Fight for Irish Independence*, Peter Davies, London, 1929.
O'CONNOR (Frank) : *The Big Fellow, Michael Collins and The Irish Revolution*, Clonmore and Reynolds, Dublin, 1965.
RYAN (Meda) : *The Day Michael Collins Was Shot*, Poolbeg, Dublin 1989.
TALBOT (Hayden) : *Michael Collins'Own Story*, Hutchinson, London, 1923.
TAYLOR (Rex) : *Michael Collins*, Hutchinson, London, 1958.

II. – *Ouvrages généraux*

*The American Commission on Conditions in Ireland. 1920-1921*, Washington, 1921.
ASH (B.) : *The Lost Dictator. A Biography of Field Marshal Sir Henry Wilson*, London, 1968.
BARRY (Tom) : *Victoire pour l'Armée Secrète*, Société de Presse et d'Éditions, Paris, 1966.
BARRY (Tom) : *The Reality of The Anglo-Irish War in West Cork, 1920-1921*, Anvil Books, Tralee, 1974.
BENNETT (Richard) : *The Black and Tans*, Hulton, London, 1959.
BÉRAUD (Henri) : *Le Flâneur salarié*, Les Éditions de France, Paris, 1927.
BEUQUE (Étiennette) : *Pour l'Irlande*, Éditions de l'Âme gauloise, Paris, s.d.
BIRKENHEAD (Earl of) : *F. E. : The Life of F. E. Smith, 1st Earl of Birkenhead*, Eyre and Spottiswoode, London, 1959.
BOWDEN (Tom) : *The Breakdown of Public Security. The Case of Ireland, 1916-1921 and Palestine 1936-1939*, Sage Publications, London, 1977.
BOWYER Bell (J.) : *The Secret Army : A History of The I.R.A. 1916-1970*, Anthony Blond, London, 1970.
BOYCE (D. G.) : *Englishmen and Irish Troubles. British Public Opinion and The Making of Irish Policy 1918-1922*, Jonathan Cape, London, 1972.
BOYLE (A.) : *The Riddle of Erskine Childers*, Hutchinson, London, 1977.
BRADY (Edward M.) : *Le Secret Service irlandais en Angleterre 1919-1921*, Payot, Paris, 1933.

BREEN (Dan) : *Mon combat pour l'Irlande*, Imprimerie centrale de Rennes, Rennes, s.d.
BRENNAN (Michael) : *The War in Clare 1911-1921*, Irish Academic Press and Four Courts Press, Dublin, 1980.
BRENNAN (Robert) : *Allegiance*, Dublin, 1950.
BRENNAN-WHITMORE (W. J.) : *With The Irish in Frongoch*, Talbot Press, Dublin, 1917.
BRIOLLAY (pseud. Roger Chauviré) : *L'Irlande insurgée*, Plon, Paris, 1921.
BROMAGE (Mary C.) : *De Valera and The March of a Nation*, Hutchinson, London, 1956.
BUTLER (E.) : *Barry's Flying Column*, Leo Cooper, London, 1971.
CALLWELL (Major General Sir C. E.) : *Field Marshal Sir Henry Wilson*, London, 1927.
CAULFIELD (Max) : *The Easter Rebellion*, Frederick Muller, London, 1964.
CHAVASSE (Moirin) : *Terence Mac Swiney*, Clonmore and Reynolds, Dublin, 1961.
CHILDERS (Erskine) : *La Terreur militaire en Irlande*, Beauchesne, Paris, 1920.
CHURCHILL (Winston) : *The Aftermath. A Sequel to The World Crisis*, Macmillan, London, 1941.
CHURCHILL (Winston) : *Réflexions et Aventures*, Delachaux et Nietslé, Neuchâtel, 1944.
COFFEY (Thomas M.) : *Agony at Easter*, Harrap, London, 1970.
COLLECTIF : *The Irish Uprising 1916-1922*, C.B.S. Records, New York, 1966.
COLLECTIF : *Kerry's Fighting Story 1916-1921*, The Kerryman, Tralee, 1949.
COLLECTIF : *Dublin's Fighting Story 1916-1921*, The Kerryman, Tralee, 1949.
COLLECTIF : *With The I.R.A. in The Fight for Freedom, 1919 to The Truce*, The Kerryman, Tralee, s.d.
COLUM (Padraig) : *Arthur Griffith*, Browne and Nolan, Dublin, 1959.
COOGAN (Tim Pat) : *De Valera : Long Fellow, Long Shadow*, Hutchinson, London, 1993.
CRONIN (Sean) : *The Mc Garrity Papers*, Anvil Books, Tralee, 1972.
CROZIER (Brig. Gen. F. P.) : *Impressions and Recollections*, Laurie, London, 1930.
CROZIER (Brig. Gen. F. P.) : *Ireland for Ever*, Cape, London, 1932.
*Private Sessions of Second Dail, 18 August 1921 – 6 January 1922*, Stationery Office, Dublin, s.d.
*Dail Eireann. Minutes of Proceedings of The First Parliament of The Republic of Ireland 1919-1921*, Stationery Office, Dublin, s.d.
*Dail Eireann. Official report. Debate on The Treaty Between Great Britain*

*and Ireland Signed in London on The 6th December 1921*, Stationery Office, Dublin, s.d.
DALTON (Charles) : *With The Dublin Brigade (1917-1921)*, Peter Davies, London, 1929.
DEASY (Liam) : *Towards Ireland Free : The West Cork Brigade in The War of Independence 1917-1921*, The Mercier Press, Cork, 1973.
DE ROSA (Peter) : *Rebels. The Irish Rising of 1916*, Bantam Press, London, 1990.
DESMOND WILLIAMS (T.) : *The Irish Struggle 1916-1926*, Routledge and Kegan Paul, London, 1966.
DUDLEY-EDWARDS (Ruth) : *Patrick Pearse : The Triumph of Failure*, Gollancz, London, 1976.
DUFF (Douglas V.) : *Sword for Hire*, Murray, London, 1934.
DWYER (T. Ryle) : *Eamon de Valera*, Gill & Macmillan, Dublin, 1980.
DWYER (T. Ryle) : *De Valera Darkest Hour*, 1919-32, The Mercier Press, Cork, 1982.
EWART (Wilfrid) : *A Journey in Ireland 1921*, Putnam's London, 1922.
FAUCON (Guillaume) : *Le Statut de l'État Libre d'Irlande*, Rousseau, Paris, 1929.
FIGGIS (Darrell) : *Recollections of The Irish War*, Benn, London, 1927.
FITZGERALD (Desmond) : *Memoirs*, Routledge and Kegan Paul, 1968.
FITZPATRICK (David) : *Politics and Irish Life 1913-1921*, Gill and Macmillan, Dublin, 1977.
FITZPATRICK (David) : *Revolution Ireland 1917-1923*, Trinity History Workshop, Dublin, 1990.
FOSTER (Roy) : *Modern Ireland, 1600-1972*, Allen Lane, 1988, Penguin Paperback, 1989.
FRENCH (Major Hon. Gerald) : *The Life of Field-Marshal Sir John French*, Cassell, London, 1931.
GALLAGHER (Franck) : *The Anglo-Irish Treaty*, Hutchinson, London, 1965.
GAUGHAN (Father John Anthony) : *Memoirs of Constable Jeremiah Mee, R.I.C.*, Anvil Books, Tralee, 1976.
GLEESON (James) : *Bloody Sunday*, Peter Davies, London, 1962.
GREAVES (C. Desmond) : *The Life and Times of James Connolly*, Lawrence and Wishart, London, 1961.
GRIFFITH (Kenneth) and O'GRADY (Timothy) : *Curious Journey*, Hutchinson, London, 1982.
HOBSON (B.) : *Ireland Yesterday and To-morrow*, Anvil Books, Tralee, 1968.
HOGAN (pseud. F. Gallagher) : *The Four Glorious Years*, Dublin, 1953.
HOLT (Edgar) : *Protest in Arms*, London, 1960.

HOPKINSON (Michael) : *Green Against Green*, Gill and Macmillan, Dublin, 1988.
JONES (Thomas) : *Whitehall Diary*, vol. III : *Ireland 1918-1925*, Oxford University Press, London, 1971.
KEE (Robert) : *The Green Flag. A History of Irish Nationalism*, Weidenfeld and Nicholson, London, 1972.
KESSEL (Joseph) : *Le Temps de l'espérance*, Plon, Paris, 1968.
LABOUR PARTY : *Report of The Labour Commission to Ireland*, Caledonian Press, London, 1921.
LAWLOR (Sheila) : *Britain and Ireland 1914-1923*, Gill and Macmillan, Dublin, 1983.
LEE (Joseph) and O'TUATHAIG (Gearoid) : *The Age of de Valera*, Ward River and RTE, Dublin, 1982.
LEE (Joseph) : *Ireland 1912-1985*, Cambridge University Press, 1989.
LE ROUX (Louis N.) : *La Vie de Patrick Pearse*, Imprimerie commerciale de Bretagne, Rennes, 1932.
LONGFORD (Lord) et O'NEILL (T.P.) : *Eamon de Valera*, Hutchinson, London, 1970.
MACARDLE (Dorothy) : *The Irish Republic*, Victor Gollancz, London, 1937.
MAC CARTHY (Col. J.M.) : *Limerick's Fighting Story 1916-1921*, The Kerryman, Tralee, 1949.
MACREADY (General Sir Neville) : *Annals of an Active Life*, 2 vol., Hutchinson, London, 1924.
MARTIN (Hugh) : *Ireland in Insurrection*, O'Connor, London, 1921.
MURPHY (John A.) : *Ireland in The Twentieth Century*, Gill and Macmillan, Dublin, 1975.
NEESON (Eoin) : *The Civil War in Ireland*, The Mercier Press, Cork, 1966.
NELIGAN (David) : *The Spy in The Castle*, Mac Gibbon and Kee, London, 1968.
NICOLSON (Harold) : *King George V*, Constable, London, 1952.
O'BROIN (Leon) : *Revolutionary Underground. The Story of The Irish Republican Brotherhood 1858-1924*, Gill and Macmillan, Dublin, 1976.
O'CONNOR (Ulrick) : *A Terrible Beauty is Born : The Irish Troubles 1912-1922*, Hamish Hamilton, London, 1975.
O'DONOGHUE (Florence) : *No Other Law*, Dublin, 1954.
O'HEGARTY (P.S.) : *The Victory of Sinn Fein*, Talbot Press, Dublin, 1924.
O'MALLEY (Ernie) : *On Another Man's Wound*, Rich and Cowan, London, 1936.
O'MALLEY (Ernie) : *The Singing Flame*, Anvil, Dublin, 1978.
O'MALLEY (Ernie) : *Raids and Rallies*, Anvil, Dublin, 1982.

O'MAHONY (Sean) : *Frongoch : University of Revolution*, FDR Teoranta, Dublin, 1987.
O'SULLIVAN (Donal) : *The Irish Free State and its Senate*, Faber, London, 1940.
PAKENHAM (Frank) : *Peace by Ordeal*, Jonathan Cape, London, 1935.
PAUL-DUBOIS (L.) : *Le Drame irlandais et l'Irlande nouvelle*, Librairie académique Perrin, Paris, 1927.
PHILLIPS (Walter Alison) : *The Revolution in Ireland, 1906-1923*, Longmans, London, 1923.
RIDDELL (Lord) : *Intimate Diary of The Peace Conference and After*, London, 1933.
RUMPF (E.) et HEPBURN (A.C.) : *Nationalism and Socialism in Twentieth Century Ireland*, Liverpool University Press, Liverpool, 1977.
RYAN (Desmond) : *Remembering Sion*, Barker, London, 1934.
RYAN (Desmond) : *Sean Treacy and The Third Tipperary Brigade I.R.A.*, Anvil Books, Tralee, 1945.
TAYLOR (Rex) : *Assassination. The Death of Sir Henry Wilson and The Tragedy of Ireland*, Hutchinson, London, 1961.
TÉRY (Simone) : *En Irlande : de la guerre d'indépendance à la guerre civile (1914-1923)*, Flammarion, Paris, 1923.
TOWNSHEND (C.) : *The British Campaign in Ireland 1919-1921*, Oxford, University Press, London, 1975.
TOWNSHEND (Charles) : *Political Violence in Ireland*, Clarendon Press, Oxford, 1983.
TREGUIZ (pseud. Y.-M. Goblet) : *L'Irlande dans la crise universelle*, Alcan, Paris, 1921.
VALIULIS (Maryann) : *General Richard Mulcahy. Portrait of a Revolutionary*, Irish Academic Press, Dublin, 1992.
WINTER (Sir Ormonde) : *Winter's Tale*, Richards Press, London, 1955.
YOUNGER (Calton) : *Ireland's Civil War*, Frederick Muller, London, 1968.
YOUNGER (Calton) : *A State of Disunion*, Frederick Muller, London, 1972.
YOUNGER (Calton) : *Arthur Griffith*, Gill and Macmillan, Dublin, 1981.

### III. – *Revues*

« Michael Collins Memorial Number », *An Saorstat The Free State*, n° 28, vol. 1, 29 août 1922.
« A Tribute to Michael Collins », *Michael Collins Memorial Foundation Supplement*, 20 août 1966.
« Arthur Griffith, Michael Collins », *Lester*, Dublin, 1922.

BOWDEN (T.) : « Bloody Sunday – A Reappraisal », *European Studies Review*, ii, n° 1, 1972.
BOWDEN (T.) : « The Irish Underground and The War of Independence 1919-1921 », *Journal of Contemporary History*, VIII, n° 2, 1973.
COSTIGAN (Giovanni) : « The Anglo-Irish Conflict, 1919-1922 », *University Review*, V, n° 1, 1968.
CURRAN (J.M.) : « The Consolidation of The Irish Revolution 1921-1923 », *University Review*, V, n° 1, 1968.
HAYES (Michael) : « Michael Collins », *Capuchin Annual*, XXXIX, 1972.
HOPKINSON (Michael) : « The Craig-Collins Pact », *Irish Historical Studies*, vol. XXVII, n° 106, novembre 1990.
HOPKINSON (Michael) : « Review article : Biography of The Revolutionary period : Michael Collins and Kevin Barry », *Irish Historical Studies*, XXVIII, n° 111, mai 1993.
KAVANAGH (Sean) : « The Irish Volunteers'Intelligence Organisation », *Capuchin Annual*, XXXVI, 1969.
LYNCH (Jack) : « Collins and de Valera : Friends or Foes », *Études irlandaises*, Lille, IX, 1984.
MARTIN (F. X) : « 1916 Myth, Fact and Mystery », *Studia Hibernica*, n° 7, 1967.
MARTIN (F. X) : « The 1916 Rising. A Coup d'État or a Bloody Protest », *Studia Hibernica*, n° 8, 1968.
MULCAHY (General Richard) : « Chief of Staff, 1919 », *Capuchin Annual*, XXXVI, 1969.
NEVINSON (H.W.) : « The Anglo-Irish War », *Contemporary Review*, n° 667, juillet 1921.
O'BEIRNE (John Ranelagh) : « The I.R.B. : Treaty to 1924 », *Irish Historical Studies*, vol. XX, 1976.
O'DEIRG (Iosold) : « Oh ! Lord The Unrest of Soul : The Jail Journal of Michael Collins », *Studia Hibernica*, n° 28, 1994.
O'MAHONY (Edward) : « Sad Day's Work. The Ambush and Death of Michael Collins », *Magill*, Dublin, mai 1989.
SCEILG : « Michael Collins, An Effort to Appreciate his Complex Personality », *Catholic Bulletin*, XII, octobre 1922.
STAPLETON (William J.) : « Michael Collins's Squad », *Capuchin Annual*, XXXVI, 1969.

### IV. – *Romans consacrés à Michael Collins*

CHAUVIRÉ (Roger) : *Greg le Libérateur*, Flammarion, Paris, 1949.
FITZGIBBON (Constantine) : *High Heroic*, Dent, London, 1969.

O'FARRELL (Padraic) : *Rebel Heart*, Brandon Books, Dingle, Co. Kerry, 1996.
O'FARRELL (Padraic) : *Break The Green Bough*, Glendale, Sandycove, Co. Dublin, 1990.
RYAN (Desmond) : *Michael Collins and The Invisible Army*, Anvil Books, Tralee, 1971.

## V. – *Muséographie*

Le National Museum de Dublin possède une salle exclusivement consacrée à l'insurrection de 1916, la guerre d'indépendance et la guerre civile. Une vitrine est dédiée au souvenir de Michael Collins. Y figurent notamment le masque mortuaire de Collins réalisé par le sculpteur Albert Power, l'uniforme taché de sang qu'il portait lors de sa dernière journée dans le West Cork et le fusil avec lequel il tira les dernières cartouches de sa vie de soldat. A Beal na mBlath, un monument de brique prétentieux surmonté d'une croix celtique marque l'endroit où Collins fut abattu. A Sam's Cross, un médaillon enchâssé dans une pierre levée sobre et émouvante restitue le visage du chef de la guérilla irlandaise avec cette seule inscription : « Micheal O'Coileain 16.10.1890 – 22.8.1922 ».

## VI. – *Discographie*

*La Révolution irlandaise 1916-1922*. Coffret contenant deux 33 t. L.P. évoquant le combat de l'Irlande pour sa liberté : chants, ballades, poèmes, interviews de survivants, extraits de discours des chefs irlandais et des ministres britanniques. Collection « Hommes et Faits du XX^e^ siècle », Éditions Serp, 6, rue de Beaune, Paris-VII^e^ (Grand prix du Disque celtique, 1969).

## VII. – *Émission de timbre*

An Post, la poste irlandaise, a émis un timbre de 30 pence à l'effigie de Michael Collins, en juin 1990, dans la série « *Statesmen of Ireland* ». Il consistait en un dessin réalisé par l'artiste irlandais Robert Ballagh d'après une photo de Michael Collins par Leo Whelan. Le timbre fut réalisé par la firme Irish Security Stamp Printing.

## VIII. – *Documentaires télévisés*

O'SHANNON (Cathal) (réalisateur) : *Emmet Dalton*, Radio Telefis Eireann ; Dublin, 1978.

CONNOLLY (Colum) (réalisateur) : *The Shadow of Beal na mBlath : The Story of Michael Collins*, Telefis Eireann ; Dublin, 1989.

LEWIS (Jonathan) (réalisateur) : *The Treaty*, coproduction Radio Telefis Eireann/Thames Television, Dublin et Londres, 1991.

GRIFFITH (Kenneth) (réalisateur) : *Hang up Your Brightest Colours : The Life and Death of Michael Collins*, BBC2, 1994 (film TV réalisé en 1973 pour la chaîne ATV et interdit de diffusion jusqu'en 1994).

## IX. – *Filmographie*

En 1936, H.C. Potter réalise pour la Samuel Godwin Company *Beloved Enemy*, évocation très romancée de la vie et des exploits de Michael Collins pendant la guerre d'indépendance anglo-irlandaise, avec Brian Aherne dans le rôle du Big Fellow et Merle Obéron dans celui de la fille du vice-roi éprise du chef rebelle. Est-il besoin de préciser que cette aimable bluette, façon Robin des Bois, n'avait que fort peu de rapport avec la réalité dublinoise des années vingt ?

Depuis une dizaine d'années, plusieurs réalisateurs, et non des moindres, manifestèrent l'intention de porter la vie de Michael Collins à l'écran, dont Michael Cimino et Kevin Kostner. Par bonheur, c'est Neil Jordan, le réalisateur irlandais le plus doué de sa génération, à qui devait échoir l'écrasante responsabilité de signer le premier long métrage consacré au Big Fellow. « Aucun de mes films ne m'a causé autant d'insomnies que *Michael Collins*, mais je crois bien que je n'en tournerai jamais de plus important », devait déclarer Neil Jordan à l'issue du tournage. Jugement entériné par la presse unanime. Dans son édition du 31 août 1996, *The Irish Times* salue le *Michael Collins* de Neil Jordan comme « le film le plus important réalisé en Irlande et sur l'Irlande depuis la création du cinéma ». Présenté en sélection officielle en compétition à la 53$^{e}$ Mostra de Venise qui se déroula du 26 août au 7 septembre 1996, *Michael Collins*, ovationné par le public, se vit décerner le prestigieux Lion d'Or, grand prix du Festival de Venise, ainsi que le Prix de la meilleure interprétation masculine à Liam Neeson, qui incarne de façon saisissante le jeune chef nationaliste dont l'itinéraire foudroyant reste inscrit en lettres de feu dans le firmament de l'histoire irlandaise. Metteur en scène et auteur du scénario, Neil Jordan a réalisé pour la Warner Bros le film définitif sur le sujet : les principaux interprètes en sont Liam Neeson (Michael Collins), Julia

Roberts (Kitty Kiernan), Aidan Quinn (Harry Boland), Alan Rickman (Eamon de Valera), Stephen Rea (Ned Broy), Ian Hart (Joe O'Reilly), etc. Le succès du film atteste que le public ne s'est pas trompé sur les intentions de Neil Jordan, lequel s'est expliqué avec une franchise qui ne laisse place à aucune polémique : « Ce film ne cherche aucune excuse aux brutalités qui furent commises à cette époque par les Irlandais comme par les Britanniques. Mais combien de pays ont-ils pu obtenir l'indépendance sans verser de sang ? Bien peu, en vérité. Cependant, Collins, tout en étant capable de violence, savait aussi quand il convenait d'y renoncer pour négocier une solution politique. Il mourut en tentant de mettre fin à une guerre civile et de rétablir les principes démocratiques traditionnels. Beaucoup de gens ont célébré en Michael Collins le Guerrier irlandais. Ce film s'attache à raconter l'histoire de Michael Collins le Patriote irlandais, l'homme d'État et, en dernier ressort, l'homme de paix. »

TABLE DES MATIÈRES

*Cet ouvrage a été réalisé par la*
*SOCIÉTÉ NOUVELLE FIRMIN-DIDOT*
*Mesnil-sur-l'Estrée*
*pour le compte des Éditions de La Table Ronde*
*en janvier 1997*

*Imprimé en France*
Dépôt légal : février 1997
N° d'édition : 2903 - N° d'impression : 37021